江山著作集 12

思想劄記(二)

江山 著

內容提要

　　本書是作者三十餘年思想歷程的劄記，展示了心路的坎坷與艱辛，亦充滿了少小時的輕浮與狂躁，或許還是20世紀50年代出生的畸形中國人的縮影。無論曾經的事實是什麼，智慧的本能卻是無法止步停息的，超越自我，超越曾經，接續普適性，恰正是智慧能動的必然。書中所記，也正是這一曾經、這一超越的完整。

　　較之作者的小厄，東方文化在近代則遭遇了幾絕的大限，想著便無法不驚懼失寐，悲烈與撕扯何其疼痛。終於，我們看到了挪移轉換的熹微。東方文化的本原性、內部化，以及還原證成的價值終極，正是人類未來走向的通途。這樣的預設不僅是東方文化的質地問題，更是西方文化的物理性、自我端點與功利性、理性的歸屬所在。本原意志刻意羅致了在化的形式與過程，亦支使了複雜化與多樣化的場景及舞臺，東西印各自承擔了劇目的不同角色，而其實祇是殊途同歸：經由人類的理智自足與性智覺悟，我們終將承載自覺、能動地還原證成的大命。本書的中心所在，正是這一必然命理的求索與凝思。

《江山著作集》序

　　二十餘年來，本人一直致力於與中國文化、哲學、歷史、制度相關論域的研究，亦以同態的心情關注相同論域的西方、印度。早期的困惑在於情緒的不舒暢：何以中國落後了！最先讓我疑惑不解的問題，是中國為什麼沒有產生宗教？繼而，中國為什麼不能產生如李約瑟所說的西方式的科學技術體系？復後，西方的民主、法治、憲政體制亦讓人自愧弗如。最後，西方的道德理性主義哲學及其知識論、方法論依然讓我汗顏無地。有一段時間，我使自己和我的母本文化完全失落了。上個世紀80年代中葉偏晚以前，我一直在痛苦地掙扎著。此後，深刻的閱讀和思考，終於慢慢地改變了這種困局，一些深層的想法得以漸漸集結，以致最終不再被當下狀態困擾，有了一種別開生面、創化待來的境界。

　　這裡收集的著作，正好成就於上言困局的末期以後。大體上，批判的選擇性已非常明顯，而更多則致力於創化與開新。

　　近二十年來，我對中國文化的理解與以前已大為不同，此乃深層記憶的恢復讓我有了堅實的信念：面對後現代的人類，我們必須認真對待和重新思考包括中國文化在內的東方文化。

　　中國文化對人類的後現代將有獨到的價值和意義貢獻。

　　這便是，西方文化早在混亂過渡期，便已然斷裂了自然本根倫理，不得已而開始了人域化、封閉化、人為化的建構歷程。

　　這種己域化的文化，因由劇烈的己域衝突和社會的強盜化誘發而生成，因之，在過去幾千年的演繹過程中，它將己域衝突的解決

及人域的公平、正義作為了全部文化的中心價值。

由於沒有或缺失自然本根倫理的支援，由於自然被客體化、外在化、物理化，人本身被迫失落，被迫漂浮，因而，人的意義和價值追尋亦成為了文化動因。

不幸的是，劇烈的生命衝突與競爭，復特別容易使這種追尋功利化、工具化，一切主體意識之外物，為著生存的需求，全部被利益化、權利化。

衝突與競爭的劇烈，同樣會逼使人的責任倫理的收縮、自限，以致自我個體成為社會結構中的單元。因為，祇有個體自己才可能對自己負真實的責任。

社會構成單元的個體化，使社會形態、社會行為及制度文明、文化體系的演繹，有了強力的動機與目的，它粉碎了社群倫理的固有形態，如熟人倫理、地域倫理、宗親倫理之類，重新構築了以功利和得失為目的的契約倫理；同理，為著功利與生存的需求，社會單元個體化亦被制度所建構，成為制度設定的主體或法律資格者。

最終，以主體為核心，融並權利、契約而成的制度形態得以成立，是為主體構成性法律體系。

主體構成性法律體系，復會強化文化的功利化、工具化，而文化的功利化與工具化，往往是拿人來承載的，結果是人的工具化與木偶化。個中邏輯理由是，祇有工具化、木偶化的人，才可能有公平、正義的作為。這意味著，人的變態與扭曲是必然之事。

進而，由於人力的局限性和缺失自然本根的支援，致使這種文化體系的建構通常是與解構交錯進行的，即文化有著極強的相對性表徵。一般言，解構極方便破壞人的心靈與觀念家園，積久之下，

它會產生懷疑、反抗、祛魅、迷茫、斷裂。這樣的懷疑、反神、祛魅情態，在西方常行不衰，其中，時效之長、劇烈之激者有兩次，一為混亂過渡期，一為晚近以來的當下。這是而今出現了現代性的迷茫之因為所以。

人祇能憑藉自為的力量和方式去建構界域性極強的文化形態，亦是西方文化之表徵。界域化的結局是，文化類型本身成為了衝突的原因。在相對性的體質原則作用下，所有的類型都會自視其為絕對，於是，虛假觀念支持下的文化理念衝突會消耗掉無數的生靈與人生真實。

人性的自利性、功利性、政治性、倫理性及理性諸樣態，已在過去的文化歷程中，被西方文化解釋得淋漓盡致、完備恰當，其卓越建樹主要表現在四個領域：救濟與安頓精神的宗教體系，滿足智慧和工具需求的道德理性體系，實現秩序和正義的法治、憲政體系，理解外在並求索物利的科學技術體系。

然而，現時代和現代性經歷之後，人性的他樣態或高級樣態——人的公共性、自然性已然呈出，這便給已域化、界域化、人為化、封閉化的西方文化構壘了絕壁，如何破解，已成困局。

當此之際，包括印度文化、中國文化的東方文化，卻有雍容自在的氣度與品格。此乃因為，東方文化所獨具的自然本根倫理，是其靈魂質要。東方文化源於自然本根，並得以衍繹、遵循、建構、宏大，不墜、不輟，其公共性、自然性的內質一以貫之，沒有斷裂，亦未曾封閉於界域之中，以致可以接續起後現代的人類文化歷程。是以，中國文化便有了必得去重新理解和說明的需求。

本《著作集》所收入的書，是這一新型需求的系列表達。它既包括一般意義上的中國文化批判性的著作，也包括文化價值討論的

著作，同時也有制度文明的專著、中國法價值體系的專著、中國法文化體系的專著、後現代法律發展趨向的專著。總之，這些著作自成一體，言之有據，是中國本土學人自磨自琢三十餘年的心得所在。

本《著作集》得以集結以繁體在臺灣出版，實在乃機緣所致。

時值2006年歲末，適逢本人去臺灣大學講學，有機會結識臺灣知識界、文化界、出版界、學術界諸多朋友。諸位朋友和機構的協力得促成此舉，是以感懷致謝。自《著作集》前面9本書完全出版以來，又有4年的時間過去了，現在再續前緣，出版新撰著作和整理舊稿共計4本，懇請讀者諸君笑納。

本《著作集》後4本書的出版，繼續受惠於我的朋友宋具芳女士，是她的慷慨讓此願成為事實；還有賴郁芬女士、魏憶龍先生，經他們續緣，我幸以結識臺灣世界宗教博物館的心道法師和了意首座，他們惠我之竊思偶得，決定以世界宗教博物館之名出版我的書，善莫大焉。為此，我要特別感謝我的朋友和道友，感謝宗博出版社編輯團隊，他們為這些書的出版付出了辛勤的勞動，令我非常感佩，所有這些，我都感懷致謝。

足　无

識於北京昌平

二〇一二年十二月

自　　序

　　這部命名為《思想劄記》的書，是我過去三十餘年間心路歷程的散記。上個世紀中葉以來，打我開始知道世界上有哲學、歷史之時起，就與思想結下了不解之緣，不論其幼稚、膚淺，還是成熟、深刻，我幾乎就躺在了思想的河流中，任其浸潤、淹沒，不畏嗆肺致命，也不懼歷程艱辛。當然，經常也有快慰的獎賞，弄潮人那般的自得。

　　我的思想，實在紛雜莫常，少有藩籬和界域，想來有理，便予以記劄，未曾顧忌學科與領域。青年時自是不免輕浮與張狂，不過，缺乏嚴格匡範和訓誡的思考倒也自在逍遙，原來，自由是「天愛」的受賜。說是紛雜，其實不難找到依歸。幾乎從小我就有一種對抽象與超越的迷戀，經常會為了一個不是問題的問題，忘乎所以，自作囚籠；也會對宏大且神秘的東西百思不厭，試圖穿透。我一直在這樣的渴求中如醉如癡，不能自已。後來，深刻的閱讀終於將我引入了正途，我知道那是人類性智覺的騷動，也是還原記憶的初萌：返道與證成本原。可以說，這是我思維的主線，數十年如一日不曾丟失。

　　思想於我，如食如寢。年輕時分，常常達旦思考，無黍靜慮，反而愉悅自負，不知生活張皇。曾幾何時，隨便抓來紙筆，興奮地將一星半點靈感記錄下來，以備不需。有時，備了紙筆於枕邊，不眠的黑暗中，也可鬼符般地胡亂寫下一些文字，天亮後自己都不知胡塗了何物。

早期的簡陋與清貧相關，所得的稿紙或是乞討而來，或是撿來的殘片，直到上世紀90年代後，才開始找來比草紙稍好一些的小本作專門記錄，算是思想有了歸置。不過，小本仍然不能記錄全部。因為有許多想法是閱讀時的靈感，而閱讀筆記還是祇能由稿紙承擔，有時就徑直寫在了書中的空白處。這樣，在許多的讀書摘要的夾帶中，也留下了不少思想。筆記的重大改觀，還是六七年前的事。因會議發送或朋友的厚愛，我終於有了像樣的大筆記本，於是，這幾年的思想便上了高檔的載體。

歷數記錄的瑣細，一個重要動機是想告諸讀者，我這次整理這些「思想」的艱辛。首先，我無法找來全部記錄原稿，有許多不知捆扎在了何處；其次，找到的部份也讓我大傷腦筋，很多的紙張幾乎碰不得，一碰就碎，再就是許多字我自己都不認識。屬於這些碰不得、認不得的記錄，我不敢請人幫忙錄入，祇得自己辛苦，一個字母一個字母地捉蟲，幹了將近一年，終於錄完了近17萬字。剩下的像樣的稿子和圖表，便由我的朋友和學生辛勞合成。他們是楊莉、李平、何歡、江若兮、田源、胡泊，王藝同學參與了本書的校對事務，在此，我要特別地感謝他們。

本來，我尚未準備現在來整理和出版這些「思想」，我想晚年以後再來做它。去年初，我的一位朋友力主我現在進行，說是要使用它的價值。我聽了他的慫恿，放下《自然神論》，忙了近一年的「思想」，現在總算有了一個結果。限於時間和精力，這次祇出版已整理完的部份文字，計兩本之量，其他的文字暫時放棄，以後再說。

「思想劄記」稿屬於隨記，也是隨筆性的作品，且時間持續了三十餘年，自是有相當的整理難度，本次整理時，我秉持儘量保持

原狀的原則，不做太多改動，祇對極少數特別不完整的地方作了適當補充，當然也免不了要對錯別字予以改正。現將本書整理中的相關體例和收錄情況說明如下：

　　△本《思想劄記》長短不一，短者僅一句話，長者卻有2萬餘字，為區別分明，每篇以阿拉伯數字標明序號，以「◎」（同心圓）表示結束；

　　△《思想劄記》收入的以劄記為主，不過，同時也收入了少量的類似劄記的書信草稿及文章或著作的棄稿，準確說，這些棄稿是某些腹死手稿的準備稿，雖不可能成為著作或文章，但的確包含了當時的一些思想火花，所以收入了其中；

　　△本《思想劄記》持續了三十餘年，絕大部份寫作時並未標明時間，此次整理大多無法注明準確時間，祇能大概地置於某個時間段；

　　△為求完整，極少篇目整理時補入了少量文字，凡此次補入的文字一律用「[ ]」（方括號）標明，以示區別；

　　△凡引用的他人文字，一律以「【】」（實心方弧號）標明；

　　△凡當時相同內容另外記錄的文字，一律以「〖〗」（空心方弧號）標明。

足无謹識

二〇一二年三月

目　錄

一九九四至一九九七年

1.中國哲學有體有用，重用的覺悟、返還，卻難有用的開展。

西方哲學有相有在，重世界的存在、組成（為人的存在），但未鮮明體。

通常情形下，人們認為中國哲學是一元論，而西方則為二元論，或多元論。實則是，中國哲學無相（相論不足），而西方哲學無體。

現在，我們必須予問題以澄清。哲學不應有一元論、二元論或多元論的稱法。首先，元或體不應用數詞或量詞修飾，因為，元、體無所不在、無處不在，何來一、二、多之謂；其次，既然如此，那麼，凡用數量詞修飾的概念，卻不是關於元、體的表達，故，西方的所謂二元，或多元之說，並非關於體、元的論述，而祇是體、用的中介，相的論述，如上帝、存在、物質、精神、自然之類；再次，二元論在客觀上直接導引了人類行為、自我與外界、相關境況的對抗，這是二元論的價值誤導；最後，一元論也容易在實踐中被歪曲為專制、獨裁社會模式和制度的觀念背景。

循此而論，不論其本來，還是現實要求，都必須改變對哲學最基本範疇的看法，以混元論代替一元論、二元論、多元論，此其一；其二，當在體用之間引入一個中介範疇——相，體變為相，諸相互助且同一，是為同構，即用。相是體與用的中介，體是相的混元未分，用是相的互助同一。世界源於混元本體，是相的互助方式、量維不同，才導致了世界的千差萬別，也是相的互助、攝取、聚斂、煉化、歷煉、自足，才導致了用對體的覺悟、體悟、把握、理解、神會、溝通，以及感覺、理性、真覺、真念的呈顯。

作為用的最高級呈顯——意識自覺，唯它可與體以及體變相、相呈用、用顯體的必然大流同一、同化、同意、同久。◎

2.也談問題與主義。

我對胡適先生的思想很不認同，但，他的這句話——多研究些問題，少談些主義——覺得頗好。自古以來，中國的統治者總是喜歡「主義」、崇尚「主義」、唯「主義」唯尚、唯「主義」是從、唯「主義」中心，卻很少有關於「問題」的研究、建設。近代以來，這一動向變得複雜化。由於「西化」影響，傳統中國的「主義」變得複雜起來，這本是好事，然，談「主義」者，或從事新「主義」的建設者很少是理性主義者，一是受情緒左右，二是仍效法傳統的「主義」，用「主義」去解決「主義」本身的問題，唯獨少有人認為應先將「問題」搞清楚，將「問題」研究好，將「問題」建設好，方有「主義」可談。

這是中國近代史最值得我們吸收教訓的地方。

所謂「主義」，即政治。傳統的「主義」本義即人身等級的政治統治和控制。一般情況下，它意涵誰統治誰，誰控制誰，以及如何統治、控制等內容。但在統治者的思維中，「主義」就變成了他對臣民的絕對統治和控制，或者逆理，臣民對他的絕對服從和敬畏。所以，中國古代有關「主義」所談論的，多是此類內容，也是談得最多的內容。

演至近代，西方的民主、憲政、自由、法治、權利等全新概念被引入，傳統的「主義」也因之有了新的解釋。對比之下，中國人（主要或首先是知識份子）一下子驚詫不已：原來，真正的「主義」並非如傳統認同的那樣。一種莫大的上當、受騙感，並因之而帶來的受辱感一起迸發出來：必須以最快的速度剔除羞辱，建立起新的「主義」，或是新的政治模式、制度。

應當說，這一動機是非常良好的，奈何世間許多事情並非可以一志即願。新「主義」的建設就屬於這類難度很大的違願之事。

　　第一，中國傳統主義的歷史悠久性、頑存性、潛移性是近代熱心人們所未曾充分估價的。

　　第二，熱心人們對新「主義」的理解、認同也是一知半解的，更多的祇不過是拿新「主義」作旗子，實行舊「主義」之事。

　　第三，熱心人們操之過急，恨不能一夜之間即有新「主義」的格局和時代，忽略了舊「主義」之基礎：中國農民的現實存在，以為他們是可以經過一場運動或幾場運動即可改造的。

　　第四，熱心於「主義」的人們絕多一知半解，卻又大多自以為聖賢，任何一個在位者在現實社會面前舉措失當或成效不佳時，馬上會有大量的自我感覺良好的能人，又會通過一場運動對在位者實施摧毀性的打擊，以便取而代之，結果大都是，他們比前任更糟糕。這樣，每重複一次便更加複雜了中國近代史的「主義」情態。

　　第五，熱心人們仍然重複著中國的傳統方式，用「主義」解決「主義」的問題，或用政治手段解決政治問題。用政治或「主義」解決政治、「主義」，本身是一種最原始、最低級的方式，比之而言，法治的方式要勝算得多，但在一個缺少法治和市場經濟前提，以及長期崇尚政治統治為單一、唯一價值導向的社會中，法治也不是一下子可以解危的方法，必須有過程的漫長塑造。這個過程是經濟的重建，特別是商品經濟體系的重建；教育的重建，特別是理性和道德教育的重建；價值導向的多維化，讓每個人都在自為、自立、自在的位置上獲得社會的認可、幫助、肯定；法治的重建，特別是私法制度、憲政制度、權利抗衡機制的重建。這些，正是我們所說的問題。

　　這樣，我們才有可能坐下來重建政治或「主義」。

　　痛酌中國近代史，唯有暫且少談或不談「主義」，而多談、多研究、多解決問題，才是上策。◎

3.哲家是這樣的人，他能夠將世界粉碎，然後按自己的靈感、覺悟重新塑造，這便是哲家的哲學體系和世界模式。

有的人能打碎局部的世界，並重新塑造出來，然後接到原有的世界上去。他們是科學家、社會學家（廣義）。

一般的人卻沒有這樣的能力，他們能接受別人為他塑造好了的世界，去理解世界、把握世界，按別人的規定去度過一生。◎

　　4.人類的自足過程是由生存的具體實現（至少過去以來一直如此）來表現的，從學理上定義，這種實現通常可以被區別為一個個具體的階段，即生存是由具體的解釋體系或過程來表徵的。每一新自足過程的呈顯，幾乎都由危機、痛苦作為先行的誘導。這充分表明了人類的惰性——沒有生存的急迫，他便不能自足。每一次痛苦、困惑之後，也都會有並蒂或三方面的內涵共構為生存的解釋呈顯：生存的解釋方式和精神（價值體系）的出脫方式，以及相應的秩序規範。這便是人類的文化自足。

　　我們注意到的第一個典型文化自足現象發生在一萬年前的最後冰期的後期，絕望中的人類自發地產生了農業生存方式和原始宗教，並附帶出了人身控制的規範秩序。

　　第二個典型現象發生在農業文明早期的南亞與西亞，人力難以承擔的自然災害和人為掠奪的壓力，使絕望中的人們發展出了現代宗教和以商業為主要內涵的小功利生存方式，並附帶出契約法規範秩序。

　　第三個典型的現象發生在中世紀的歐洲，貧困、落後和瘟疫之後，需求的慾望最後誘發了工業革命和自我神化的價值觀體系，並附帶出了權利規範秩序。

　　現在及其未來的情形會大抵如何呢？我們注意到，人與自然的對抗已再次把我們拋入了痛苦與困惑之中，我們會有什麼樣的精神出脫和生存的解脫，以及秩序規範呢？會產生新宗教嗎？

　　本書試圖認為，導致宗教產生的那種非理智價值現象和外在的生存困境雖然存在，但，中國哲學的真覺精神和西方科學理性的智慧成果，及現代文化的綜合成就，並不構成未來宗教產生的基礎。

　　不過，那種認為未來的時代無需精神依託和人生意境昇華的看法，也無法表現為歷史的真實過程。很顯然，由於我們正處

在人類從童年邁向成年的門檻上，可以預期的前景是，將人所以
為人的性智覺悟與處置人與環境的和諧同構關係的理智能力相互
約化——互助而存在，互助而自足，及其自覺地理解、把握、參
與、承擔超越的責任和道德義務——將構成為我們人類成年文化
的主要特質。

　　這是一種不能明顯地區別出生存方式和精神依託及其秩序規
範的文化，因為，傳統意義的生存、精神觀念和價值導向及其秩
序已不復存在。我們經過一個龐大的分裂叛離之後，又回歸到自
然的同構、和諧之中，祇是，當我們再回來的時候，不是帶著原
始人或剛分離時的動物性的自我，也不是分離後發展出的那種神
化的自我，而是對自我的超越和對人之所以為人的真念覺悟，以
及足以參與宇宙互助、自足的理性能力，「回到」體變相演用顯
的過程之中的。

　　哪裡來，還要回到哪裡去。這不是佛所宣示的劫數，而是哲
學的覺悟。

　　哲學與宗教的差別也許就在於，宗教走的是神路，而哲學
走的是智路。神是完滿的，無需加減增刪的，而智則是攝斂、會
聚、煉化、互助、自足、遷昇、複雜化，以致對自我的超越。它
是无生有的一種形式，是體變相演用顯過程中一種較徹底的呈
顯。由於它是世界本身，所以它最終能將相對不太徹底的科學、
人生、道德、秩序、經濟、美、工具等等的智慧現象同構起來，
呈顯為一種對主體或受體之自我的超越，而趨於充分自我實現後
的自覺參與——回到無差別的過程之中。但神始終祇是外在者，
它可能告訴你這或那，可它自己卻一樣也不參與。

一九九四年四月◎

　　5.進化的真諦不是無限分化或分類，而是複雜化而後趨真。即進化的本質是同構進化，而非物種進化，後者祇是前者的特例和形式。任何一個新種類的呈顯，必祇是巨大背景變化中的一例。這種變化可能是某特殊物種的行為引起的，如幾十億年前的藍藻引起的大氣氧化，而今的人類行為引發的生態破壞等。

　　同構進化有三種形態：一是滿足形式的分化，而後則是功能的複雜化，最後乃是價值的真實化。這表明，任何在都是暫時的、有限的。人之所以為人就在於首先不能被這有限、暫且所執迷。人之所以為人，亦在於他能理解進化的真實而不被動，其具體表現則是對自我的超越。邏輯上講，精神進化、文化進化是功能進化的具體方式。由此可知人類所處的進化階段。

　　超越有兩種，即絕對超越和相對超越。絕對超越是目前之人類很難理解的概念，因為並無經驗為前提和基礎、根據。它並非說昨天的事，今天不做，或簡單的自我否定，而是一種進化的狀態。對人類言，意識自覺地理解、把握、覺悟和理智能力的參與實現，可作為自身進化的理路解釋。

　　人類的前途首先是要有對存在的深刻理解和把握，瞭解相的涵義價值，而後方能超越。比如全部生物界的惡幾乎都是異養這一原惡的延伸和複雜化，人的局限性也在此。我們今天所有關於自我、權利、慾望等等的概念、觀念、學說，都可以從那裡得到緣啟。所以，除非我們能夠超越這原惡，否則，人類的問題，人對環境的有害之類，都難以解釋和迴避，更奢談價值真實。因此，我們必須運用、發揮我們的智力長處，使我們終有一天能擺脫原惡的控制。具體說，假如我們有可能不食人間煙火，不依靠異養而存在，即沒有感覺和肉體上的如現在這般的慾求，那麼，財富、權利、地位、名譽之類，就會離我們而去，留下的祇是真覺與真念，或許還有美或藝術之類祇供欣賞的內容。這樣，人類

的全部智慧就可以用來參與宇宙整同構和諧的互助，這才是價值真實，不再為自我操勞、奮鬥。這亦是人所以為人的真實。

體、相、用本身是無所求的，求是部份生物的特殊現象。人的真實就在於經過求的充分過程而終歸於與體相用同一不二。

相對超越是自我克制和謹慎，或恪守中庸法則，對沒有把握和知之不甚的事、作為、客體儘量地少作為，放棄人類中心主義的優先權。

人類現在的確面臨著難題和困境：我們的行為可能徹底割斷自然史和文化史的聯繫。這話的具體涵義是，如果像過去那樣人類以自我為中心，以大功利性的科技事業為價值導向，我們會自毀；反之，如果不以自我為中心，不發展大功利的科技事業，我們便會非常蒙昧，甚至被淘汰。

從另一層意義上講，我們的困境是，如果未來的進化過程仍像過去那樣，祇表現為種類進化、形式進化，那就意味著我們可能要被進化所遺棄；如果不進化，我們就祇能等死（因為對生命言，不進化就是毀滅），特別是在我們已為自己和生態製造了大量麻煩的情形下。現在我們既不能退回去，也不能如過去那樣一味盲動，祇滿足自我中心，而是首先依賴已有與現實，謀求同構與互助的出路，即先實現相對超越。而解決此二難的共同出路則在於，人類智慧覺悟的呈顯和最終的自我超越。

一九九四年十二月◎

6.愛因斯坦的宇宙是一個有起點和終點的宇宙，即時間具有統一的方向性，雖然他對此結論非常地不滿意。霍金的宇宙是一個球星的宇宙，時空可以循環，在實時間之外，還有虛時間。該理論認為（或隱含著），物質都飄浮在球面，受著基本作用法則控制，到處都有黑洞，既在吞滅物質，又在洩漏物質，無窮無盡，沒有時間起始，或絕對時空。雖然他說宇宙無邊無際，永遠存在，但都是一個「球狀」的存在，故是一個有限的無限，是個物的極端解釋。

我以為，不能用球狀來形容宇宙。而應從兩個層面來理解宇宙（人為的方式）：

首先是體，它無所不在、無所不是、無邊無際、無表面內在（即它不是球狀的，有表面和表面下面）、無時無空、無形無質（可作這種人為譬喻：體若海洋——沒有海底和海面、海岸的海洋），稱為能量；

其次就是這體（海洋）中的存在或物質，或其他事件、現象，稱為相或用，用漂浮在海洋中，即用在體中、能量中，能量變而為相，諸相互動而呈顯為同構，即用。

所以，抽象的宇宙無有起始和終結，但具體的宇宙確是有起始。也許就是通過黑洞的吞噬、洩漏方式實現的。這表明，時、空如形、質、能、法、形一樣，是能量之變相，他們祗存在具體的宇宙中。

光速是有之宇宙的極限速度，在无或能量之中，沒有光，也沒有速度，沒有粒子，沒有基本作用力。◎

7.宇宙的終善是以體養用，諸用以體為養，故諸用得不相害、相侵，反而相依、相賴、相借、相加、是以達於善的完滿和最高。

此前，必有以用善用的非真必然，它由三個階段實現之。一是諸用間的異養——通過毀滅、侵害、強加的方式，此用或彼用得以謀得存在的前提。其中，依體形、體力，還是智力或別的條件去施行異養的方式，並沒有本質的差別。然而，智力的前提會導使異養方式的複雜化、人為化，所以，它被區別為非自然的方式，在道德上成為了批判的對象。異養，是目前可感覺世界中的普遍現象。

二是自養。當智力化或非自然的異養方式被道德所批判的時候，智慧作用也展示著兩種前景，其一是由道德的自責、自救、自我完善、覺察、體悟，而達於智慧者存在的完美、自足；其二是其理智能力的充實、昇遷，足使智能者擺脫給養意義上的異養，而達於自養之境。這樣，道德和能力的自足同構，使自養成為現實。請注意，這裡的自養是智慧者對存在方式的一種自足後的超越，不類於生命世界中的某些以自養為生存方式的藻類。

三是自養的擴展，由自養者延及一定時空的宇宙環境，於是，該宇宙便實現自養。

當所有存在宇宙都可自養之時，宇宙之善即成為實際。然，自養是虛假的，自養的真實還是異養。祇是這裡的異養不再是以用養用，而是以體養用。祇有以體養用，才是體用不二的真實和實境。

如果說以體養用是終善和完善，那麼，以用養用則是萬惡之源。但它也是終善的必然經過、經歷，正是諸用間互養、互助（不特指生命的異養），才有了善的發覺、呈顯、自足、完善。◎

8.一切物理學的理論都是相對的,祇在相對的世界中才有效。在相的世界(並非真的存在有這種世界),物理學無效。然物理學卻又是研究相的學問,這並非矛盾。物理學之相是存在所以構成之相,故它祇能在存在、有、同構中研究相,離開了存在的依託,此相就無法由物理學來研究了。

存在是諸相的同構,故存在即同構或同構即存在。

沒有時間開端,也沒有空間開端,這是因為時空不能從絕對的意義上理解。宇宙是體用、用用的無限循環現象,當說時空的時候,是就某一具體的存在或同構而言的,不是就整宇宙的无生有而言的。◎

　　9.我認為我比你重要。因為上帝向我派駐了監督者。他日夜不停地監視著我的思想、行為，並時時予我以懲戒。這位監督者就是道德的自律——負罪感、懺悔、受磨練。你是否也被派駐了呢？

　　如果你不重要，上帝就不會向你派駐他的使臣。◎

10.道德是在沒有權威的前提下能夠自動發揮作用的一種心理自覺，和由這種自覺所折射出的規則。一旦有權威存在，道德的自覺就會受到限制。故說，道德的興盛意味著權威的不存在或衰落或說道德是有：①排他性；②因善而有的容易退讓性。

群自我條件下，道德是絕對的，雖然這種道德異常簡單、狹隘，但它仍足以維繫群自我的存在。

一般說，權威存在於一種人為組織起來的同構體中，權威是人們利用組織、等級的功能、性質建造的。大凡沒有組織起來的同構，或自然形成的同構，或組織不甚發達的同構，都難以有強大的權威。在權威的條件下，法律是維繫權威及權威載體的必要工具，它通過強制去規定秩序，也通過強制使人們遵守。

設若沒有人為組織，則同構的有序，要麼是由自在法規則支援的，要麼是由人的意識自覺的發覺、發現而設定的習俗和道德規則維繫。這種情形多發生於「己」對外的情形下。如契約法（特別是沒有成文法干預條件下的契約法）中的道德原則，國際法中的道德原則。有時候，人的意識自覺與自在法規則有非常的相似處，故人們把這類思想又稱為自然法思想。

事實上，二者之間的區別仍然是相當大的，自在法是無所不包的規範體系，而實踐中的人的意識自覺總是局部的、受時空條件限制的。如群自我的善（道德規範或法的根本價值）祇局限在群自我內部，契約法的善也祇局限在當事人之間，民主制度和國際法仍然祇是一種人域的現象。到目前為止，我們才剛剛意識到我們與我們的生態體系之間應有善的導向。然而，這種導向的用意還不是我們之間的和諧共處，而是為了我們自己的生存和富有。至於我們與自然存在間的善的呈顯，更至於我們作為意識自覺主體當進宇宙之大善而無私善之類，還在虛無縹緲之中。

　　據此可知，我們現在的意識自覺的規則還不可以稱為自然法。可稱為自然法的東西必須把「我」從善中化除掉，必須是法的全道德化，即中國儒學中的道德理想主義成為普適於人類的實踐理性。◎

11.倫理的進化：

群自我倫理

地域倫理

人域倫理

人際倫理

存在倫理

（1）存在倫理擺脫了生存的困苦和異養的糾纏。

（2）存在倫理使在的無限擺脫了奇點、大爆炸、大坍塌、宇宙常數之類的物理主義的糾葛，用精神之善和諸相的互助去使在的無限成為實然。

（3）存在倫理使佛說所未明明之，使道家所訴求實然之（不死，死亡作為過程的手段將棄之不用），使儒家所覺無限之，使自然哲學所思貫通之。◎

12.《混元變相論》
《相養用成論》
I.《諸相養在論》
II.《智慧養成論》◎

13.西方哲學，無體故無源，有相有用，亦有動因。結果導致了之於在的悲劇看法：世界末日、奇點→量子化、大爆炸→大坍塌。有人試圖用宇宙論來拯救之。這是相—用論的必然結論。因為它是無源之在、無源之論。若有體、有源，則在的悲劇可從容避免之。

體源的無限將供養在、用的必需，關鍵是是否把握了內中機巧。

中國哲學有體有原，亦有用，卻無相論為之接續，結果使原、用線性化，體直落為了道德理想主義，或心身性命之學，而缺失宇宙論哲學的具體化。道德之善究是什麼？如何去接濟在、用的悲劇可能性？卻無解說。道德理想主義成了漂零的花朵，向誰去美？融合中、西、印，必先得貫透體、相、用，用在的具體知識（非線性的相論）去接續體源與用善的線性過程，避免道德理想主義的單一和漂零。亦用意識自覺的完善去救濟在、用的大悲劇結果。存在倫理足可避除在之泡沫的毀滅。◎

14.相用論（或以相為體、體說相化）的後果：

一、缺失體源，唯相因為具學說的根據，故必無有終極關懷和終極解釋。沒有體為之養源，結果導致人生價值、背景支援的世俗化，且具盲目性，於是不免出現諸如存在主義、人本主義、物質主義、實用主義、現象主義、語言分析主義等紛雜的理論。

二、由於相是諸相而非單一相，當有若干不同的人從不同的角度、層面去解說相的時候，相的解說必導出相論之間的分裂和對抗。此即動因的多樣性和多元化致使了世界觀的分裂和對抗，結果就出現了哲學上的二元論或多元論，其典型有如唯心論和唯物論的長期衝突和敵視，各執一詞，無會通處。

三、無源之學祇可能重視存在或現象，並用存在來解說存在，用現象來解說現象，使存在成為無源無據的表象學說，若青萍漂水，無根無由，終不免悲劇的結論。如基督之世界末日，物理學和天文學的大爆炸→大收縮，或熵化、量子湯諸說。

四、相論的衝突，必導出諸用、諸在之間的對抗、不和諧，尤甚者是主客的對抗，或精神絕對，或物慾橫流，終致人的人身分裂，人與人的對抗，人與社會的對抗，人與生境的對抗。其因若此，苦果安否——生存危機，生態危機。

五、諸在的衝突，諸論的對抗無以調解，必得從外部援引——主宰者統帥之，這便是神觀念之為宗教體系的原因。無奈，這個主宰是外部強加的，鉚合不住，難以久持，最後還形成了嚴重的人神對抗。◎

15.為什麼此時空的此在有痛苦呢？

1、此在有痛苦、不幸的感覺；

2、此在對生、養之不幸、痛苦更為敏感，因為他有自我；

3、此在有製造、強化痛苦、不幸的能力；

4、此在消除痛苦、不幸的能力、覺悟不充分。

前此在者，多缺失第一條件，二、三條件也相應簡單。故痛苦無多，是為准人，後此在者，動因消失，且能力超越，覺悟臻境，故無有此在的痛苦與不幸，是為真人。

可知，痛苦與不幸是我們之於此時空的具有，是我們的某種狀態，是過程中的承擔和煉化的內涵。唯有煉而化之，超越之，才是出路，逃避是死路。

補：

1、在本身就意味著痛苦、不幸，祗是未被感覺而已；

2、生存、異養是生命者不幸、痛苦的動因、原因。◎

16.意識形態的君子化，是中國文化的一個重要特徵。當它與政治聯手之後，便在社會意義上不利於小人，故中國難以產生小人的思想家。小人無安放，無把握，君子的落實不下來，故導出了分裂和脫節、架空。

在封閉的情態下，小人祇能憑感覺去生活、生存，並參與政治、經濟行為，但不利的社會環境，使他們無法為自己謀求到真正的滿足，他們不能遵守君子規則，不能過君子的生活，結果祇憑感覺和經驗苟且。一當封閉狀況打破，特別是西方的小人理論、學說的強烈參照，他們便撈到了救命稻草。然而，這些小人並不理解、也不遵守小人規則，於是，胡作非為變成了潮流。這便是當今中國之現狀的原因。

在中國，文化君子化的結果有許多是負面的。如功利觀念被排斥，直接導致了經濟和科學技術的近代悲劇；意識形態的政治化，反致扭曲了知識份子的人格和心理。

西方文化基本傾向是小人化，故有利於小人思想家、學者的產生、發育，以致最終創造出了小人的知識體系和工具體系。這使它最終找到了滿足慾望的真實出路，雖然其過程相當艱辛、漫長。其不足是過分的小人化（小人即自我的主導化），帶來了人與人之間的衝突、人與自我的分裂、人與自然環境的對抗。在過去的歲月中，小人的思想家們力圖解決這些弊端，如私法對利益衝突的協調，民主對政治衝突的協調之類，但力不從心是無可擺脫的陰影和不解的困擾。

古代的中國沒有這樣的困擾，卻有慾望無法滿足的困境，也有政治化的黑洞。

文化的君子化和文化的小人化都是不正常的狀態，當融合、互補。◎

17.在是體的承載，通過在的承載，也祇有在的承載，體的必然性（體變相養用顯）才能獲得實現的完滿。

在是體的表現形式，故得實現體的必然取向。

意識自覺因其自覺地悟體、同體、化體、成體，故最易表現、實現體的必然取向。然而，這是有風險的：不充分的在都具有二重性：a.表現體、承載體、實現體；b.追求自我、強化自我、實現自我、滿足自我、優先自我，以至於偏離了顯體的必然性。意識自覺之於體，既有其不充分、不完善而有的把握的過錯；也有因其能力而有的故意追求的錯誤，此是當知並當避免的。法的價值其根本就在於此：矯正過錯、改正錯誤，或乾脆淘汰承載者。

人的確是已在之中最充分的在，但也是不充分、不完善的在。這是一種意識自覺的半拉子或半截子狀態，它易忽忽其顯體的本性而重視或過分重視自我。人人都追求自我，便有自我的衝突，故得創化出專門的法則（人在法）來處置、節制、約束自我，以保證此在間的公平、正義。這並非直接有利於顯體，但沒有它體便無以呈顯出來。故知，人在法祇是此在得以依賴的法中的一個非主導的組成部份，隨著自覺程度的提昇，原有的被動受使的自在法會被不斷地主動化。人在法更會轉移其功能和價值取向，並終得與自在法同一不二。

表現體、承載體、實現體或不斷矯正過錯、改正錯誤，這就是歷史。

最初的在祇是聚、斂諸相，後來的在則有攝、煉、歷相的行為，而此在則有主動、自覺、化相、成相的可能，意識自覺是這聚、斂、攝、煉、歷、化、成全過程的後果。意識自覺的呈顯，又使體的實現獲得了最大可能性。故承載的自覺化，也是進化、複雜化、特化的選擇後果。誰被選擇為最佳的承載者，這得由矯

正過錯和改正錯誤的自覺表現出來。

　　世界本無目的，但意識自覺卻能將體變相演用顯的必然性體悟並呈示出來。過去的歷史可以這樣描寫：

　　……

　　鼩鼱A說：擺脫鼩鼱吧！

　　猴子A說：擺脫猴子吧！

　　猩猩A說：擺脫猩猩吧！

　　人A說：擺脫人吧！

　　佛A說：擺脫佛吧！

　　X A說：擺脫X吧！

　　……

　　這部歷史並不祇意味著，A和他的同類的完善就是顯體，而是他們最終要承擔起存在和諧的終極責任。

　　在這些被選擇者之外，我們不應忘記其他的承載者：超弦、誇克、質子、輕子、原子、元素、分子……細胞、原生生物、複合細胞體、組織……恐龍……它們以及上述的被選擇者，都是這無窮鏈條的中間環節。◎

18.純哲學:

商羯羅（788～820/700～750）吠檀多哲學家，生今喀拉拉邦內庫爾納河畔卡拉迪村婆羅門種姓南布迪旦族家庭。著作：《梵經注》、《廣森林奧義注》、《薄伽梵歌注》、《我之覺知》、《問答寶鬘》、《五分法》。不二論著名理論家，曾跟喬荼波陀的弟子喬頻陀學習婆羅門經典。

喬荼波陀（640～690），不一不異論、不二論，《蛙氏奧義頌》。

摩羅奴闍（11～12世紀），差別不二論，《吉祥疏》、《吠陀義綱要》、《薄伽梵歌注釋》。

摩陀婆（1199～1278），二元論。 ◎

19.什麼是偉人呢？基督徒說，是那些距神最近的人。

東方人說，是那些體悟神最深刻的人。

神是需要領悟才有意義的。你不領悟神，你將失去人生的意義和價值，你將變得沒有生的原則和嚮往。你祇是慾望、感覺的奴隸，或者你是一個唯物主義者，是一個屈從於物質慾求，而失去了道德目標的人。

現在，唯物主義實已成為一切自私、自我利己主義的理論基礎。它的核心是，需求（物質的）是一切作為的終極評判，祇要能滿足這樣的需求，什麼樣的行為都是合理的。至於這些行為是否損害他人、他在的得失、利益，那是無需顧及的。

唯物主義是一種人為掩蓋掉背景評判的學說，它使人們沒有心理障礙，沒有心理壓力、負擔，可以為所欲為。其結果是將人類引向深淵：人與人之間是赤裸裸的對抗關係——階級鬥爭，你死我活；人與自在之間是征服、統治與被征服、被統治的關係——人類中心主義任意掠奪、破壞、強加。

這種思路和行為的後果，是人為自己塑造了一個無底的深淵，兩種對抗（實還有第三種對抗，即心身對抗）使其存在的環境瀕於崩潰，人類自己復無以為在。在不為在，何來自我？

唯物主義是一種極其錯誤的學說，它給人類帶來的是眼前的、現實的好處，但隨即卻將人類引向毀滅。◎

　　20.神不是先於存在有的，也不是絕對外在的。神是體變相演用顯之互助、自足的必然顯示，它是積累、煉化、歷煉的結果。對具體的存在言，它有二重性，首先是這存在本身，一切在均是神性的，關鍵在於你是否領悟了這神性，領悟的越多，你同神的距離就越來越近，也就越神化；其次是外在的，如果你不領悟這神或神性，那麼，它的外在性就非常明顯，這就是人們通常所說的必然性、不可抗拒性，以及對非道德行為的懲罰。

　　由此可知，人所以為人，即在於人對神的領悟程度。不能領悟或領悟太少即表明，你是動物的人；反之，你就是神性的人。◎

21.今天的宗教有許多已失去了原有的實質，變成了某種生活的藉口或憑藉或飾物。請看犯罪與宗教的關係吧！

有罪的人信奉基督教，

不想犯罪的人信奉佛教，

想犯罪的人信奉××教，

怕死的人信奉道教。◎

　　22.文化的進化是通過其主體不斷地追求超越的背景評判而實現的。其中，主體對這種追求的自覺程度起著決定作用。然而，如果你要追問主體何以有這樣的追求，有三個答案都非常驚人。一個是所謂科學的解釋：為了滿足生存的需求，所試出來的一種招式。文化的進化乃由於文化（不管它的萌芽多麼幼稚）之於生存的解決被經驗認可為最有效的，於是文化本身便被自足為了一種自為的現象，是以復有文化的進化。

　　另一個是哲學的解釋：無所不在的一種「記憶」在這個特定的時、空、性、形、質、能、法的相環境中獲得了顯示的機會，它將這記憶日漸深化、複雜化、多維化，使之自足，於是便知。所謂文化，就是這記憶的外化和自足。其中，記憶本身有種強效作用，其表現就是主體們的對文化的追求傾向。

　　第三種是神學的解釋：文化是一種猜測，猜測神的美意、神的嚮往，盡可能地使人的思想、觀念、嚮往、志趣、行為和神同態、同一、同向、同體。巫術是猜測，科學亦是猜測，哲學、神學還是猜測。◎

23.上帝祇為人類準備好了農業的生存環境——農業條件下的生態平衡。農業以後的環境還沒有準備好，人類卻已開始了工業、電訊等現代化的生存方式，於是，這種生存方式所要求的環境就祇有靠人類自己來準備了。除非人類能滿足生態守衡所要求的全部條件，否則，生命的前景令人擔憂。

《太甲》曰：天作孽，猶可違，自作孽，不可活。正此之謂也。

脫離窠臼，另尋境地是人之所以為人的本性，此是幸事，然其承擔之艱巨、危險之高機率，確亦是得有高心理準備方是。此外，應對的能力還當別論。

人啊，遊忍之徒！不安分之徒！玩火之徒！◎

24.誰擔當人類導師的角色，誰就可能是不幸的。首先，現實世界是就人的所能、所及設計的，這便意味著現實世界不是導師們的存在環境。

其次，如果導師獲得了現實的好處、利益、愉快（充其量他僅可有這一點或那一點好處）……他就會因獲得而成為俗人，當然也就失去了做導師的資格。這是因為，一切現實的好處之類都是人執迷於此的一種感覺，一種錯覺。如果你為這樣的感覺和錯覺所惑所誘，你何以能成為超越人的導師呢？

然而，這樣的感覺和錯覺卻對人非常地有效，以至於許多本來有希望成為人之導師的人放棄了真目標、真嚮往，反身去追求人的一切好處。在人中間，這樣的人最易於成功。他們原本就是導師的候選者，其智慧高出一般人，當他們不願做導師時，用其智慧向人類索取好處，那實在是應付裕如。君不見那些所謂的精英、領袖、首長人物嗎？

導師並不是特選或特定的，往往一批人都有做導師的資格，祗是許多人自己把自己淘汰了，最後祗有極個別人才艱辛、困苦走完了這條路，他會因之受盡各種磨難、煎熬。在人們眼中，他是悲劇性的，是使徒式的，他為人類承擔著罪行的懲罰。

這就是自古以來，為什麼導師如此之少的原因。對此，孟子曾做過一番另外的解釋：天將降大任於斯人也，必先苦其心志，勞其筋骨，餓其體膚，空乏其身，行拂亂其所為，所以動心忍性，曾益其所不能。◎

25.法哲學要論

第一章 法哲學的任務

第二章 法學家論

第三章 法及其體系

第四章 主體論

第五章 法治論

第六章 法與道德

第七章 法與神靈觀念

第八章 法的價值導向及進化

第九章 人際同構法 ◎

26.人類生存於夾縫之中，一方面，人與他生命者一樣，都不過是DNA的載體，是一受控制的工具，其生存在極為根本的意義上講，依賴或取決於生命現象本身——從生命之中獲取養資源，即它是一種生命現象，離開了他生命，便不得為在，其資源的有限性使它與動物無異，使它俗，使它有同動物一般的慾求、本能；另一方面，通過選擇過程，他又被賦予了一種高出本能的能力（智慧——性智覺悟和理智能力），它便有了超越的嚮往和拔高的可能。

這樣的牽扯、掣肘及撩撥，是人類欲罷不能、欲止不可，又心有不忍，負載沉重。

人類的全部文化正是基於這樣的前提、基礎發生和發展的。它既要滿足人的生存，以及和生存直接、間接相關的各種慾望，又試圖使之超出動物之一般（其核心表現就是理性的具有和呈顯）。與文化同理同向，人在法也是如此這般設計和制定的。雖然無論其文化，還是法、規則都不是一個完滿的預先設計，然其呈顯都是沿著這條不回之路所出示的。

這就是人所以為人。

唯有佛，才是對這種人（尷尬之生命狀態）的超越。◎

27.學者之分，向有歧說，如何得體，實在頗費斟酌。不如如下說：

其一曰存在或宇宙級的學者，他們是沒有時空局限的學者，如佛、吠檀多派諸人可強稱之。

其二曰人類級的學者，他們也是一種沒有時間局限的人，卻有域界局限，若孔子、老子、蘇格拉底、柏拉圖諸人可稱之，不過，他們中有不少人的想法已觸及到了存在級學者之中。

其三曰世界級的學者，他們沒有國界限制，多在為此時空中的此在作出貢獻，諸多科學家和世界主義的學者是之謂。

其四曰國家級的學者，他們祇對一個國家或社團有意義，沒有「出國」的能力和作為，可他們亦沒有單位的局限。

其五曰單位級的學者，這樣的人多有一些著述，然不出遠門，在本單位、部門中是一出色者，有時甚或是一霸，他們通常是沒有某個單位便沒有這個學者的人。

其六曰自我級學者，唯自我為是，做學問祇是為了自我的得失、利益，全然無有公益的良知。◎

28.2600年來世界著名學者和最著名學者生辰屬相統計表[1]

表一

費爾巴哈	1804.7.28	甲子	密爾,J・S	1806.5.20	丙寅
費耶阿本德	1924	甲子	克羅齊	1866.2.25	丙寅
阿那克西米尼	前585?	丙子	陳淳	1158	戊寅
霍布斯	1588.4.5	戊子	劉宗周	1578	戊寅
喬荼波陀	**640**	**庚子**	馬勒伯朗士	1638.8.6	戊寅
加達默爾	1900.2.11	庚子	馬克思	1818.5.5	戊寅
莊子	**前369**	**壬子**	**老子**	**前571/580**	**庚寅/辛巳**
墨子	前476?	乙丑	**黑格爾**	**1770.8.27**	**庚寅**
奧利金	185?	乙丑	哈特曼E	1842.2.23	壬寅
鄧・司各脫	1265	乙丑	克魯泡特金	1842.12.9	壬寅
貝克萊	1685.3.12	乙丑	波普爾	1902.7.28	壬寅
拉美特里	1709.12.25	己丑	**道生**	**355?**	**乙卯**
柯林伍德	1889.2.22	己丑	邁蒙尼德	1135.3.30	乙卯
湯因比	1889.4.14	己丑	**愛因斯坦**	**1879.3.14**	**己卯**
維特根斯坦	1889.4.26	己丑	陳搏	871	辛卯
海德格爾	**1889.9.26**	**己丑**	伽森狄	1592.1.22	辛卯*
克塞諾芬尼	前560?	辛丑	休謨	1711.5.7	辛卯
阿那克薩戈	前500/499	辛丑/壬寅	卡爾納普	1891.5.18	辛卯
詹姆士	1842.1.11	辛丑*	賴辛巴赫	1891.9.26	辛卯

1　本統計表包括表一、表二、表三、表四和A表、B表，以及一二三四表的綜合統計
表、著名學者干支人數表、最著名學者干支人數表，共9表。其中，表一為哲學家，
表二為科學家，表三為文學藝術家，表四為其他學者。該統計表約整理於1996年底，
從中發現辛巳年出生的著名學者及最著名學者人數均極為異常，達到了驚人數量，
適逢2001年將至，故當時未敢將此統計研究公之於世。現以劄記形式將此一未完成
的成果置於本書，以供讀者享用。本統計表中，凡黑體字者為最著名學者，其他為
著名學者。根據統計還發現，過去2500年中，平均4.47年產生一位著名學者，平均
16.6年產生一位最著名學者。有關屬蛇人的特殊表現，見《世界最著名學者干支統計
表》、《世界著名學者干支統計表》及說明。
須得說明的是，本統計表是未完成的研究，自有許多缺陷和問題，尤其是有關入選
對象、誰是最著名的學者，以及年代問題，均屬爭議論域，難以絕對。實話說，我
今天的看法已與當時有了差異，這裡保留的是當時的研究，故希望讀者批評指正。

柏拉圖	前428/427.6	**癸丑/甲寅**	葛洪	283	癸卯
波菲利	233/234	癸丑/甲寅	**法藏**	**643**	**癸卯**
張栻	1133	癸丑	王艮	1483	癸卯
古斯丁	354.11.13	甲寅	戴震	1723.12	癸卯
穆勒	1806.5.20	丙寅	霍爾巴赫	1723.12	癸卯
阿芬那留斯	1843.11.19	癸卯	羅摩奴闍	1017?	丁巳
鳩摩羅什	344	甲辰	**周敦頤**	**1017**	**丁巳**
康德	**1724.4.22**	**甲辰**	呂祖謙	1137	丁巳
尼采	1844.10.15	甲辰	孔德	1789.1.19	丁巳*
亨佩爾	1905.1.8	甲辰*	何休	129	己巳
普羅泰戈拉	前485?	丙辰	**吉藏**	**549**	**己巳**
安提斯泰尼	前445?	丙辰	**達爾文**	**1809.2.12**	**己巳**
鄒衍	前305?	丙辰	**畢達哥拉斯**	**前580/581**	**辛巳/庚辰**
揚雄	前53	戊辰	德謨克里特	前460?	辛巳
商羯羅	**788?**	**戊辰**	留基伯	前460?	辛巳
孟德斯鳩	1689.1.18	戊辰*	第歐根尼	前400?	辛巳
喬姆斯基	1928.12.7	戊辰	灌頂	561	辛巳
伊壁鳩魯	前341	庚辰	**庫薩的尼古拉**	**1401**	**辛巳**
阿維森納	980	庚辰	狄德羅	1713.10.5	癸巳
拉希	1040	庚辰	狄爾泰	1833.11.19	癸巳
羅摩難陀	1400?	庚辰	梁漱溟	1893.10.18	癸巳
斯賓塞	1820.4.27	庚辰	子夏	前507	甲午
窺基	**632**	**壬辰**	**慧遠**	**334**	**甲午**
王守仁	**1472.9.10**	**壬辰**	王廷相	1474	甲午
盧梭	1712.6.28	壬辰	愛爾維修	1715.1.26	甲午*
杜林	1833.1.12	壬辰*	謝林	1775.1.25	甲午*
薩特	1905.6.21	乙巳	維納	1894.11.26	甲午
赫拉克里特	前544/540	丁巳/辛酉	恩培多克勒	前495/490	丙午/辛亥
塞涅卡	前4?	丁巳	波塞多尼奧斯	前135?	丙午
斐洛	前15/10	丙午/辛亥	**僧肇**	**384**	**甲申**
王弼	**266**	**丙午**	曾參	前505	丙申
智顗	**538**	**戊午**	公孫龍	前325	丙申
陸九淵	**1139.2**	**己未**	荀子	前325？	丙申

葉適	1150	庚午	**笛卡爾**	**1596.3.31**	**丙申**
牛頓	1642.12.25	壬午	皮亞傑	1896.8.9	丙申
費希特	1762.5.19	壬午	陳白沙	1428.10.21	戊申
哈特曼N	1882.2.20	壬午	布魯諾	1548	戊申
石里克	1882.4.14	壬午	維科	1668.6.23	戊申
馬里旦	1882.11.18	壬午	邊沁	1748.2.15	戊申
釋迦牟尼	**前566/565**	**乙未/丙申**	叔本華	1788.2.22	戊申
孔狄亞克	1715.9.30	乙未	文德爾班	1848.5.11	戊申
馮友蘭	1895.12.4	乙未	鮑桑葵	1848.6.14	戊申
向秀	227？	丁未	梅洛-龐蒂	1908.6.14	戊申
王夫之	1619.9.1	己未	奎因	1908.6.25	戊申
沃爾夫	1679	己未	唐君毅	1909.1.27	戊申*
胡塞爾	1859.4.8	己未	子思	前481/483	庚申/戊午
柏格森	1859.10.18	己未	大馬斯修斯	480	庚申
杜威	1859.10.20	己未	玄奘	600？	庚申
蘇格拉底	**前470**	**辛未**	**宗密**	**780**	**庚申**
普羅克洛斯	410/411	辛未/庚午	**張載**	**1020**	**庚申**
帕斯卡	1623.6.19	癸未	**培根**	**1561.1.22**	**庚申**
雅斯貝爾斯	1883.2.23	癸未	郭象	252	壬申
普羅提諾	**204/205**	**甲申/乙酉**	**程顥**	**1032**	**壬申**
洛克	1632.8.29	壬申	伏爾泰	1694.11.21	甲戌
斯賓諾莎	1632.11.24	壬申	凱西勒	1874	甲戌
赫爾岑	1812.4.6	壬申	舍勒	1874.8.22	甲戌
羅素	1872.5.18	壬申	**巴門尼德**	**前515**	**丙戌**
僧佑	455	乙酉	**芝諾（基底思）**	**前335/334**	**丙戌/丁亥**
胡宏	1105	乙酉	盧克萊修	前95/93	丙戌/戊子
湯瑪斯·阿奎那	**1225/1224**	**乙酉/甲申**	萊布尼茨	1646.7.1	丙戌
熊十力	**1885.1**	**乙酉**	慧能	638.2.8	戊戌
泰勒士	**前624？**	**丁酉**	真德秀	1178	戊戌
芝諾（愛利亞）	前504/495	丁酉/丙午	**孔子**	**前551**	**庚戌**
亞里斯多德	**前384**	**丁酉**	**朱熹**	**1130.9.15**	**庚戌**
傅玄	217	丁酉	艾耶爾	1910.10	庚戌

達蘭貝爾	1717.11.17	丁酉	大雄（筏駄摩那）	前599？	壬戌
孟子	**前372？**	**己酉**	劉安	前179	壬戌
牟宗三	1909.4.25	己酉	董仲舒	前179	壬戌
奧勒留	121	辛酉	弘忍	602	壬戌
楊簡	1141	辛酉	庫恩	1922.7.18	壬戌
懷特海	**1861.2.15**	**辛酉**	傅奕	555	乙亥
何晏	193？	癸酉	顏元	1635	乙亥
程頤	**1033**	**癸酉**	王充	27	丁亥
克爾愷郭爾	1813.5.5	癸酉	裴頠	267	丁亥
莫爾	1813.11.4	癸酉	皮爾士	1839.9	己亥
道安	**314/312**	**甲戌/壬申**	方東美	1899.3.20	己亥
支道林	314	甲戌	阿那克西曼德	前610/611	辛亥/庚戌
惠施	前370	辛亥	李凱爾特	1863.5.25	癸亥
邵雍	1011	癸亥	陳亮	1143	癸亥
關尹			**龍樹**		
楊朱			**無著**		
麥里梭			提婆		
呂不韋			王通		
田何			張湛		
世親			摩萊里		

注：有＊者，為西曆一月出生，當推為上年屬相。

表二

伽利略	1564.2.15	甲子	李時珍	1518	戊寅
拉馬克	1744.8.1	甲子	哈維	1578.4.1	戊寅
傅立葉	1768.3.21	戊子	張仲景	150	庚寅
阿布-瓦法	940	庚子	狄拉克	1902.8.8	壬寅
愛爾頓	1900.3.29	庚子	拉格朗日	1736.1.25	乙卯*
泡利	1900.4.25	庚子	霍伊爾	1915.6.24	乙卯
羅巴切夫斯基	1792.12.1	壬子	瑪麗·居里	1867.11.7	丁卯
邁克爾遜	1852.12.19	壬子	歐幾里得	前330	辛卯
金斯	1877.9.11	丁丑	郭守敬	1231	辛卯
居維葉	1769.8.23	己丑	羅蒙諾索夫	1711.11.19	辛卯
洪堡	1769.9.14	己丑	麥克斯韋	1831.6.13	辛卯
哈勃	1889.11.20	己丑	諾伊曼	1903.12.3	癸卯
孫思邈	581	辛丑	康·洛倫茲	1903.11.7	癸卯
費米	1901.9.29	辛丑	玻耳茲曼	1844.2.20	甲辰
海森堡	1901.12.5	辛丑	伽莫夫	1904	甲辰
大阿爾伯特	1193?	癸丑	邁爾	1904.7.5	甲辰
洛倫茲	1853.7.18	癸丑	卡諾	1796.6.1	丙辰
奧斯特瓦爾德	1853.9.2	癸丑	弗洛伊德	1856.5.6	丙辰
彭加勒	1854.4.29	甲寅	湯姆孫	1856.12.18	丙辰
丟番圖	246?	丙寅	普里高津	1917.1.25	丙辰*
波義耳	1627.1.25	丙寅*	魏格納	1880.11.1	庚辰
蒙日	1746.5.10	丙寅	德布羅意	1892.8.15	壬辰
摩爾根	1866.9.25	丙寅	倫琴	1845.3.27	乙巳
張衡	78	戊寅	蓋倫	129	己巳
祖沖之	429	己巳	朗道	1908.1.22	丁未*
惠更斯	1629.4.14	己巳	阿西莫夫	1920.1.2	己未*
拉普拉斯	1749.3.23	己巳	沈括	1031	辛未
希波克拉底	前460？	辛巳	開普勒	1571.12.27	辛未
歐多克索斯	前400	辛巳	盧瑟福	1871.8.30	辛未
赫爾姆霍茨	1821.8.31	辛巳	老普林尼	23	癸未
弗萊明	1881.8.6	辛巳	一行	683	癸未
霍金	1942.1.8	辛巳*	開爾文（湯姆遜）	1824.6.26	甲申

哥白尼	1473.2.19	**癸巳**	哈雷	1656.11.8	丙申
安培	1775.1.20	甲午*	**列‧達‧芬奇**	1452	**壬申**
門捷列夫	1834.2.8	**甲午**	列文虎克	1632.10.24	壬申
酈道元	466？	**丙午**	富蘭克林	1706.1.17	乙酉*
第穀	1546.12.14	丙午	赫胥黎	1825.5.4	乙酉
湯川秀樹	1907.1.23	丙午*	**玻爾**	**1885.10.7**	乙酉
普朗克	**1858.4.23**	**戊午**	高斯	1777.4.30	丁酉
施旺	1810.12.7	庚午	迪昂	1861.6.10	辛酉
孟德爾	**1822.7.22**	**壬午**	希爾伯特	1862.1.23	辛酉*
巴斯德	1822.12.22	壬午	**阿基米德**	**前287**	**甲戌**
華萊士	1823.1.8	壬午*	**R培根**	**1214？**	**甲戌**
玻恩	1882.12.11	壬午	**維薩留斯**	**1514.12**	**甲戌**
愛丁頓	1882.12.28	壬午	徐霞客	1586.11.27	丙戌
胡克	1835.7.18	丁亥	道爾頓	1766.9.6	丙戌
富勒	1895.7.12	丁亥	黎曼	1826.9.17	丙戌
愛迪生	1847.2.11	丁亥	馬赫	1838.2.18	戊戌
宋應星	1587	丁亥			
林耐	1707.5.23	辛亥			
布豐	1707.9.7	辛亥			
薛定諤	1887.8.12	癸亥			
卡文迪什	1731.10.10	癸亥			
法拉第	**1791.9.22**	**癸亥**			
拉瓦錫	**1743.8.26**				
李比西	1803.5.12				
多普勒	1803.1.29				
希羅	？				
托勒密	？				
華佗	？				
劉徽	？				

注：有*者，為西曆一月出生，當推為上年屬相。

表三

李清照	1084	甲子	安徒生	1805.4.2	乙丑
吳承恩	1504？	甲子	歐陽詢	557	乙丑
莎士比亞	**1564.4.23**	**甲子**	**蘇東坡**	**1037**	**乙丑**
黃賓虹	1864	甲子	羅曼・羅蘭	1866.1.29	乙丑*
埃斯庫勒斯	**前525/524**	**丙子/丁丑**	孟浩然	689	己丑
孔尚任	1648	戊子	**李白**	**701**	**辛丑**
易卜生	1828.3.20	戊子	王維	701	辛丑
托爾斯泰	**1928.9.9 /8.28**	**戊子**	倪瓚	1301	辛丑
高其佩	1660	庚子	薄伽丘	1313	癸丑
左拉	1840.4.2	庚子	凡高	1853.3.30	癸丑
柴可夫斯基	1840.5.7	庚子	**趙孟頫**	**1254**	**甲寅**
哈代	1840.6.2	庚子	戴進	1386	丙寅
羅丹	1840.11.12	庚子	奧維德	前43	戊寅
莫內	1840.11.14	庚子	虞世南	558	戊寅
杜甫	**712**	**壬子**	**韓幹**	**618**	**戊寅**
白居易	**772**	**壬子**	屠格涅夫	1818.11.9	戊寅
劉禹錫	772	壬子	**關漢卿**	**1230**	**庚寅**
蔡襄	1012	壬子	唐寅	1470	庚寅
髡殘	1612	壬子	文征明	1470	庚寅
雪萊	1792.8.4	壬子	華茲華斯	1770.4.7	庚寅
陶淵明	365	乙丑	**貝多芬**	**1770.12.17**	**庚寅**
懷素	725	乙丑	司湯達	1783.1.23	壬寅*
但丁	1265.5/6 ～15	乙丑	董其昌	1555	乙卯
巴赫	**1685.3.21**	**乙丑**	濟慈	1795.10.31	乙卯
關全	907	丁卯	果戈里	1809.3.31	己巳
拉辛	1639.12.22	己卯	丁尼生	1809.8.6	己巳
席勒	1759.11.10	己卯	阿那克里翁	前580/582	辛巳/己卯
阿里斯托芬	**前450？**	**辛卯**	平達	前520/518	辛巳/癸未
鐘繇	151	辛卯	**屈原**	**前340**	**辛巳**
米芾	**1051**	**辛卯**	**徐謂**	**1521**	**辛巳**
丟勒	1471.5.21	辛卯	吳敬梓	1701	辛巳
拉斐爾	**1483.4.6**	**癸卯**	陀思妥耶夫斯基	1821.11.11	辛巳
顧愷之	344	甲辰	福樓拜	1821.12.12	辛巳
王獻之	344	甲辰	魯迅	1881.9.25	辛巳
賀拉斯	**前65.12**	**丙辰**	畢加索	1881.10.25	辛巳

褚遂良	596	丙辰	李商隱	813/812	癸巳/壬辰
舒伯特	**1797.1.31**	**丙辰***	蒙田	1533.2.28	癸巳
蕭伯納	1856.7.26	丙辰	高乃依	1606.6.6	丙午
喬叟	1340/1342	庚辰/壬午	倫勃朗	1606.7.15	丙午
蒲松齡	1640	庚辰	**柳公權**	**778**	**戊午**
索福克勒斯	**前496？**	**乙巳**	羅貫中	1330？	庚午
劉勰	465？	乙巳	**蕭邦**	**1810.3.1**	**庚午**
陸遊	1125	乙巳	張僧繇	502	庚午
幼里庇底斯	**前484**	**丁巳**	**石濤**	**1642**	**壬午**
海涅	1797.12.13	丁巳	裴多菲	1823.1.1	壬午*
黃公望	1269	己巳	**米開朗琪羅**	**1475.3.6**	**乙未**
歌德	**1749.8.29**	**己巳**	**曹雪芹**	**1715？**	**乙未**
孟德爾松	1809.2.3	己巳	馬克·吐溫	1835.11.30	乙未
契訶夫	1860.1.29	乙未*	**顏真卿**	**709**	**己酉**
歐陽修	1007	丁未	莫里哀	1622.1.15	辛酉*
沈周	1427	丁未	泰戈爾	1861.5.7	辛酉
賽凡提斯	1547.9/10	丁未	萊蒙托夫	1814.10.15	甲戌
拜倫	1788.1.22	丁未*	王實甫	1250	庚戌
巴爾扎克	1799.5.20	己未	湯顯祖	1550.9.24	庚戌
普希金	1799.6.6	己未	莫泊桑	1850.8.5	庚戌
李斯特	1811.10.22	辛未	華喦	1682	壬戌
杜牧	803	癸未	雨果	1802.2.26	壬戌
小仲馬	1824.7.27	甲申	大仲馬	1802.7.24	壬戌
王蒙	**1308**	**戊申**	德彪西	1862.8.22	壬戌
彌爾頓	1608.12.9	戊申	**莫札特**	**1756.1.27**	**乙亥***
萊辛	1729.1.22	戊申*	張大千	1899	己亥
張擇端	960	庚申	維吉爾	前70.10.15	辛亥
郭熙	960	庚申	**王羲之**	**303**	**癸亥**
辛棄疾	**1140.5.11**	**庚申**	柏遼茲	1803.12.11	癸亥
曹植	192	壬申	齊白石	1863.11.22	癸亥
狄更斯	1812.2.7	壬申	**荷馬**		
戴逵	**325？**	**乙酉**	赫西俄德		
吳道子	685？	乙酉	伊索		
黃庭堅	**1045**	**乙酉**	荊浩		
施特勞斯(小)	**1825.10.25**	**乙酉**	張旭		
潘天壽	1897	丁酉	**董源**		
薛稷	649	己酉	**巨然**		

注：有*者，為西曆一月出生，當推為上年屬相。

表四

耶穌	4/6	甲子/丙寅	商鞅	前390？	辛卯
韋伯	1864.4.21	甲子	歐文	1771.5.14	辛卯
克勞塞維茨	1780.6.1	庚子	嵇康	233	癸卯
龔自珍	1792	壬子	路德	1483.11.10	癸卯
托克維爾	1805.7.29	乙丑	亞當・斯密	1723	癸卯
惠棟	1697	丁丑	劉向	前77	甲辰
范仲淹	989	己丑	康帕內拉	1568.9.5	戊辰
馬基雅弗利	1469.5.3	己丑	章太炎	1869.1.12	戊辰*
賈誼	前200	辛丑	聖西門	1760.10.17	庚辰
霍姆斯	1841.3.8	辛丑	施賓格勒	1880.5.29	庚辰
柳宗元	773	癸丑	班固	32	壬辰
顧炎武	1613	癸丑	李嘉圖	1772.4.18	壬辰
弗雷澤	1854.1.1	癸丑*	泰勒	1832.10.2	壬辰
馬端臨	1254？	甲寅	希羅多德	前484/485	丁巳/丙辰
魏源	1794	甲寅	吉本	1737.5.8	丁巳
阮籍	210	庚寅	加爾文	1509.7.10	己巳
穆罕默德	570？	庚寅	修昔底德	前460	辛巳
博丹	1530	庚寅	韓非	前280？	辛巳
馬歇爾	1842.7.26	壬寅	凱爾森	1881.10.11	辛巳
塔西佗	55/56	乙卯/丙辰	康有為	1858.3.19	戊午
加圖（大）	前234	丁卯	博厄斯	1858.7.9	戊午
鄭玄	127	丁卯	龐德	1870.10.27	庚午
瑣羅亞斯德	前630？	辛卯	普魯塔克	47/46	丁未/丙午
梭倫	前630？	辛卯	蘇亞雷斯	1548.1.5	丁未*
司馬光	1019	己未	黃宗羲	1610	庚戌
狄驥	1859.2.4	己未	奧斯丁	1790.3.3	庚戌
柴門霍夫	1859.12.15	己未	李維	前59/64	壬戌/丁巳
耶利米	前650？	辛未	西塞羅	前106	乙亥
普芬道夫	1632.1.8	辛未*	杜佑	735	乙亥
曾國藩	1811.11.26	辛未	洪堡	1767.6.22	丁亥
格勞秀斯	1583.4.10	癸未	麥克倫南	1827.10.24	丁亥
凱因斯	1883.6.5	癸未	薩維尼	1779.2.21	己亥
鄭樵	1104.4.26	甲申	高爾吉亞斯	前490？	辛亥
阮元	1764.2.21	甲申	色諾芬	前430/431	辛亥/庚戌

馬林諾夫斯基	1884.4.7	甲申	顏之推	531	辛亥
司馬遷	**前145**	**丙申**	伊文思	1851.7.8	辛亥
韓愈	**768**	**戊申**	以賽亞		
斯特勞斯	1908.11.28	戊申	以西結		
莫爾	1477.2.7	丁酉	以斯拉		
諸葛亮	181	辛酉	**管仲**		
劉知幾	661	辛酉	**孫武**		
王安石	1021	辛酉	**左丘明**		
羅爾斯	**1921**	**辛酉**	陸賈		
梁啟超	1873.2.23	癸酉	戴德		
魁奈	1694.6.4	甲戌	戴聖		
李悝	前455？	丙戌	孔安國		
馬爾薩斯	1766.2.14	丙戌	伏生		
桓譚	前23？	戊戌	劉歆		
保羅					
彼得					
萊昂波爾德					

注：有*者，為西曆一月出生，當推為上年屬相。

A（著名學者干支名次）表

干支	名次	干支	名次	干支	名次
辛巳	1	壬子	9	丙申	15
戊申	2	己巳	9	戊辰	15
辛卯	3	甲子	9	乙卯	15
壬午	4	癸亥	9	癸巳	16
庚子	4	丙午	10	庚申	16
己未	4	壬寅	11	癸酉	17
戊寅	5	辛未	11	壬辰	17
壬戌	5	辛亥	12	甲申	17
己丑	5	丙戌	13	戊子	17
甲辰	5	甲戌	13	乙巳	17
乙丑	5	乙未	13	丁卯	18
庚辰	6	甲午	13	戊戌	18
丁未	7	乙酉	13	乙亥	18
癸卯	7	辛酉	14	己亥	18
壬申	7	庚午	14	甲寅	19
丁亥	7	丁巳	14	己卯	19
丙寅	7	癸未	14	丙子	20
癸丑	7	丁酉	14	己酉	20
辛丑	8	庚戌	14	丁丑	20
丙辰	9	庚寅	15	戊午	21

B（最著名學者干支名次）表

干支	名次	干支	名次	干支	名次
辛巳	1	癸丑	8	乙卯	12
乙酉	2	乙未	9	庚辰	13
辛卯	3	丙申	10	甲辰	14
己巳	3	壬申	10	壬戌	14
庚寅	3	丙午	10	丁未	14
丙辰	4	辛未	11	庚午	14
戊午	5	戊申	11	戊辰	14
癸卯	5	庚子	11	癸巳	14
甲戌	5	辛酉	11	癸酉	14
庚申	5	戊寅	11	戊子	14
壬辰	5	己丑	11	乙巳	14
丁巳	6	辛亥	11	丁卯	14
庚戌	7	己未	11	戊戌	14
甲申	7	己酉	11	己亥	14
甲寅	7	甲午	11	己卯	14
乙丑	8	丁酉	11	丙子	14
壬午	8	癸亥	11	丙寅	15
辛丑	8	癸未	11	丁亥	16
壬子	8	乙亥	11	丁丑	16
甲子	9	丙戌	12	壬寅	17

29.北宋（太宗）雍熙四年（987年）至（仁宗）至和三年/
嘉佑元年（1056年），計69年，共出產著名人物49人：

　　1人/1.4年　文學家21人　哲學家10人　史學家4人

　　藝術家2/（4）人　政治家9人　其他3人 ◎

徐鉉（916～991）（文字）	蔡襄（1012～1067）（書）
徐鍇（920～974）（文字）	周敦頤（1017～1073）（哲）
李昉（925～996）（史典）	曾鞏（1019～1083）（文）
王禹偁（954～1001）（文學）	司馬光（1019～1086）（史、政）
樂史（930～1007）（文學、地理）	劉敞（1019～1068）（史）
呂蒙正（944～1011）（政、軍）	張載（1020～1077）（哲）
楊億（974～1020）（文）	蘇頌（1020～1101）（科）
寇准（961～1023）（政）	王安石（1021～1086）（政、文）
範寬	劉攽（1023～1089）（史）
柳永（987～1053）（詩）	呂大防（1027～1097）（政）
范仲淹（989～1052）（文）	範純仁（1027～1101）（政）
包拯（990～1062）（政）	沈括（1031～1095）（科）
張先（990～1078）（詩）	晏幾道（1031～1106）（詩）
晏殊（991～1055）（詩）	程顥（1032～1085）（哲）
孫復（992～1057）（哲）	劉恕（1032～1078）（史）
胡瑗（993～1059）（哲）	呂惠卿（1032～1111）（政）
宋祁（998～1061）（詩）	程頤（1033～1107）（哲）
尹洙（1001～1048）（文）	章惇（1035～1105）（政）
梅堯臣（1002～1060）（文）	蘇軾（1037～1101）（文、書）
富弼（1004～1083）（政）	蘇轍（1039～1112）（文）
石介（1005～1045）（文）	黃庭堅（1045～1105）（文、書）
文彥博（1006～1097）（政）	秦觀（1049～1100）（詩）
歐陽修（1007～1072）（文）	謝良佐（1050～1103）（學）
蘇舜欽（1008～1048）（文）	米芾（1051～1107）（書）
狄青（1008～1057）（軍）	遊酢（1053～1123）（哲）
韓琦（1008～1075）（政）	楊時（1053～1135）（哲）
李覯（1009～1059）（思）	陳師道（1053～1101）（詩）
蘇洵（1009～1066）（文）	張耒（1054～1114）（文）
邵雍（1011～1077）（哲）	周邦彥（1056～1121）（文）

30.政治中心主義的表徵：

a.政治控制、政治統治的價值是唯一價值，或價值中心所在；

b.權力是最高的存在物；

c.利益或資源配置因權力為順序，優先享有、最好享有是有權者的天然所得；

d.民心的興趣、嚮往以權力的得失、享有為烈。

政治中心主義會形成統治心態，一切以統治狀態的存在、秩序為考量，以統治者自居。不能以平常人的心態參與社會行為、社會事務、社會活動、社會管理。在權力專有的同時，也將責任專有，使責任變成了一個人或一個階級的終身負擔。其實，權力和責任不是終身的，而是職務的，輪換的；權力是關於社會事務的權力，而非權力存在的權力或權力本身的權力。

放棄統治心態，以公民心態參與社會事務和管理，是一個社會能實現法治的觀念基礎。

講政治，就是統治心態作祟。◎

31.文明的本意是解釋生存，使人和它的群體趨向完善——能力的強化、嚮往的高尚。然而，文明在追求這樣的目標時，卻是以讓人付出放棄原始狀態和原初具有為代價的——野性、動物性不斷被磨滅，形體不斷弱化。

人的實質在於它的動物性和超動物嚮往的綜合。它把生存放在第一位，有剩餘之力後，方考慮快樂、幸福之類的問題。自文明登場以來，情形發生了根本性的變化。文明的好處是使生存成為了有保障的現象，可它的「壞處」也許未為人們所警知——它將使人成為非人。

人的動物性使人類之中有戰爭、獵殺、競爭、性行為、暴力、親情……這些現象有野蠻的特徵，也有守成的特徵，他們是人類中最與動物行為接近的現象。在文明的裁決下，這些行為有的被禁止，有的被限制，有的被扭曲，有的被變態，有的被他象喧賓奪主了。於是激情少了，衝動不見了，到處都是理性。人的精神或超越動物的嚮往是實現了，可我們回首之時，人已成了非人：惡被放棄，善在流行。今天的我們還不時可以憑體育、小說之類的載體去追尋激情、野性，或抓住野性的尾巴，行行野蠻之舉。再往後，這樣的追尋和抓，恐怕祇能從史書中去尋找了。

可是人類對這種前途的心理準備是不足的。人們需要文明，因為文明給他們帶來了實惠、好處。為此，他們把土著社會變成了文明社會，把鄉野變成了城市，共同防預戰爭，譴責犯罪、暴力……一當佛說，人將成為非人時，人將放棄固有、性情、慾望之時，人們又懷疑佛了，將佛放置一旁，仍自我行我素，一副人本、人道的絕對象形，真一個冥頑不化的人類！

其實，非人化不祇是人的內質、具有、稟賦的變異，即使是形軀，也逃不出非人化的大限。形體功能的退化而至蛻化，會導致器官的萎縮，如無需行走而無需腳，無需抓舉而無需手，無需

生育而無需性器官，無需咀嚼而無需牙齒，無需裝載而無需胃、腸……最後祇有大腦高度發達。於是，人有爬行而來，經過直立，而達至了祇有腦體的狀況。

　　從生物學看，人祇是站立起來的動物，故直立行走是其重要特徵。一當直立行走都不可能了，人還是人嗎？

　　佛就是非人，不論你認同與否，你的前途就是非人。除非你們全體從此放棄文明，返還野蠻。◎

32.佛家和理家都追求人之所以為人的最高境界：心身同一。所謂心身同一，就是所覺與所能的同一，就是內在與外在的同一，就是自在與他在的同一，就是天人的同一。簡單說，心身同一，就是所想的就能做，就是無所不為，無所不能。當然，其所為、所能是以在在的和諧為底線的。

為此，理家講修敬集誠，講存養與省察，講反省知與覺悟智，講尊德性，道問學。佛家講靜修禪化，講虛寂無待，講放棄法相、業因。兩家所言，實無非心身的同一不二，所覺不為所能局限、困擾。然而，兩家所言，實亦是一靜態的同一，指在此時、此空、此在條件下的同一。

這樣的同一，確很必要，它能使人完成一種體驗，也能顯示一種樣態，祇是它有內在的缺陷。一是它不是廣普的，而是個別的、典型的、偶然的，所以世界上有彼岸之佛和此岸之人的兩然狀態，在此時、此空、此在中，能通過靜養而達於佛者，實在是少之又少。二是它是暫且的，非永恆的，某人因稟賦而有放棄的能力，如僻穀者，如佛所言的不殺生（動物）之類，可這樣的能力祇是所覺的瞬時同一，而非永久同一。

真正的同一應是動態的、廣普的、永恆的同一。它祇把靜態的同一當作體驗，當作樣式，當作參照。它不固定所覺，而是不斷昇華，自足所覺；它更不設定所能，而是在追求中完善、煉化、自足所能。它不在靜止中、暫且中實現某一個特定，而是在過程中、在永遠中的全方位的提昇。

為此，它很重視在在間的互助、互養，也重視生命間的互助、互養，甚至還重視惡惡間的互助、互養。為此，它要理解、認知、把握惡、生命、在、相。因為祇有惡的養育，祇有生命的養育，祇有在的養育的充分實現，人才能返還到以相為養的真實之中。即，真實的實現唯有虛假的過渡才有可能，所以，虛假是

不可以放棄和無視的。充分的虛假、利用虛假、把握虛假，才能不為虛假所毀滅。真實就是同一。同一的真實就是以相養在，唯有以相養在，人才能（那已是非人了）無所不在，無所不能，無所不為，也祇有如此，所覺與所能才無二致。

其實，此時、此空、此在在本質上是由相所養育的，祇惜這樣的養育不為人們所覺（一是任何在養的實質終是相養，二是隱性的相養難為人們所知），相反，人們被在養（以在養在、以生命養生命、以惡養惡）的表象、局部所迷惑。這意味著，所能的任務就是要破除這迷惑，發現、理解、把握養的真實。一旦能自覺地為真實之養——以相養在，而非以在養在，更非以生命養生命，以惡養惡——則所覺與所能就不是二致了。

故知，養的不充分，所覺與所能也絕無充分之說；不充分的所覺、所能（心、身）是無法同一不二的。所以，動態的同一是過程的同一、廣普的同一、養育充分而後才有的同一。它得煉相、歷相、化相、攝相、斂相、聚相，而後方有成的同一。

人生就像游泳，你用雙手拼命地向前抓。你抓到了什麼？什麼也沒有抓到。但當你終於達到彼岸之後，回頭一望，啊，那裡曾是此岸！◎

33.當一個人利用職權為自己謀私利時，人們會群起而攻之，或設置制度予他以限制。為什麼人類卻可以無所顧忌地利用大自然的公產大腦僅為人自己謀求私利而不受到指責呢？現代的法律難道不應該有這樣的覺醒嗎？◎

34.人類正在追求富足，希望60億人都過上美國闊佬的生活（人均消費5～10萬美金/年）。這種嚮往是非常美好的，然而人們卻忽視了一個邏輯和一個事實。

這個邏輯是，到目前為止，生命是以異養為存在前提的，或以生命養生命，即人們所說的生態鏈。這根鏈條不是直線的，它是一種金字塔式的等級結構。一般認為有四個等級：植物、食草動物、初級食肉動物、二級食肉動物。從一個等級到另一個等級所傳遞的能量大約祇有1%。在每一級的傳遞過程中，有99%的能量被上一等級的生物自己代謝了。計算下來可知，人作為這根鏈條或金字塔頂端的生物，他所能利用的有效能量不到原初能量的10億分之一。這正是我們現在所碰到的邏輯難題：如果讓60億人都過上富足的生活，我們前面或下面的能量傳遞者的量必須要比現在擴大100萬倍。問題是，這樣的擴充，地球本身是無力負荷的。

因而我們碰到的事實是，如果仍然以生命者和礦物質為養源（以生命養生命），那麼，我們人類中始終有80%左右的人過不上富足的生活。

由此可知，不論人們怎樣設計我們法律、規則、秩序、正義原則，最終都無法解脫貧富懸殊的死結，而貧富差別恰是人類社會秩序中最具破壞性的因素。這說明，人類若祇一味封閉地設計人域內部的秩序、安全、公平、正義，是永遠達不到目標的。這實在是一種水中撈月的遊戲，也是一個新馬爾薩斯圈套。

難道人類就沒有解脫的可能嗎？我是說除了自相屠殺以外的可能。我以為還是有的，關鍵是要改變觀念。

即使是僅僅為了人類自身的富足此一想，而不涉及別的問題，我們也祇有改變觀念後，才有這種可能性。這種觀念是將養源擴大到生命和礦物質以外。

我們之所以不能更富有，是因為僅太陽能一項，就有百萬分之九十九萬九千九百九十九甚至更多被「浪費」在了我們的利用

之外，祗要我們能再利用這「浪費」中的百萬分之十左右，我們60億人都將過上富翁的生活。而這就需要突破生命和礦物質為養的局限性。

要做到這一步，我們要連鎖地改變許多觀念，其中最直接的是有關秩序的觀念。其實，人類生存的秩序從來就不祗是人域內部的權利佔有、流轉、交換。這類的秩序，如最早的自在法所規定的那樣，人類的生存實現是由物我一體的和諧所導致的。即一切秩序、規則、法，說到底就是養關係的合理、和諧、有序。可惜後來的人類將此一真實的視界收縮為了人域秩序，自縛手腳，自我封閉，最終祗好在內部的貧富、權力、權利之類的末節上大做文章，當然是越做越沒有出路。

如果我們憑藉已有的已知和他知，再度放開視野，把法的界域、秩序的範圍重新返還到人際之中，並以人際同構為目標，那麼，養資源的攝取將會作為秩序的重要領域，它將彌補過去的法祗關注養資源在人域內部的佔有、分配、流轉的合理、公平、有序的狹隘。

一當把有關養資源的生產、攝取作為法的對象和秩序的領域，那麼，我們關於養資源的觀念，我們的攝取手段，我們關於環境的理解，我們與生命體系的關係等，都將獲得前所未有的新意。到那時，前述的「僅僅為了人類自身的富足一想」的人本位觀念，也將被置換為人際同構、和諧、合理、公平的新觀念。因為，我們不毀滅生命也能存在，而且能存在得更好。

這表明，如果死守生命為養，或以生命養生命，以礦物質為養的陳規，那我們將碰撞能量守恆或熱力學第二定律的銅牆鐵壁，唯有進入一個更開放的同構級次，能量守恆的難題才會化解。

當然，要做到以非生命的在為養源，我們還有許多事情要做。其中一項最為緊迫的是，解決好現狀條件下的人際秩序的公平、合理、有利、有理、有節、和諧的問題。我們祗有先做好了

這一步，才會有後面的第二步、第三步，乃至以相養在的無限。

為此，我們的法必須由人域法進入人際法、人際同構法。◎

35.假定一個人面對自己極度困境、危難無法解脫，且在他排斥了所有的為唯物論所主張原因（如能力、人與關係、資歷、經驗……）以後，仍找不到說明狀況的原因或因由，那是相當可怕的。這意味著，他是世界隨機性的棄物。相反，如果他認為這是上帝、神在懲罰他、歷煉他，那麼他會欣慰，因為他感覺到上帝與他同在！

寧願要虛妄的上帝，也不要隨機性。這是非自主人類的天性。人需要有解釋，沒有解釋是恐怖的。◎

36.人的慾望有如夏日之積雪，一旦開始融化，便不可收拾。縱是你事前自誡，事後自悔，然身臨其境，總是自持不住，聽由擺佈了。印尼最近的排華騷亂，中國近十幾年來商潮中的官場百態、市場醜顏、學界奇聞，無不在明示慾望的不可控制性。

如何才可以控制慾望呢？法律的控制收效甚微，它祇有效於表面化了的慾望和有明顯公害的慾望。道德的自律也需得有合適的場境和極高的修為，而這卻為絕大多數人所不具有。況且此兩項方式乃人為工具。人為之具對抗人為之慾，有一先天的漏洞：可以對抗，可以盡其智地反抗，然而效果不佳。

慾望是人的不可或缺的具有，不具有即不為人，亦缺失了進動的動力，故在人的前提下，慾望是不可替代的，不可僅憑人為之力即可收拾的。這一悖論實乃是人類之需要神靈和宗教的原因。作為慾望的調節閥，它具有與法律和道德相同的功能，但卻更具效力。因為它不是人力間的相互對抗，它以神秘、不可知、不可捉摸、不可計謀、不可預測、不可對抗、不對等的力量與人的慾望相對抗，這會使人們對自我有所收斂和警戒。對不可知的恐懼，是兒童心理的表現，若人沒有任何畏懼，而又自惡不止，那是走向毀滅之路。所以神或宗教是人類所不可缺少的依賴和憑藉。現代性、唯物主義的罪過在於，它毀敗了崇拜和恐懼的偶像，卻又不能防止人的慾望，反而激化了人的慾望。

法律：他律的，祇能有限地制止他害或公害的結果；

道德：自律的，要求極高的個人修為、完善的前提；

神：他律的，能監視行為前的心靈、心理活動，具有行為前的預防性。

一群需要神的告誡、戒備、防預、依賴、擔保、救贖的生靈，現在卻不恰當、過早地失去了這樣的依賴和背景，豈不悲哉！◎

37.人是世界的公產，它由極簡單而至繁雜 ，[以至完成態，當下正在簡單、簡陋的後期] ，故雖擔荷神的使命和責任，卻受令不明。這要求人要去猜測、揣摩神的旨意。神意是一種圓善，或以相養在、以相養用。這個最高的善是由無數的小善，不間斷的此善同構、自足出來的，故而，人自來到這個世界以來，便有一個直接的任務：理解、猜測每一個小善。於是，卜筮、占卜、卦爻、預測之類的猜測哲學便成了猜測神之善意的必需手段（見維柯365）。後來，人自以為是了，一心祇關注其內部事務、個人的私慾，反致神的善意於不顧，或斥之為妄說、迷信，結果便是人自為戰、各自為政、情緒宣洩，欲自持卻自持不起。人域內部的一塌糊塗，不可收拾，神的善意也拋之九霄雲外，人際的和諧、關照都沒有了。

希臘人認為哲學是智慧之學，而智慧則是關於善與惡的知識。這種知識便是解釋哲學，它與猜測哲學本無二致，亦是對神之善意的解釋、理解、把握、體悟。無奈後來的知識棄善不顧，依惡而為解說，或依現代性而為解說，致使智慧之學終成為小人之學、功利之學。錯已鑄就，現在的任務是依著這小人之學、功利之學，使之理性化。通過理性的過渡，重新歸入智慧之學或善意之學，以更自足的智慧重問神之善意之為何。◎

一九九八年

38.有機世界有三條規則：

一、每一有機物都產生對它自己不再有用的廢物。

二、每種廢物如果任其積累起來的話，便是有害的。

三、一般情況下，某種廢物對其他形式的生命來說，恰是有用的養資源，它能把廢物恢復到對最初產生廢物者有用的形式，即每一廢物都有相應的消費者。

人類大量地生產廢物，也使各種廢物堆積起來，原因是它所生產的廢物沒有找到、沒有產生出，或沒有找到相應量的消費者，以致廢物為害。如廢氣、廢水、廢塑膠、廢礦物、廢藥物……如果這個世界上找不到相應的廢物消費者，那就說明人類所產生出的是真正的廢物，應當停止產生，尋找替代品（可被消費的廢物）。

法則四：經過演化，每一物種和要素都依賴各自特有的存在環境，方能有序。

法則五：如果環境改變，結果是停止生長、繁衍，或致滅絕，或產生其他危害後果。

環境問題：資源短缺，環境污染，生態失衡，環境錯亂。

一九九八年四月◎

39.早期的人類所崇尚的是猜測哲學，他們通過占卜來猜測神的旨意、意志，體會自己生命的意義、價值，想做一個真正的人。自現代性勃興以後，猜測哲學漸退居到了次要地位，解釋哲學登上了歷史舞臺。何為解釋哲學呢？它是一種近似於狡辯的思維形態：為自己的看法、慾望、嚮往、行為、方式、事務做出各種各樣的，目的祇有利於自己的解釋、說明、辯護。所謂做也有理，不做也有理，這樣做合適，那樣做也合適……沒有統一的準則，一切都依有力的解說為根據，祇要誰的解釋占了上風，或獲得了足夠的支持（這起決於他鼓動、煽情的效果），誰就成為正義、有理的代表。有時候，人們把解釋叫做說法，所謂凡事都得給個說法即此之謂。

解釋哲學之為一種思維形態和思維模式（也是一種人的生存方式），它有以下特徵：

一是利己性，即絕大多數解釋都是出於解釋者的嚮往和所欲而作出的事理說明，不解釋便達不到利己的目的。

二是廣普性，因為它是最有效的利己方式，所以凡人都會利用這一方式，不同的祇是程度的差別，有的人長篇大論、引經據典，有的人祇能就事論事，赤裸言之。

三是相對性，任何解釋都是一己私慾的鋪張，故你說、我說、他說，都是極為偏狹、相對的學說，都有極其嚴格的效域限制，而且也是極易引發衝突、對抗的現象。

四是有效性，它能直接、具體地解決人域內部的各類事務，實現人們嚮往的目標，這種有效性是相對於早起的猜測哲學而言的。

五是不可避免性，其實解釋哲學是人類自足過程中不可缺失的現象，人類自足的第一要義，就是它先有承擔責任前的自我實現，如何最有利於自我實現是具備思維能力的人類得優先開發的

領地,沒有充分的關於自我的解釋,沒有滿足自我的充分解釋,要實現自我、完成自足是不可能的。

六是必要性,解釋哲學的動機、目的是自我,然任何解釋一經學理昇華和時空的錘煉,必能具出極為異化的後果,變成與己私相對抗的公利學說,其間有盲目而為之,亦有漸進自覺的人為追求,因為解釋者最終都會發現,一味地祇有利於己私的解釋,必不能長存下去:一個私同另外一個私或多個私的對抗,要麼諸私同歸於盡,要麼相互妥協,達成某種於大家都有利的共識,結果便是解釋的昇華和異化。

依著這樣的邏輯,一切解釋都會良性自足,並與猜測哲學接軌。

猜測哲學的衰退,並不意味著它的消亡,祇是暫時地讓位於解釋哲學而已。它以新的形式仍然與解釋哲學伴生發展,如神秘主義哲學、天文學、物理學之類的自然哲學。解釋哲學經過充分自足之後,會重新歸入猜測哲學之中。祇不過,後來的這種猜測哲學與前在的那個猜測哲學有質的差別,它的猜測更廣闊、更準確、更真實。這種廣闊、準確、真實來之於解釋哲學的自足前提和方式的支援。

在超現代的時空中,猜測哲學將更為重要:神究竟要我們幹什麼!

一九九八年九月◎

40.理解自然是一比改造自然更有深度和價值的行為原則。改造自然是一種少不解事的狂躁，它意味著在什麼都不清楚的前提下就去行動，其結果很可能是南轅北轍，甚或造成許多不可收拾的後果。祗有充分的理解、認知、把握，才能知道我們能做什麼，應該做什麼，而這恰是急不可耐的人類所極為缺乏的。

人是自己思維後果的對抗物。建造房子的結果是把自己給關起來，設置官職是為了限制人們的權力，創造法律是為了剝奪人的自由，競爭是為了帶來痛苦，發展經濟是為了讓人們生存更為艱難，榮譽是為了自我毀滅，婚姻是為了不幸的合法化……

並不是一定要評判人類思維結果的優劣、好壞，但這種現象的普遍性確實不容置疑的。人說，人就是要折騰，大抵上也是同類的表述。限制、折騰雖然痛苦，可人類也的確從中得到了好處、實惠，更重要的是，人類從中學會了應對和變通，學會了超越。◎

41.人際同構法有下述六大特徵：

一曰主體延伸。傳統法律以主體為支柱，所謂祇保護主體（有法律資格者）的權利，而非主體則為客體，不在保護之列。若依此路為之，那麼人之外的有機體的生命權、生存權、受益權之類均不存在，人類仍可對其任意殺戮之、毀滅之，因為它們不是法律保護的對象。雖然，我們通過一些特定的法律，人為規定某些動植物必得保護，然在邏輯上是講不通的。首先，法理學認為，保護動植物僅祇是人的生存權、環境權的一種延伸，即是一種財產、資源性質的保護，它與保護私有財產、公有財產、保護奴隸同義，故而仍然是一種沒有主體資格前提的保護，其前景是，可以保護，也可以不保護；其次，法律祇保護主體，而不保護非主體，當有機物是非主體的時候，又何來保護之說呢？

進一步的問題是，如果有機世界的存在權、受益權、生命權沒有獲得必要的法律保護的話，接下來人的生存權亦會蕩然無存。即使從比較極端的利己主義立場考量，真實而非虛假的法律保護是不容延緩的現實。

主體起源於特權的保護，後來隨著文明的發展，它才演化為一種廣普性的權利概念。這種廣普性在傳統的法理學中它僅限於人域之中，所以對整個有機世界言，它仍然是特權性的。現在的問題是，若死守傳統的主體內涵和外延，則有機世界的存在權、生命權、受益權無法實現；若放棄主體的概念，重新建構法律系，恐為法學家們所不容，因為傳統的人域法是以主體為骨架而支撐起來的，抽出主體，則意味著民商法體系及其他法律體系的坍塌。如何解決這一矛盾呢？我以為祇有延伸主體概念的內涵和外延：主體不限於人，可延伸至有機體。又見於有機體基本上是非意識自覺的載體，同時，有機體的完全主體資格亦意味著人類生存的不可能（人類無法獲得衣食之源，而衣食之源是現階段人

類還不能丟去的養現象），可變通定義這一特殊主體概念，稱名為准主體。所謂准主體，是說它們是法律保護的資格者，非經法律同意或法律認為合適，其存在權、生命權、受益權不得被隨意侵害、傷害、毀損、滅失。

　　接下來的問題是，法律同意什麼？如何同意？

　　這樣，傳統的法律體系、經典法學都有繼續存在的合理性，而後現代的人際同構法亦能由此而發展。

　　二曰人際優先。傳統法律和經典法學均囿於人域性的樊籬，以人權為先，然在人際同構法中，這種觀念要被改變。因為傳統法律是建立在一個封閉的體系之中的，在這個封閉圈內，人對人的公平、平等、公正與否是第一位的，而人際同構法則是一個開放的體系，其法律的視野、境界自是高出經典法學許多，在它看來，人權不若人的生存或存在更重要，而人的生存和存在又取決於有機世界互養關係的守衡與和諧，故其關注的中心便不在人權，而在人際關係的守衡與和諧，即人際關係優先於人域關係，生存優先於權利。

　　三曰倫理主導。傳統法律和經典法學均崇尚法律的理性特徵，反對人情、道德對立法、司法的干涉，反對法律政治化、法律倫理化，認為法律就是法律，強調從法律的角度看法律，強調法律的獨立性、排他性，此謂之法治。法治的觀念對保證人域關係的公正、公平、合理、有效是十分必要的，然在人際同構法中，這種觀念必得有所改變。因為人際同構法的受體或當事人不限於人類，還包括他生命體、有機體，它們都是非意識自覺的主體，缺乏法律所要求的行為能力。也就是說，在這種法律關係中，人是主動的，而對方當事者卻是被動的。如此之情態，必得要求我們的法律要強化人方的責任、義務，要求人的利他的倫理關照和付出。這樣，倫理原則和規範不但進入了法律之中，而且

還起著主導作用，成為人際同構法的支柱。人是人際同構法中的意識自覺的主體，其性的自覺和智的能力都要求他當具出人際關係的同構、守衡、和諧的觀念，並依之立法、司法。其實，法律的倫理性並非人際同構法的專利，早於它的人身法自不待言，就是契約法，亦漸次地包容了倫理的內涵，如民商法中的誠實信用原則和契約的社會性原則、公共利益原則之類，均是法律向倫理靠攏的實證。故知，倫理不祇是法律之為法律的背景，不祇是被評判的標準，也將引導二者趨同的變革。

　　這樣的變革或革命將完成一個回歸：法律從倫理中分離出來，復又與倫理同一不二。

　　四曰自在法復興。上文述及「法律同意」的概念，那麼，法律如何同意呢？顯然，依賴人域法不能做出同意的決定，因為它是人類中心主義的。見於人對自然的理解和認知將決定人類的生存和人際關係的守衡、和諧、同構狀態，故知，因於自然哲學而獲知的自在法規則將會日益突顯其決定作用。什麼可以做，什麼不可以做，即法律所允許的行為和不允許的行為不能像過去那樣依人為解釋的事理決定，而當依自在的規則決定，凡與自在規則相牴觸、對抗的行為均當限制。人的任務是發現自在法規則，並使之成為法律。具體情形有如前文所提及的五條自在規則。這就是人類未來法律的走向。

　　五曰秩序同構。過去秩序觀念的要害就在於，秩序僅祇是人域內部的秩序；公平、正義、合理、平等、對等也祇是人域內部人與人之間的關係恰當狀態；安全祇是人域內部人自身的安全；自由也祇是人的自由；權利也祇是人的權利，如此之類。它的積極價值自不待言，如它使特權的法律變為了廣普權的法律，使少數人的秩序變成了全人類共同的秩序。然而，這些祇意味著一個法律進化、發展階段的終結和結束，並不意味著全部法律使命的

和價值取向的終結。當人類把生存、存在的觸角直接刺入自然世界的深層之後，生存便不祇意味著人域內部人與人之間、人與社會之間的有關生存權利的公平、對等、正義了，它必得有自然世界與人域世界的互助、同構，有人際關係的守衡、和諧。否則，人類就無法獲得其所必需且日益擴大著的養資源，這直接關係著人的生存問題。這是人際同構法出世的根本原因。對法學言，適應這種變革而不是迴避它，乃是必由之路。故此，必得改變或放棄固有的法律觀念，認知和鎖固人域秩序和人際秩序的不可分離性、同構性，理解人道和天道的貫通，把握人域法和自在法的通約性，並因之形成人際、人域同構的全新法律體系。秩序無國界，環境無己私。這是我們這一代法學家的使命。

根據人是自己思維後果的對抗物的定理（除非進入非人的狀態），可知法律的本質不是擴充人的權利，而是限制人的權利。當然，有某些法律在特定的時候會以保護人的權利為目標。

六曰滲透與共識。◎

42. 1、混元本體，非一元，非二元，非多元。

2、世界是體相用三界的同構，非體用，亦非相用結構。

3、相養為萬在之因，有養才有世界，有養世界才有惡，有養世界才有善，有養才有問題，有養才有希望。

4、以相養相，以相養在，以在養在，以生命養生命，以利益養利益，以惡養惡⋯⋯→以相養在是其方向，亦是人之所以為人的價值取向。

5、文明是人類的特產，然而文明的代價卻使人成為非人，故當人享受著文明的實惠、好處的時候，應充分理知它的後果，當然，非人即是必然，亦非壞事，祇是不符合人的感情而已。

6、生命實是一場騙局，我們不過是載體，人之所以為人，就是要揭穿騙局，超越騙局，成為自主、自覺的存在。

7、倫理臺階：

善⋯⋯生物本能——群自我倫理——熟人倫理——地域倫理——契約（陌生人）倫理——人域倫理——人際倫理——存在倫理——善。◎

43.在是有限的，可這有限之構造者卻是諸無限。於是，有限、在都有著趨向無限的嚮往、追求、記憶。此在為在之秀，故其嚮往、追求、記憶尤其然。這或許正是此在有知識、有理想、有掙扎的真實原由。

有限的原因為無限，諸無限一當同構為有限，便被束縛了。若祇是任其還原為無限，那實在無甚意義。要者，是使同構者有限亦自足為無限。而同構著的有限、在得為無限，何其難也。於是，便有了歷劫迂迴、歷煉反復的過程，使之錘煉、煉化、自足。

此在的尷尬在於，它在生存之外，對存在有了別樣的感悟。這便讓它對存在本身的原初價值（生存的實現）不滿足了，亦試圖尋找存在的他價值、他意義，比如先哲說過的無限、永恆、諸在合一、梵、空、无之類。奈何這樣的價值、意義似乎很難感覺化，它祇是靈感、頓悟，非聖哲不可得。結果總是無功而返，不得不繼續經營著自己的生存。這種似是而非、似可跨越又底氣不足、欲躍試又心虛的景狀，正是此在的實象。

何謂過渡者，人乃是也。◎

44.秩序起源於存在的缺陷。

　　存在的缺陷有二：a.各自為在，而非混然無間，故有在與在的障隔；b.在在均得攝養方能為在，在直接攝相不明顯或不可能的前提下，攝在就成為了不可避免的事實。

　　這兩個缺陷，若分立觀之，並非問題。問題是它們分離不得。一當並存，就是衝突或即缺陷，它們不可自解，或自調和。

　　正是這種不可避免、不可調和的衝突，故體變相時，即有了法相之一原有。它的使命即是調和衝突、實現秩序——使在成為在，又使攝養成為可能。◎

45.我原以為，存在、生存的困苦全在於己身的慾望所致。此並不錯。基於此說，我們的罪惡、懲罰當有我們自己承擔，實妥。然，我們並非是我們自己創造的，構成我的原因、原料非由我們所能選擇，我們不過是被動者，奈何全部責任都有我們承擔呢？此一問，竟可向前繼續追索：在設計上就已經出了差錯，為什麼要在我們的構成中添加慾望呢？

其回答如下：

我們乃至存在祇是某的試驗品，某為了別的什麼目的，而如此設計我們（附帶的）。

我們或存在是某的不成熟的設計，在設計已不可更改的前提下，某希望由我們通過過程來獲得完滿或補救出完滿（過失的）。

祇能通過這種不完善的設計和極其艱辛的過程，我們、存在才有完善、完滿可言（故意的）。

我希望是最後（或許還有別的回答）這一答案。從這個答案中，我們能發現我們的價值：經過歷劫迂迴，經過聚、斂、攝、煉、歷、化、成的過程，讓我們體會出某的真意，自覺地去擔當、去完善，從中分解出意義。◎

46.文明可分為精神性的文明、制度性的文明、器物性的文明。最早的文明可謂之為精神性的,即神的觀念。是乃生存、生活的根據、準則。農業的興起,器物性的文明得以勃興,其便利、滿足感、可佔有性、可感覺性、可歸屬性……諸表徵,特別易於激發起人們的慾望和嚮往。這進而誘發了物化的自我意識和對精神性文明(普遍性的意義、整體意識、共有的秩序、和諧的價值取向)的批判和反抗,是為祛魅,即現代性的興起。

這表明,由於取向的差別,這兩種文明是有衝突的。結果可想而知,虛在而又遠距離的神,面對日益自為、自立、自強的人類,其軟弱性很快暴露出來,以致人中的英雄、巨人們均可以己之力去挑戰神、反抗神、攻擊神(前3500年～前2000年最為激烈)。這種狀態和可能出現的後果(人不可能沒有精神背景而自為存在)需要協調和緩衝,於是第三種文明形態便成長出來,它的主要目的是為了協調前兩種文明之間的衝突。根據過錯的具有,其對人類的限制性是非常明顯的,這就是制度性的文明。

制度性的文明對人類的限制、設定、規約,並非說它完全是神的意志,實則,神本身也有諸多妥協、讓步。如出讓主體資格給英雄們,給人類以所有權、物權,允許人類有內部事務,並使這些內部事務也接受制度性的文明的規制,甚至還幫助人類樹標分界、設域定分……如此之類。

於是,神便進一步虛化了,它祗是信仰和偶像。於是,人類開始自己解釋自己,自己說明自己,自己支援自己。精神性的文明世俗化、人性化,是為解釋哲學。同理,制度性的文明在設定了人與神的必要秩序、關係之後,也開始內部化。

這一轉化是如此進行的:當神放下具體的管理權之後,人類便自我逐漸接掌了。如同神人相通是一職業化的現象一樣,人類的管理也變成了一種職業化現象。這就是所謂公共權力的出現。

　　公共權力的存在，必然會出現權力濫用現象，也必然會出現權利衝突現象，以及權力異化現象。這些都致使人域內部事務複雜化。現在，人域內部事務大致有兩個領域，一是和人之間的交易、交往、衝突、相互關係；二是個人與公權之間及公權本身的交互關係。由之而進，制度性的文明亦在這兩個領域鋪衍開來。

　　於是，文明之三個構成（器物性的文明、精神性的文明、制度性的文明）都人性化、人域化了。背景、神被疏遠開來。當然，必然的慣性和必要的救濟方式仍然存在。其核心是理性。它在兩個領域表徵突出，一是法治的興起，二是現代宗教的興起（[更有理性哲學的興起]）。◎

47.在一個專制社會中，我不敢享有榮譽，因為背負不起。◎

48.西方人的人生目的是享受人生，中國人的人生目的是探究人生（塑造完人），印度人的人生目的是擺脫人生（成為非人）。

享受人生的人具有豐富的知識和求生存的能力；塑造完人的人卻有倫理的負擔和個人的忽視；嚮往非人的人則是這個世界的棄物。◎

49.總說釋道儒及希臘和基督思想，細細想來，全然是個相互補充、同構的精神狀態。

先以儒學為說，它所扣住的是人的主要所在，即精神、人格的充分、完滿，使人倫理化。一個完滿的人（聖人）不僅是可慾的，而且是必然的。一個由聖人組成的社會將是一個完美無缺的社會，亦是人之所以為人的最高境界。儒學注意了人的最長處，並積極弘揚它。這個最長處便是人的精神、靈智。推動人的精神、靈智、性覺的完滿是倫理的責任，此亦顯出了倫理學的重要性。

與儒家有類似之處的是希臘始產生的自然哲學和政治哲學。把人放在首位，學問的目的和宗旨主要祇關乎人，是它們的共有表徵。何以說自然哲學、政治哲學也是人學呢？這便是它與儒學的分歧所在。儒學整個祇顧及人的內在的完善，認為它是全部問題可獲解決的關鍵所在，其他問題大都被這一執著掩藏了。而希臘人則認為，人的生存有兩個條件是必須予以重視的，一是人的物質環境或養資源的攝取，最終它亦有相的學說；二是人與人，人與社會之間的養資源的分配、利益衝突、公共權力的設置。如果人在這兩方面沒有獲得良好的保障，那麼，人將難以為人。

大體說來，西方的文化和哲學主流仍然是人本的，它與儒學的人的學問不同在於，這個人是現實的、理性的、此在的、借助工具的、器物的、法治的、當下的；而那個人則是完滿的、未來的、倫理的、靈覺的、精神的。

積極進取的嚮往，並認為通過積極的行為可解決人的問題，是儒學和希學的人學基礎。

然而，痛苦的人生卻也令有些學說別有他意。如猶太教和基督教，原罪的前提是無法超越的，人生是一種有罪的報應、懲罰，人的出路是重新回到神的世界。其善的要求是求得回到天堂

的資格，而與人的本身完滿無關。這種倫理不是發乎內在的覺悟，而是外在的神意，是神的命令。故而，這種學說的主旨是關於神的學問，而非人的學問。人祇作為神的一種表現形式存在，且是一種有問題的表現形式。

對痛苦同樣進行了深刻思想的是道學。惟其他不是神學的，所以它走向了世界之根的理解和把握。它認為，人的問題在自身，是人的智慧的亂用導致了問題人類。它與神無關（根本就沒有神），也與根無關，與環境無關。那種試圖拯救人類於不幸的所謂倫理，亦是雕蟲小技，非但不能拯救人類，導使人完善，反而會加重人類的痛苦和不幸。人唯有放棄這些小智慧，而回歸到與世界根元（无、自然）同一、相協的大智慧之中，才有真正的完滿，所有問題亦自行解決。思路不錯，然而問題還是很明顯。先是這大智慧是什麼？老、莊均未明辨，祇以退雌、守柔、自性逍遙之類為例說，結果偏入了為人的生存、生活的謀術之中，至少給了人們這種錯誤的誘導；再者，這現實中的人愚蠢如此，如何去獲得這大智慧？在獲得這大智慧之前又如何生活？亦未明示。

非神的思路，及大智慧的獲得是道家特長，唯其非人的回歸的方式似乎太過簡單，碰巧還有一種學說彌補了這種缺陷。

佛學裡有與道學相近的根元觀念的學說，一者謂空，一者謂无。佛也認為人的不幸、痛苦都源於人的智慧，如慾望、嚮往、思想……然而，與道學所不同者，它不是消去這個，回到那個，而是反類似儒的思路，認為思、識乃人之所以為人的根基，是為人的長處，故當發揚光大之。祇是它所要發揚光大的不限於儒的人的完滿，而是對人的超越。即通過識人、識智、識業因、識相而終至虛空寂寥，於是完滿便至。識相是該學之所長。此一路數，雖然與儒有通處，且後來理學也正好在此處合上了儒、釋兩學，但佛學在方式上是非倫理的，而目標上亦是非人的，它實

是有關非人的學問（未來的、不是人的「人」）。因為它跨度太大，便把個人生、倫理、求養於物、求在於公正之類的人學問題盡數縮小了，有許多幾乎小到看不見。於是，缺陷亦自至。人的完滿雖重在識和智的完滿，但僅此足夠嗎？識和智的完滿通常祇是靜態的實現，若置於動態中，這完滿又該如何呢？非人的存在顯然不祇是個人的問題，那麼，存在的完滿，又該如何出落呢？

道、佛的非人傾向是不同的。道祇非此在之人、假人，而保留的則是自然之人、真人，它沒有提出非人之人的概念，其極限還是人。佛是要非去人，而求一非人之人。祇是此非人之人，不是人之人。是何？未予明說，故其極限是非人。

儒、希都祇限於人自身，在它們那裡，人就是人，沒有涉及人的非人的未來。區別僅在於美好的人生和完滿的嚮往。

猶、基之教，關注神，人祇是神的形式，人不祇屬於神，也導向與神同一。問題在於，神是外在的，它不是一個自身的過程完滿，而是兩在未來的同一，且神是不變的，要變的祇是人。於是，神是什麼？便成了一個必須提出的問題。是一個位格的主宰者，還是一個類似於道之天、佛之空的根元、本體？若是前者，便說不出道理；若是後者，則這種神是心、識、智的靈悟的完滿呢？還是一個本來就在，你祇需靠攏便好的回歸呢？

……

上述，可見各學之層次和深淺（有一吠檀多派，不及人學，祇及本體、根元之意，似乎與後現代人學，祇及人自我，不及其他有兩極之嫌，且不說），亦見各家之所短。那麼，真正的學問是什麼呢？人學+非人之學+本體之學+相之學，或可?!

佛學之相學與自然哲學之相學，儒學之人學與希學之人學，道學之體學與佛、吠學之體學，佛學之識、智之學與儒學之智、性之學，佛學的非人之學與基、猶的神學……的同構貫通，或可?! ◎

二〇〇一至二〇〇五年

50.久違了！

我所為，乃是靈智的一顯現。若以學問為說，我所「挑戰」的非是當代中國學者，亦非「挑戰」西方學問，恰當地說，當是「軸心時代」——它的思考和結論——的繼續。

第一次現代性後，人是什麼、人域關係如何處置、完人如何實現、非自然狀態的社會如何構成、人如何生活才有意義、如何方可有幸福和快樂，等等人或人域問題最終引出了軸心期的思考，其結論已被稱為宗教、倫理學、自然哲學、法治……然而，所有這些智慧祇是一種「我要成為人」的智慧，它是小兒或兒童心性的一種激揚和出脫。目標的人化和界域（人域）的限制決定了它們的意義和價值。

人是什麼？是由如何有人、什麼是人、人怎樣超越、人的返還等一系列話題組成的。而且，什麼是人有三種答案，一種是自域論題，即人和人的比較後的結論，如說君子、聖人是人，幸福的人、富人是人，而小人、不幸的人、窮人則不是人；另一種是他域論題，或說兩隻腳站立起的「人」是人，而四隻腳著地的、爬行的、帶翅膀的均不是人，DNA欺騙了人，人的物理化學結構、屬性學等；第三種是相域論題，是說在是相的符號化、象化，而人則是一種特殊的符號。大凡符號有二義，一是表達意義的，具有載體的性質，若不能表達意義，本身則無意義；二是非永恆的，意義表達完成，其使命就完結，終歸是一種過渡性的。

由是可知，僅就以人為論題言，未可從一而是。而「軸心」及其後續的思考，基本上未超出自域範圍之外，偶有零星的他域思考和相域思考，實則也不徹底，並有莫大的偏差。如佛學關於「非人的人」的思考，道學關於萬有同一的思考，理學關於「天民」的思考，基督教和某些神學關於人是上帝的符號和形式的思考之類。

　　如今，自域問題已完成了它的尋求，他域問題才推上檯面，一個階段可謂是該終結了。這個階段便是兒童人類。兒童期的終結意味著少年期的開始，它的重心將由自域轉入他域。然而，軸心時代對此的準備是極其不充分、殘缺的，這是我們面臨的第一個挑戰。

　　第二個挑戰則是，縱使自域、他域的思考均得以完成，二者相合，也不過是一個在域的思考。在域的思考並非是終極的，因為在本身是符號，是相的象化，符號本身不能解說符號，必有相域的思考才能成為完整的解說。雖說少年期的人類其主要思考不當在此，但卻也是無可逃避的論題。一則少年期比兒童期偏短，一晃成年期將至；二則他域論題是一更依賴相域論題方有完整解說的論域。故若非有較充分的相域解說，則他域論題和少年期的過渡將不便出脫。

　　這些便是我所面臨的挑戰之所在。當然，這樣的解說並非我一人可為、能為之事，它將成為一持續的智慧（理智能和靈明智）的激揚期。在這一啟動過程中，軸心期所出示過的若干靈感、直覺（如上述）當成為良好的性智資源。所以，說挑戰可，說承傳、揚棄亦可。

辛巳年正月初二◎

51.神放棄了對人之慾望（如性慾）的控制，自在法謝幕，人的慾望迸發，現代性開始。農業的自為性又加劇了現代性的發展，最早是個別現象，如力量強大者、王者，後來則廣普化了，強盜社會由之形成。

蘇美爾人的第十一泥版表明，此前他們反神、求永生、遭懲罰，但結果是永生無望。

宇宙是沒有意志（如果說意志是非要不可的話）的，但宇宙會容許統治他人的本性（本能）發生，也允許權威產生。

荷馬的英雄是力量或強力主義者，祗知道自己征服的慾望（故為英雄）。充其量祗多一些這樣的道德：群自我倫理（也稱血親倫理）。除此之外，皆為敵人、競爭者，或獵物。這是反神以後的必然現象，他們還沒有，也找不到人類或群域，或地域之同。埃斯庫羅斯以後的時代，地域問題全面出臺，熟人倫理、地域倫理出現，故正義、倫理、道德問題亦出世，人開始依解釋哲學的理念去解決已域問題，同時，制度文明亦有重大建構——民主制、法治、憲政，於是，希臘社會終於文明了。

強盜社會條件下的人性的歷史：

……摩西（功利與契約，動機與原因出現，准世俗社會）→基督（個體的痛苦體驗，痛苦的極致，無以負重，上帝面前人人平等，為再次反抗鋪墊）→路德（個性即上帝，合適即善，反抗的裝備開始製造）→康德（純粹理性，道德自律，個性自由，上帝世俗化，上帝死亡）→真正的世俗社會，沒有真理，沒有背景，飄搖無著。

【歌德：寧可退出，再也不願重新開始。】

原因：a.人性的歷史是悲劇的歷史，沒有絕對真理，祗有各自為政、自以為是；故，b.西方的生存內涵是痛苦，環境和場景使之然，沒有生活，祗有生存；c.為生的歷煉和歷劫，無可逃逸。

正義觀簡史：

耶穌：上帝面前人人平等；

宗教改革、笛卡爾：良知和理性面前平等；

法國大革命：法律面前人人平等。

法治是過渡期的憑藉，不得已而做出的選擇，卻是必不可少的選擇，否則，就難以有人（動物性與神性混合的種類）的生存與演化。人類試圖依賴此達於完善（完全神化，擺脫動物性），可它卻絕對不是使之渡過長海，抵達彼岸的載體。對人類之整言，可謂沒有它不行，有它也不行。彼岸的抵達，尚需別的載體。

權力如色。好之，性也，過之，則大害。一是不能自拔，終為權力所困；二是，權力乃公器，非一人之己私，故不若好色，橫豎以肉身拼了，大抵不會殃及他人，權力之行使，動則及人、及社會，你有獻身的精神，可橫豎其身，然則，他人、社會可能會承及的後果，將會阻止你的好權之慾，故好權者常不得正果[2]。

二〇〇二年◎

---

[2]　此小節當寫成於2007年，不知何故記在了故紙中，本次整理已不便還原了。

52.前8000／9000年的某一天，太陽公公醒來，大地回春，萬物復甦，地球進入了間冰期、全新世，釋和商從彼岸來到此岸，合集一次會議。參加者有：老子、孔子、宙斯、摩西、耶和華、蘇格拉底、柏拉圖、基督、瑣羅亞斯德、穆罕默德、牛頓、愛因斯坦……

主題：人類即將登上去彼岸的旅程，完成這次過渡的目標是彼岸，那時，人將成為非人，但，在這樣的過渡中，人將是痛苦的存在。會議討論如何使人類擺脫痛苦或減少痛苦。

佛：在彼岸，作為人的痛苦將不存在，但，通向彼岸的痛苦卻無法避免。

老：人應靜待、質樸、獨化、同化，自然而然，而不要修飾、人為，這樣，最終便與自然為一，完成人類的使命。

其他與會者均表示反對：缺乏色彩和情趣，雖然代價最少，卻無法使人自足、完善。人類應有痛苦的磨練，才得正果，否則，那種同一將是簡單的同一，不足取。老子見眾意不以為然，便講了一些他的道理後，悄然退出會場，不知所終。

孔：人與人的互愛足以解釋掉人的過渡中的痛苦，應在這種過渡中提倡人類大同、互愛、互利、仁慈，反對暴力，人應相互提攜，共同渡過難關，以便達於彼岸。

耶和華：人類是我的兒子，我不忍人類面對痛苦，我將與我的子民共在，共赴痛苦。

摩西、瑣羅亞斯德、基督等人附和，並願意幫助人類在痛苦中理解神的意志，信仰神的愛，以便渡過痛苦。

宙斯：人類是賤種，它們有嗜惡的本性，那就讓它們惡惡相酬好了，不必拯救，到時惡惡耗盡了，自然就是彼岸了。

亞當、夏娃：苦難無所謂，我們不依賴誰幫助，我們將用此岸原則來面對現實並解決問題，我們將承受一切。

　　蘇、柏、亞諸人認為此議可以考慮，並願意為這種意見探尋學理框架。

　　牛頓、愛因斯坦等人亦認為，不妨神人攜手，共解難題，共渡難關。

　　佛：大家所討論的方式其本質是同一的，即用文明來解決過渡中的困苦，那你們就建造一艘文明號的船，將人類渡過吧。

　　會議並沒有達成最終的共識，但認為，文明號是唯一可以選擇的過渡工具，各位表示願意幫助人類渡過苦難。並協議，可按各自的想法去幫助一些人。

　　會議後不久，文明號就起航了。

　　文明是什麼呢？文明是修飾，修飾本能、本性、個性；文明是認同，認同猜測、解釋、理解、覺悟。

　　故知，文明即意味著精神的長進，體能的放棄，體型的放棄，個性的放棄，人的放棄。◎

53.現代性源於人的主體性體驗與膨脹。

祛魅和無法自持是現代性的本質症候，它起源於西方文化的源頭。前3000年左右的時代，中緯度文明帶西段的非理性衝撞（源於人的生物性慾求）及環境的殘酷壓力，[致使人們先後放棄了原始自然神、自然神，甚至也反抗了晚起的原神。掙脫諸神的後果是人類的世俗化，以及自然本根的斷裂，人的孤立與漂泊，而繼續的邏輯結果就是最終鑄造了不可逆轉的強盜社會]。即是說，所謂的現代性從那時就開始了。後來的理性化的宗教，首先是一種神與人的妥協的選擇：讓中間人代行神權，同時也部份控制了現代性的過分、過激的爆烈，若那樣，人類會毀滅。

[此後，在宗教、理性、主體的制度性設置、物理觀察諸方式的共同作用下，人類的自我救濟獲得了一定程度的效果，由是有了一個新的時代：古典時代。不過，強盜的本性和環境的壓力並不能允許這樣的救濟長此以往，中世紀宗教意識形態的過分壓力，最終成為了再次爆發的引由。]近代以來，正是又一次爆發的時代。現在，個人主義、自由主義、存在主義、感覺主義之類不是針對神的反抗，而是針對政治強權、經濟抽象化、學術形式化、社會格式化、個人工具化、物理異化等現象洶湧出的新的現代性問題。◎

54.現代學的困境有二。

一是平等問題，它包括人格平等、政治平等、財富平等、學養同一等。平等是個體性的最高要求之一，若無平等，個體亦不是完整的個體。然而，能力的差別和養資源的絕對缺乏，使這種平等的嚮往成為了不可能。故現代學亦成了無前途的學問。

二是自由問題，它包括為所欲為、自以為是、他人不得干涉之類意義。自由亦是個體性的最高嚮往之一，若無自由，個體亦不成為個體。然而，首先，這自由是此人對彼人、個人對群體，或你我他對比而言的願意；其次，若無真正的自主，自由亦是虛假的論設，而自主，不是現代人所能企望的，因為自主意味著無拘無束、無所不能、無所不為，否則，就不能是「主」了。問題的詭異在於，一旦自主了自由必無需要。

這是兩個死的困境，現代學是無力解脫的。不論是剛性的現代學（如海耶克），還是圓滑的現代學（如羅爾斯），都不能衝破死囚的命運。於是，現代學變成了一種無可奈何、聊以說說而已的學問。許多現代學的問題，如自由、平等、人權、法治的合理性問題，如以惡制惡、以利益換利益的方式問題，都是必須要說的，因為你不說一說，這相對的、一部份人企望的平等、自由也可能被剝奪。

為什麼現代學有這樣的死結和不解的困境呢？問題就出在它所以緣起的設定上：人本位。人本位本來就是一個自我封閉的人為系統的必然結論，而當其內部出了問題之後，現代學者們不是試圖走向開放，而是繼續向內求索，在人本位中進而突出個體本位，試圖以個體的慾望、感覺衝動、衝力去解決人域內的問題，結果當然不言自明。因為，熱力學第二定律早已言明，能量或資源有限。在人域封閉的狀態中，人的慾望的多與可支配資源的少成反比，於是，愈是向內求索，愈發展，不平等、不自由之路的

問題便愈突出。其原因，一是人們因有識別能力因而對平等不平等、自由不自由的感覺更為敏感，二是養資源的確太過有限。從這種意義上講，如果假定人域系統內部有可能解決人類的平等、自由之類困境的話，那麼，馬爾薩斯的論斷和馬克思的學說就是最接近真實的了。因為，週期性的人口災變，即可減少要求分配的份數，又可錘煉人們的心靈。對馬克思言，由先進群體的暴力革命方式，最終總會將人類中的反動的、落後的部份消滅殆盡，當社會中祇剩下好人的時候，因為都是好人，所以分配的緊張狀態也隨之消亡。且人口總數因壞人的消亡而銳減，於是，好人之間的平等、自由就成為了事實。

　　現代學所追求的有序是暫且的、局部的、無關大局和非廣普的原因在於根本支點的死結：養源的錯位和初級，以及繼而的人祇有自知而不他知和權利的封閉狀態。

　　所有這些，除非有一根本性的突破，方有可能性，這就是人們能夠不以生命體和礦物質為養源，也就是俗話說的不吃不喝。這在現代學裡是萬難做到的，因為一，這樣的結果不是此岸的、世俗的，而是彼岸的，現代學的前提與彼岸原則相反，它是此岸的、世俗的；二，這樣的結果也必須是人際的、同構的、存在化的，而現代學的根據恰是人域的、人本位的、人類中心的、此在的。也即是說，如果沒有「神秘」主義的提攜和人際同構世界觀的確立，以及他知能力的革命性轉變，那麼，現代性的所有問題都將無以解脫；若相反而行，則，現代學、現代性、現代人、現代原則等等都會被拋棄，一切均會由後現代重新來過。後現代是人際的、同構的、他知的、倫理的、神秘嚮往的。

　　養資源的有限，必導致同構關係的緊張和秩序的混亂，而資源的無限或充分，必將導致同構秩序的和諧、有序，結果是所謂自由、平等、安全等問題亦不在話下。因而，人類的要務是尋獲

充分或無限的、高級次的養資源，改變攝養方式。此中，人際同構法正好是這種如何有效、合理、互助地獲得充分或無限的、高級次的養資源，改變攝養方式的規則體系。這是它與如何公平、合理地利用、分配、交換初級養資源（權利）的人域法的最大不同。

初級養資源，是兒童人類的攝養對象，它以以生命養生命、以惡養惡、以利益養利益，本質上是不完善人類的不得已行為和生存方式。現代性正是這種生存方式、生存行為和兒童心態的必然現象，現代學亦是這種狀態的最為理性的、最可選擇的、最大可能的探索和知識體系。

高級次的養資源，是成人人類的攝養對象，它不以生命為養源，其異養是以互養為前提的，但不同於農業、畜牧業的低級的互養（祗有溫飽，而無富足）。後現代學是成人人類的心理和行為及存在狀態的知識體系。◎

55.法治的起源與問題：你是誰？

知道了你是誰——法律的人——才有法治的要求和可能性。知道你是誰，是一個很艱難、困苦且長期的過程。

在生物性的法的階段、神性的法的階段，不需要知道你是誰。祇有人域事務出現，現代性凸顯之後，社會有秩序和正義的需求時，你是誰才會成為法學問題。

你首先是生物性的，故人先知感覺性的你。在此心理的前提下，你不可能真正被提出來，並作出學理的解釋。

你是誰，是比較的結果。

人自為以後，有人成為了權威或權威世俗化、人為化，於是，那些沒有權威或被權威所壓制的人首先就要思考你是誰的問題：何以你要為他所治？

不過，這樣的說法並非一定是現實，或許祇是一種理論假定，因為有權威不一定就會有疑問。

比如，一般言，農民不會問這樣的問題，他們更善於接受專制統治，充其量是自己也去試一把。

還有，那些君子、聖賢也不會問這樣的問題。他們已超越了你是誰的階段，不需要有抗衡的政治方式，更不需要暴力。

最容易提出你是誰之問題的人，是那些由狩獵者直接轉化為強盜和掠奪者及商人的人，也是那些本是農民，但很快被強盜們逼成強盜的人。他們的無保障生存和人生的失落感，很容易對天神產生懷疑、猜忌，結果是有了人對神的反抗和祛魅。其中，強烈的感覺性的自我意識，是諸事生發的內在起因，而一種無保障和充滿失落的自我意識，更是問題的催化劑。

反神、祛魅是一種現代性的現象，其興起有特定的地理環境、經濟方式、人種構成等原初條件。正是環境與條件的刻薄導致了正常農業的發育不充分，無力承載人口的負擔，結果廣普化

的地域混亂事件發生了，其中，紛雜多維的種族和種群關係，復是加劇衝突的主因。為此，各部落神與其消亡的群體一起紛紛消散，而成功者，即使成功地將自己的部落神上昇為地域性的原神，最終還是抵抗不住被反抗、祛魅的命運。這樣，固有的自然神聖與權威一一消解，反抗者成了英雄與強盜，自我意識也因之膨脹，於是，你是誰，就成了不得不追問的問題了。

所幸，由生命和鮮血培育的理性，最終讓自我有了制度安排的出路。於是，經由你是誰的觀念與思考的基礎，自我演化為了一個新的制度設計：主體。所謂法治，即是主體構成性法律體系所鋪成的政治與社會生活方式。◎

56.人皆有苦難的經歷，然其對待卻差別分致。懵懂者不知其所以，唯有怨天尤人，為苦難所累，不知解脫。中智者謂之劫數，業因的鑄造、聚斂，終必有窘迫的後果。若5000年前以來，中國文化政治化的業因，帶來中國近代社會的困苦、災難；西方的強盜文明帶來的20世紀的人類衝突之類。上智者謂之歷煉，不完善至完善是一永續的過程，正因為不完善，故必有對其沒完沒了的歷煉迂迴，以錘造其完善，故苦難是其至完善的必經過程。存在就是不完善，故存在就是苦難。◎

57. 自域論題：

生活之解釋，謂之經濟學。

社會關係之解釋，謂之社會學。

社群結構和有組織社會中的個人與其組織之間、社會組織之間的得失、取與的解釋，謂之政治學。

人的體質及其演化的解釋，謂之人類學。

人之制度文明的解釋，謂之法律學、會計學、制度經濟學。

他域論題：

生物學、化學、物理學、天文學、地理學。

相域論題：

相論。

可貫通自域和他域的論題：

倫理學、歷史學、文學、數學、環境學、藝術。

可貫通自域、他域、相域三者的論題：

自然哲學、法學、神學、哲學。

體域論題：

……

軸心時代，確立了自域論題的中心地位，使之成為解釋哲學的主流，亦使他域論題成為了輔助性、附庸性、受使性、功利性的知識現象。故而，今天首先有使他域論題獨立自主的任務，使其擺脫附庸性、功利性。

其次，要理解自域和他域的同構性、互助性、同一性，不當有對世界自小或自大的解釋，不當有分離兩在的把握。

然而，「軸心」以來的解釋哲學由於自我中心和未予同構的原因，導致了自域論題解釋的不充分、不周延，如對制度文明的忽視，對過渡期及其載體意義的理解不明確，未能使人性時代成為神性時代與同構時代的中介橋樑。

　　以此見解，當有對自域、他域的重新理解和解釋。這便需要有一種專門的知識體系來架通二者，使之成為同構、同一的知識現象，這便是自然學。

　　自然學：

　　a.他域獨立的知識現象；

　　b.自域、他域同構的知識現象；

　　c.有關同構秩序的知識；

　　d.有關攝養、互養的知識；

　　e.有關智慧互養、互助、自足的知識。◎

58.現代性肇啟→人域事物出現→解釋哲學興起：a.金屬器物，b.制度文明，c.人的解釋（自我，人是什麼？ 相與關係）。◎

59.宇宙並非自始就有意志（如果說意志是某種非常重要的特定的話），但宇宙會創化、成長出它的意志，並且，這種意志還具有自我調整、修正、更正功能，終能使無目的、無價值的宇宙具出目的趨向。

此大抵是諸相互助、互養之最高的呈顯。◎

60.法的進化是由其主體者不斷追求超越的背景評判而實現的。其中，主體們對這種追求的自覺程度有決定意義。◎

61.順便也恨恨你自己。

一個時期以來，學人們積累了一種恨恨之心：某某既無德，又無能，且執左誤國，可就這麼一個草包，卻能稱霸中國政壇，任職之多，擔綱之久乃當世政治現象的一大奇觀，云云。

這種感覺，確乎在理。至少明示，當今知識界並未一概泯去良知。可恨之人，必當恨之；與之為伍，必當唾之；強之為首，必當恥之。且無可奈何之下，竊中恨恨，也是民心天意的鋪陳，有朝一日，風向倒轉，恨意即是公正、正義的力量。故可待也。

此恨之餘，以學人之心，亦當得有環顧左右而省己之為。時下的學界實並不比政界強出多少。竊以為，學界的媚俗之舉，當對政界的過錯、過失負有道義的責任。你不給當官的獲得高學位的機會，平庸者如何平步青雲？你不讓世俗親近，販夫吏子如何敢輕慢於你？你不以俗物為學，俗者焉能與你比肩……

為了利益、好處，你以大大的稱號捨身下去，下去後的感覺、代價又讓你怨天尤人。兩頭抓，兩頭都想硬，天下如何有這等便宜的好事！

這種心態和舉止，不遭怨尤，實在太難，挫折和困窘之時，恨意溢出，也是自然。祇是不要忘記，順便也恨恨自己，是你的心性使然；是你忘卻了學之為學，者之為者的使命而後的無奈。

宋儒曰：「為天地立志，為生民立道，為去聖繼絕學，為萬世開太平。」此意若已失落，終是彷徨無自容之地。自容不得，奈何復求他容呢？

如今，中國最好的大學已對高官、巨賈全面敞開博士的大門，一流的學者盡情經世致用、功利求名，民志、天心、絕學、太平之學拋除九霄雲外，祇一味譏諷官場腐敗、商場物慾、庸人誤國、學格失值，如何不也分出一點心來恨恨自己，是否也是無能，也貪了高位，也失了道心？

　　大學之為大學，尤其是最好的大學，當以大道為學。居此位而不能求大道，問大意，訊大知，反窮於雕蟲小技，譁眾取寵，媚俗戀功，此之誤國，有甚於彼之誤國。彼誤國者，時政也，此誤國者，長遠也。

　　或曰，大道無用，空談誤國，當今中國急需實學，以成功利之功。此言或不假。問題是，舉國之中，偌大學界，論民志、天心、絕學者又有幾人！且，若說大道無用，人類文化史如何以孔孟、老莊、王何、張程、朱王、蘇柏、康海、釋商、基默、牛愛等為章節來書寫呢！況，民志、天心、絕學如何又是空談呢？君不見無有民意、天心的當代社會，人慾橫流、物我對抗、生存危機、混亂無著的景狀嗎？

　　執白地說，譏大道之學者，無異於為己之無能、平庸設置擋箭牌，為己之貪大位而不行大事尋找根據、理由，與草包執左以當國者如出一轍。

　　恨恨他人，也順便也恨恨你自己，或許有更公正的世界。◎

62.為什麼會有制度文明、精神文明？前者如法律、法治，後者如倫理，若依功能來解釋，則知其乃人之所以為人的權宜、憑藉。

人之於世，有先天的設計和構造的缺陷、局限性。以蘇美爾、巴比倫人的解說，人之面世，乃諸神為擺脫勞役之苦而製造的替代物。不巧的是，神不能僅以土為材料，它必得於其內加入神性（神血或如希臘普羅泰哥拉所說的神的智慧），方能使這苦命的役夫們活起來。這種奇異的構造，是後世人類諸般象態的起因。因為目的是代神負苦役，故辛苦萬分，不得有快樂和美滿；因為泥土所塑，所以低下粗俗，上牆不得、煉鋼不成；然而，因以神性為精質，他卻有了神一樣的心性和嚮往——歸之神的完善之中；還因了神的內秉，故而渴望神的快樂、幸福、永恆。

泥土與神性這種兩極化的奇異組合，製造目的與神性演化之可能的同構，是人類、人生諸般象態呈顯的終極根源。對神言，它們不希望有更多的神與之平起平坐，它們需要的是奴僕、工人、供給者；對人言，他們卻熱望擺脫肉體凡胎，與神共享共榮，不受神的絕對控制、支配、驅使。於是就有了幾千年前的現代性的爆發，乃至人神衝突。

不完善祇是問題的一個方面。從發生學言，因為過分赤裸的目的的追求，使神們忽視了某種必然性。這就是，但凡神性都有衍更、自足、遷昇的追求、嚮往，以致必然異化自我、成善至圓的可能性。神類們在過去的歲月中也已被這必然性推衍、養育得面目全非，所以至柏拉圖的時代，它們已不再是宙斯、安努、埃阿……，而已是理念，或老子的道，宋儒的理。這種蛻去位格而為義理的異化，已使神類不再與人類為敵，故它們也不再像從前那樣支使、控制人類，也不再或不祇是享樂、遊蕩、無所事事的主體，它們幾乎盡數捲入了體變相養用顯的巨流之中，化形而為

義，衍意而成理。神類的虛化，便失去了對牲祭的依賴，人類由是逐漸淡化了與神的關係。

同理，人類構造中所具有的神性內質如同酵素一樣，催化著人類的精神演化、創化，終至人類也有了義理自足、遷昇的追求、嚮往。

神人關係的淡化，於人類言，亦好亦壞。好處是人事漸不再與神意糾葛，以致專務己域，少了負擔、擔憂，有一種卸載後的輕鬆感。然壞處卻亦是非常明顯，形體材料的低俗，極大地限制了其神質的稟賦，結果是人事實上並無能、無力自主，一當失去神的控制、支配，減少的不祇是承擔的輕鬆，更有演化的方向、善的憑依。於是，人類域內的壓力加大、衝突加劇、負擔更重。這或許多少有些得不償失。

然而，內秉的神性雖然受制，卻並不妨礙其根本意義上的張力的必然性，向善、追求善、擺脫肉身及自我一直是堅定不移、矢志嚮往的彼岸原則。祇是先天的缺陷複雜了過程的艱難程度，長程的困苦將迫使人類付出慘重的代價。

這似乎是不幸的，可更是不可或缺的。興許過程本身具有的聚、攝、斂、歷、煉、化、成的價值意義，無有他途足以替代實現。

漫長和艱難過程在失去了天然的提攜、支配之後，人類必得自行予以解釋和救濟。近3000餘年來的解釋哲學的興起，恰是這種自為、自救事業的顯示。

解釋哲學源之於猜測哲學，卻是一種自己解釋自己、自己幫助自己、自己救濟、拯救自己的智慧現象。神的虛化、淡化、疏遠，便不再包辦人類的一切，人類必須自己負責自己。這正是解釋哲學的功能和目的。它包括器物文明、精神文明、制度文明三個方面。

　　器物的發明、創制，是以滿足肉身凡體所需的養資源的供給和慾望的新新迭化，而慾望的迭化恰是肉身凡體足以被驅動振奮的唯一動因。且豐富、奇異的器物養育、承載也足以啟動、釋放人的心靈、意境，故而可托之以為抬高心靈、意境的墊腳石。

　　然，奇物之逸志，慾望之殺人，亦是肉身凡體無可逃脫的不堪之劫。資源佔有的衝動和慾望的肆溢，是社會化動物的天然敵人，若處置不當，會危及個體的生命安全、社群的存續、人類的福祉。於是，作為過渡過程所必須憑藉的制度文明便成了必不可缺，也是不得已的選擇。

　　確保社會的正常存在和秩序，進而追求交易、分配、流通、合作過程中的公平、正義，始終以規則為表現方式和載體形式的，正是制度文明的價值所在。通常情形下，它以法律為主導，以法治為最佳形式。

　　神性、心靈的養育、呵護，是人之所以為人的大事，每一個體都有責任培養、完善其所內具的神性，使之顯現，使之趨善，理解善、認同善，讓它在肉體凡身中獲得安頓、滋養並領袖之。這樣，可削減過渡過程中的痛苦、艱難，可弘揚群類的合力，增進合作的有效性。神性、性智的養育，還足以讓人體悟、靈感諸有大化變衍之道，明瞭此岸與彼岸的同構性，貫通世界之真實與虛假的二重性，剝脫諸在的桎梏而達至以相養在、以相養相的真諦。此中倫理的付出和終極關懷是其主要，而格調的高雅，意境的挺拔、怡情的愉悅諸般所在，亦是人類理當奮力養育的志業。是為精神文明。

　　人生不是世界的終結，祇是過程中的環節。而人生亦還是由此及彼的過渡，其漫漫長海就是人類的肉身凡體。它既要養育、滋補，滿足其所需，又要漸行蛻化，終至擺脫。器物資源、善意良知是其養育之源，法治倫理是其承載之舟。這源與舟交互幫

襯，共同完成過渡的大命。單一的法治倫理，不足以從此而彼。它們祇能維繫秩序、正義、合作有效，但不能抵達善的彼岸。若說失去法治、倫理，亦是大不可。無有秩序、正義、公平、合作有效，則過渡無以成行。

若以良知、規則、器物諸知識交互作用，則可改觀這種單一性所致的沒有不行，有也不行的危困局面。器物的創化，亦將包括肉身凡體的衍更，一朝慾望盡失，神性定會光大圓徹，非人的彼岸就在當下。

在是體的墮落、下化，故有二義，一是要返還為完滿、無意義；二是需要救濟。

第一義規定了在的價值屬性和意義趨勢，此乃在界之能動、慾動、運動的終極原因。

人之為人，即在於把這一意義、價值內屬推至極端，從而變成了意義的在、價值的在。非有意義和價值（有用）則不為人所關注。

第二義則是對在之不完整性、缺陷的補救、濟助。因為在的缺陷決定了它無能自善、自主，非有主宰、統攝的支配、規定，便難以為在。這便是法相所以的根由。法相之為救濟、規定，雖是主宰、統攝之源，可它非以外在強加實現，它以內在、參與同構而後呈顯出示，所以未免天然的親和性。倫理、法之類即此之義。

一般言，倫理是類型化的規則，而法律則易於個性化，較多地指向具體的行為、事件。類型化的規則長於柔性限制和規定，而個性化的規則則多計較於對抗著的得失取捨，具有剛性特徵。

制度文明包括倫理規則、政治規則、經濟規則、法律規制、家庭規則……或為領域之稱，或為性質之稱，或為功能方式之稱。其中，倫理乃精神文明與制度文明間的邊緣現象。為倫理是

道德的原則化分析,為規則則是制度的組成。這一特定決定了它作為規則的類型化前途。所以如此的第二個原因,是其後果不具有剛性責任。

　　政治規則是介於類型化與個性化之間的一種規則體系。它的資源來之於類型、群體的公平、正義、合理要求,故是類型化的;而一當它以法律的方式規定下來,則開始個性化了,因為法律祗能依個性化方式才能予以救濟,故是。◎

63.精神文明：以價值理性使人的慾望、行為、事件獲得適當安置的文明方式（目的的）；

制度文明：以規則或工具理性使人的慾望、行為、事件獲得適當安置的文明方式（工具的）；

器物文明：以物利使人的慾望、行為、事件獲得滿足的一種方式（供給的）。

解釋哲學：以自我救濟為目的和主導的知識體系與文化現象。自為性、世俗性、解釋性、合理性、自利性是其要。它包括上言三種文明。它是過渡期不完善的人類在人神分離之後自為的一種背景依賴和生存規則，故是人性的、自為的、功利的。它維繫人類的存在，亦救濟人類的困境，然更製造人類的麻煩，推慾人類、人性的動物性還原。

現代性：人類之存在狀況因突發性重壓所引發的人性、觀念和知識、文化形態持續性的裂變失衡現象及過程。

原初人域事物：農業文明中期，隨著農業的自為性成功而出現的文明現象。它以定居、人口膨脹、社會分工、財富剩餘及金屬兵器的發明為前提，將社群事務進行解釋性處理，並人為地擴展社會的界域，使之地域化。

原初人域事物的出現可能的必然結果有二：一是某些早慧的血緣群可能憑藉這一事實的基礎乘機成為強勢者，進而使農民式專制制度和實體出現；二是在這樣的追求過程中，神的地位和作用、價值受到挑戰，通常情形下，神是反對軍事征服和政治強權的（除非其解釋異常地充分、合理）。在不太容易讓神完全同意的前提下，他們或者抬昇祖宗（鬼）的地位，使之成為神（如中國的黃帝<玉皇大帝>，埃及的荷魯斯），或者有意地、有禮貌地疏遠神——敬而遠之，以二元化的政治和文化意識形態去處理神和人域事物（如中國顓頊時的絕地天人相通，周公的敬天命、重

人事，鄭子產的天道遠，人道邇，戰國時的天人分等）的關係。面對失去神護、神性的人類，他們所祭起的救濟方式是使解釋哲學政治化、文化政治化，並盡可能地使原始的血緣倫理得到政治化的提昇和發揮（再往後的解釋哲學/文化的倫理化，則是對這一政治化過極的救濟）。故知，工具理性的政治化和價值理性的極端化是此種歷史運動的必然結果。

複雜的人域事務：當一個農業社會建構起原初的農民式的制度體系和實體之後，繼往的直線運動並非祗唯一後果，如果有中間條件加入，則很可能改變運動方向。這種中間條件之最大者是入侵的不可扼止和原初文明的同化能力消解。這一突發事件的巨大壓力完全破壞了原生群體的生存可能性，亦使入侵者無能形成新的傳統和解釋體系，於是，社會整體地進入了持續性的斷裂和失衡狀態。強盜、商人、手工業者、戰士、僧侶、王者、農民共同構成為這種社會的主角，是以成為一個強盜社會。一種可以稱為古代的現代性的現象必然要在這種社會中爆發，這種爆發和影響的邊界通常依地理障隔或距離過於遙遠而終止。依現代性的出現而出現的人域內部事務與原初人域事務之不同，要之，為表現方式的劇烈和物利慾望的極端化。

所謂劇烈包括人神分離方式和過程的激烈性。他們可能會用戰爭、暴力的方式來解決人神衝突，甚或祛魅，並迫使神主動放棄人域事務。結果是人性、神性分離，二元並在。劇烈亦包括群體對群體的、人對人的惡的對待，獵物或打劫對象可能是一個人或群體對他人、他群更好的理解。於是，英雄和強盜在主流的解釋中，通常是同義詞、褒語。此外，資源的緊缺和分配方式的暴力化的最終結果是，生存壓倒一切。生命的朝不保夕更強化了這一物利的絕對性，於是，慾望的極端化和變態成了廣普現象。

　　如何救濟這一因現代性爆發而出現的複雜的人域事務呢？就形式言，與單一農業社會出現政治強權的後果，並建構了另類的解釋哲學一樣，解釋哲學亦成為了這裡的主導的責任者，它得建構起世俗的、可實用的、有效的價值體系和工具體系，讓人們能按這種體系所設定的新方式生活。然，內涵的差異卻是不可忽視的。

　　單一的政治統治者易於強化其所設定的價值觀和工具體系的效力，強盜社會的無序狀態和世俗權威的難產，則失去了這種建構和有效的基礎，於是，脫離世俗權威的初級理性力量便開始尋找自發調節和救濟的可能路徑。一般言，這種社會中人神雖然在分離，人們會反神、祛魅，但其分離和反抗實祇是相對性的，多類於一種兒童期的騷動不安症，是一種試圖自明、自知卻又不可自明、自知的迷離、盲動。對此，神不可能棄之不顧。神在將人域事務劃分出去，並交由人類自己管理的同時，亦在使自己的意志世俗化，使善經過變態和俗化處理，變成私利和慾望本身。所謂變態和俗化處理是說，這種私利和慾望必得經過理性的出脫而後方有公共秩序和效力。這意味著，神性在神撤出人域事務之時起，便已變成了價值理性：你可以去做自己想做的一切，但切記不要違反「自利」原則。這裡的自利是自利的理性化，即以最小的成本獲取最大的利益。生命是最大的成本，若一項利益得以生命去交換，那便是虧本。於是，放棄暴力去獲利便成了必然的選擇。一當不以暴力和欺詐的方式去得到利益，結果祇能是以利益換利益。

　　摩西「十誡」率先將這種非暴力的神意變成教條。於是，經過先知們的中介，一神以理性為根基的、由解釋哲學所編制的新種子——現代宗教出世了。神由是退居幕後，並日漸地讓已成為

價值理性的善/神意變為人的心靈信仰。結果是，祇要信仰相同，不論他/她是否膚色、語言、財產狀況、地域相同，一皆會在神或善的原則下和睦相處。

神不僅賦賞了人類善的意志、心靈、價值判斷，亦賜予了幾招解決人域中衝突和紛爭的術數，這便是主體資格、所有權和契約的秩序方式。用這三種招數組成的制度形式可稱為主體構成性法律體系。它通常會導致法治的後果，亦是制度文明或工具理性的主導內涵。

解釋哲學以世俗生活為目的，故其世俗化是不可避免的必然。反神、祛魅祇是世俗化的開始。現代宗教雖以信仰神、崇拜神為標識，可它自出世之日起即是功利導向的，《聖經》之被稱為聖約，內中已包含了交易、對等的內質。換言之，人對神的信仰並非絕對、無條件的，除非神給人類帶來利益、好處（如猶太人的家園、安全、選民/主體資格），否則，信仰將難以持續。這一動機的世俗性、功利性，決定了神的相對性和人性張狂的可能性。稍後，價值理性在軸心時代獲得狹義解釋哲學的義理化、人性化的解釋，當是這一可能性的必然結果。

然而，價值理性在軸心時代雖然完全被義理化了，可它畢竟還是受到了應有的維持和讚美。正是這一努力，為後世近2000餘年的生活帶來了盡可能的福祉，使人域事務有一個勉為其難的安頓。這種努力一直在持續著，直至亞當·斯密，他還寫出了《道德情操論》。

工業革命是一個非常事件，它改變了人類生活的壓力方向和重力。早先，人們雖然一直試圖物利化、世俗化，卻摸錯了方法和路徑。當暴力取得因理性的促限變得越來越困難的時候，人們發現商業可以帶來利益，甚至暴利。於是，幾千年中，人們堅持試圖通過商業謀利。而事實卻是，商業祇是一種利益的交易手

段，而非生產利益的手段，它所帶來的利益是交易過程中因計量、時間差、有無需求、計謀、制度缺陷、積累所致的利益的不正當轉移。結果是，始終祗有一部份人獲利。更進一步的結果則是，功利主義作為一種解釋哲學的成就得以問世。

工業革命的直接意義即在於，人們終於找到了獲利的真實方法和路徑：用暴量生產利益的方式去實現人類的大功利嚮往。這裡，也許馬克思的解釋有一定道理：器物文明具有改變歷史進程和文明狀態的功用。如新石器革命、金屬器革命、機械動力的發現等。

現在，人類終於打通了通向滿足其動物性嚮往的道路，人的動物性還原因之成為了不可遏止的必然之向。它將把人類自反神、祛魅以來所開始的世俗化、物利化運動推向極端；它將最終連傳統文明中的價值理性及其規範形態一併排擠；它將使有關器物的知識體系成為顯學；它將使個體無限膨脹，進而使權威飄散；它使勞動和功利成為崇拜對象……這是一種現代的現代性。

古代的現代性導出了解釋哲學、制度文明、價值理性、現代宗教、法治、權威現象（解釋哲學與權威有必然聯繫，有解釋就有權威——解釋的最好的就是權威。從這種意義上講，後現代是對解釋哲學的解構）。此諸種成就均是為了救濟那個現代性而出世的方式。

現代之現代性的最大後果，是人的動物性還原。它是人類開始掙脫背景依賴之時起所必有的人性下墜過程的終點，所謂以惡養惡的極端化。那麼，其未出的成就將是什麼呢？大抵上，人際同構可作一概括。具體言之，當有兩層論述。

其一是過渡期的救濟。傳統的制度文明或工具理性和道德或價值理性雖有缺陷，如善製造了惡，如以功利性分配為中心的自限所導致的窩裡鬥，如距離過近所無法避免的衝突等，然作為權

宜之計，它們仍有相當的效用和意義。對某一特定時空言，單一的文明發育和催產，可能有助於困境的局部解決。如當下中國，鑒於傳統制度的偏頗、畸形，以及現代人們對自由、平等、民主、個性、人權的渴望，著力建構制度文明或是一樣可別為推崇的好事業。不過一般言之，三種文明的合力、互助、同構，將可能有更好效用。基於此，公共化運動應是一件當為的事業。

人在向動物性還原的過程中，如若沒有充分地公共化（它又以知識化為前提），人真的會成為動物。所謂公共化大體是說，每個人的存在與公共社會有著必然的、無法解脫的，或必得依賴的、多方位複合層次的、可以公示流通的關係。個體的公共化必得導致人們對公共性的依賴，此時，工具理性、制度文明便可以起到很好維繫、調理、救濟作用。人們亦將更多地依賴工具理性、制度文明而生活。

今天，公共化的現實已非常地豐富，如環境、網路、世貿、病毒、體育等等。這些現象亦加速了三種文明間的互動、同構作用。

其二是終極的救濟。由人域而人際，由分配中心而攝取中心，由近距離而超越距離，由狹義事業而廣泛領域事業，改變生理結構，蛻去形殘慾望，提昇善的級次和性智覺悟，拉大距離之類。◎

64.《淮南子》提供的資訊極為混亂。用現代話語說,它少有時空概念。忽有狩獵時代者,如火獵之謂,忽有農業時代者,如五帝三王之說。雜為一堆,以為論說,不以為忤。考之所言,可會知氏族部落之制的自然質樸,如「主術」所言,此當為道家自然說的依據;亦可知神農(炎帝)為部落長,無大志,故長自然,而黃帝則意志奔胸,乃有「革命」之舉,或說奪炎帝而舉之,終成一代帝業(此或乃黃之於炎帝常懷不忍之心,戰勝而又尊敬之的緣由)。由此以後,中國的治與被治的故事即成了歷史的主線。◎

65.人有動物性，道家試圖否定之，故拔高為真人。然動物性卻又不易失去，於是，道祇好為嚮往。儒、法、墨及西學等則多現實性，其學多以「救敗」為鵠，認同人的動物性，然後各以歧法援救之。有右傾者近於道；有左傾者，則若法家；有理想者，若大道儒學、理學；有功利實用者若西學（以惡制惡）。

佛與道有相同趨向，以為現實當下之人可唾而棄之、超越之，故有成佛非人說。所不同者，道之善是既定的，返還之即可，而佛之善是彼岸的，修煉方可得。看似兩極異端，其實一也。起之善與終之善乃同一善，祇是向背不同而已。◎

　　66.第三種權利。法律以權利為鵠的，非權利不知所為。此其愚仄也。然情勢所在，非有他途可救敗定秩。

　　權利之列，向有二說，一為私權，為私法所領；一為公權，為公法所繫。亦即，世間權利，非公即私。私即私有，公即公有。而今之世，「怪事」疊出（實乃法律視限所致，非自然之怪也），有一些東西，既非公權，亦非私權，祗好成為法律的「第三種權利」。如水、空氣、南極、月亮、火星……生物多樣性、生態要素……如此之類，本為自然，然，直面自然，法律便不能伸張，也祗好強謂之為「權利」。即使如此，已有法律亦不得其門而入，它希望於新型的制度體系和規則程式為之鋪張。即第三種權利（或曰「共權」）當有非公法、非私法的「共法」處置之。共法者，非所有之謂也，同構、互助之制也。亦勉為其難也。◎

67.科學是關於邊界的知識，而事物本身是沒有邊界的，所以科學是關於虛假的知識；哲學是關於沒有邊界的知識，世界因為沒有邊界，所以哲學是真實的知識。

然而，人的能力之能多樂意接受虛假的知識，而不樂意接受真實的知識，所以科學常得以昌盛，而哲學常以此衰敗。◎

68.自來有原神、自然神、宗教神、義理神。諸神論的價值、意義自不待說,且以長短而論,自然神論及部份義理神論可謂高出一籌。

自然神及部份義理神論認為,你亦是那神的本身,祗是為其形式所限,未得真實而已。故對神,不需要物化、儀式化的崇拜、獻媚,你祗需返還或一體進入,以此化除障礙即可。

宗教神論則慣於分離你和那神為二致兩在,神是外在的主宰者,你不知它會幹什麼、能幹什麼,一切祗憑猜測和會意。由於不明就裡,你祗好以物化或儀式的方式去獻媚,以求那神對你願望的恩准、特許。其功用心昭然若揭。

雖然,此意識形態中的人並非一定以為自己就永恆不朽,可人的自在、自為、獨立特出,卻是不容置疑的。它把這種自在、自立當成了終極目的,因而其境界便不難知曉。自然神以及部份義理神論的終極是你與那神的同一不二,此在祗是暫且。◎

69.人類本是自然界中的弱者，所以它慣於使用自在法則中的弱者法則。如慾望多、性慾強、生殖快、善逃避之類。在諸多弱者法則的關照下，人獲得了意想不到的生存空間和特定的行為能力。由於這種能力的幫助，它居然幹出了超出自然承載之外的大事業，終致一般自在法則對它失控，它因而開始頂撞最高的自然法則，向自取滅亡的邊界衝鋒。

一般言，宇宙間的強者為強者規則控制，所以，難以有絕對的強者，難以為不可為之事；弱者為弱者規則控制，亦為不出不可為之事。人類恰以弱者之名分，行弱者之規則，得強者之屬害，實可曰之為鑽了自在法則的空子。故知，人是一危險的存在者，除非它能自覺把握自己，自覺化解自己，否則，後果難以逆料。

當然，自然世界其實也有它最後的殺手鐧，這就是淘汰出局。但願人類通過性智自覺和理智的作為能免除後患。◎

70.天道自然之義有二，其一，它意味或表示著善、和諧；其二，它是順從、遵循。中國文化和秩序觀念崇尚天道自然及整體觀念，以合、和諧為目的，故其制度體系和規則框架是以無限性、整體性為內質的。內中雖因具體慾求或現狀——如政治中心主義、宗親家族觀念、地域種群意識之類——致使有分的事實和定則，然，分始終是手段，而非目的。所以它有無限的包容性，以致可與宇宙規則同化、同久。此乃因為天道自然之定義的其一與其二的同一性所致——和諧、善是天道自然，而順從、遵循這樣的和諧、善，同樣是天道自然，故得自然而然。

西方文化和制度體系以分為目的，合是手段，以此為秩序、正義之圭臬。為此，它必須斬斷鏈條，必須斷章取義。首先是斷裂人與自然的鏈條，故得反神、袪魅、自在他在兩立，文化、制度祇需要關注人域即可。

然後，它還需要斬斷物的鏈條：有用、可為養資源的物才是物，他者非物，故法律之物乃特定人為之物，所謂權利是其說。

再後，它還得切斷人的鏈條。人域自限、物的特定，必致資源稀缺和佔有慾望強熾，於是，強者心智最終演變出了制度規則，自行定義人與非人（物）：凡法律認定為人者，方是權利的享有者、佔有者；凡法律認定為物者，縱然你是人，亦得為人為之人所佔有、支配。

最後，它還須切斷諸在的天賦能力和意志。祇有他們認可的意思表示和行為能力才是法律、契約成立的前件，若非如此，一概視為無能力、無意志。結果，法律、制度、規則真正成為了特權者的意志和規則，而與自然法則、天道必然無涉。

西方制度體系作為特權者的規則形態，有其致命的弱點和危害，它將分的可能性推向極致，以致出現人為的衝突、對抗、糾紛。是以違反天道自然。

然，亦有兩項特殊，使它有自救和演進的可能。其一是它將人分為人和物的對抗，讓一些人成為物，最終迫使這些物有了成為人的慾望。這種鬥爭最終影響了法律和制度體系的變革：不斷地有人想成為人，想獲得主體資格，它導致原本是特權者的自利、自衛、自保的規則體系出現了由內向外的範圍增擴。而且，祗要有想要成為人者，這樣的變革和增擴將永無止境。

其二是它內藏的理性精神。西方制度和法律規則非是人對天道自然的效法、模仿，而是人與人衝突、流血、生命犧牲之後方有的妥協產物，經久之後，這樣的妥協終致形成了一種可消磨絕對自我意識和主體觀念的精神酶質，這便是理性。它告訴人們，特權者若希望繼續享有權利，除非讓出部份權利或抑制自己的慾望，否則，難以為繼。這樣，法律體系便有了由內向外增擴的可能性。

這兩項特殊，導致了西方法律內動式的範圍增擴。雖然，它起源盲目，且方式違悖天道自然，然依其邏輯推演言，其終極將歸於天道自然，當無大礙。最終，所有被他們斬斷了的鏈條亦將重新接續起來（因為那本是一種虛假的切斷）。

以上可知，東西方制度體系實有不同的路徑或來路。西方偏於歸納與盲動，而經理性和慾望動因的推進、修飾，終得有天道自然的歸入，其路徑中的負面和過錯昭然若揭；東方則長於演繹，一開始便緊扣天道自然的終極，自謙其規則乃法象、效法、模仿所得，以成天、回歸為終極使命，祗是其過程中，人性砥礪不夠充分，略帶些許做人的缺憾。僅此而已。

以上所記，得之於昨夜一夢。夢起於兄弟姐妹四人爭王位，刀槍將動之際，我（四人中最小的一位）向他們曉之天道自然和諧、善及順從、遵循之理，竟得消弭。後卻丟失了爭位故事本身，便有了上述諸說，是以記之。

二〇〇五年五月二十三日◎

71.所有偉大思想都是反文明的。

此語完整的表達是：文明內涵具有對決、衝突、磨合、博弈的特性。簡單言之，兩個字是其稱：分、合。

以分言之，文明的邏輯是不停歇地人為分裂、細化、個體化——用語辭、制度、規則、器物、藝術諸方式分離世界，並保障這種分差的有效與合理——直至當下的自我、內我、外我、他我、本我之類。

若以此為說，則知，幾乎所有偉大思想體系，如儒、道、佛、印、希、猶、基、伊之類，均與分逆道而為：破解界域、混淆分隔，以至部族盟合、地域同體、世界大同、天人合一、人的宇宙化、真人、非人。

世俗文明為關照人類，盡力以人的秉性現狀為前提，並用以設計文明體系，故祇得分而快之。它求的是當下的秩序與安寧。崇高的嚮往則反之，它力圖窺破當下、現象背後的真實，故知分祇是暫且與不得已而然，雖必要，但非真實，是以要去假存真，並以此有了反世俗文明的共相與流勢。

故知，分與合，人之所以為人的過程同構，實非對抗、反對之所。◎

　　72.續前述又知，宇宙間實以兩種邏輯並存。邏輯其一，諸在顯體不息，終以諸在的毀滅、失據或無意義為了然。故奔騰之勢，不可逆扼。

　　邏輯其二，各在本身既已為在，當得在下去，不辱為在之所以，結果便有守在、自在、為在，以在為轂、為價值、為意義、為目的的必然性，亦有不可逆之勢。

　　為明辨起見，可將邏輯一稱為大邏輯，邏輯二稱為小邏輯。

　　個人是小邏輯的載體，所以它多依小邏輯行事。文明則有大、小邏輯的混同性或同構性。一般說，世俗文明——它以制度、器物、藝術、語辭諸方式表示——主要是小邏輯的產物，其極端形式是人的動物性還原。而那些由偉大思想家們所覺悟的思想體系，通常可視為是對大邏輯的體悟和靈感，或說是試圖接近大邏輯的產物。

　　大邏輯對小邏輯有引導、修飾之功，然其功效很難高估。一則小邏輯的顯示力量具有衝突性和存亡之害，一當此境，諸他義均可棄置；二則諸思想體系，縱可飾為偉大，卻還祇是靈感、覺悟所得，祇是近似的東西，難免有過錯、歪曲，或靈覺不至之處，結果可能未致有利，反致有害。

　　是以，小邏輯本身的博弈、磨合，結果可能部份地遏制其內在的衝力和惡果。如制度、規則從惡而出，反致有制惡之效，是其例。

　　當然，更好的期待，是大邏輯、小邏輯兩者的同構與互助。◎

73.東方文化之長或精要，是它所內具的公共性和自然性，西方文化之長，是其功利性和理性。故在前現代和現時代環境中，西方文化特別易於得勢，但後現代則不然。後現代，人域被充分公共化，人類面臨著自然性的還原，當此之下，公共性的彰顯與自然性的回歸，是其必然，故此。

印度教及其佛教、孔子儒學、老子道家、宋明理學，均為公共性、自然性的知識體系及文化建構，亦深得其巧。故知，嘗言中國文化或東方文化的復興，其可復興者，即在這公共性、自然性的後現代解說。它與前諸思想體系之同，即在於其公共性、自然性的同一；其異，在於它經歷了前現代、現時代的過程以及人類文化域界的破除，其場景和前提有極大時勢性，是以，特可期待。◎

74.農業文明的最大貢獻是人的自域化，或即人域與他域的分野。且不言西方文化徹底隔斷人域與他域的關聯，人域更細化為種族之類地域、群域的概念，就使東方文化，雖未脫自然之本原，然其文化的存在方式亦不免本域化、靜態化的傾向。比若文化中的道德倫理、秩序法則之類，即是此界域化、本域化、靜態化之慾所得的實踐理性。所謂道德、倫理之本意，實即道之德、同類之理。依中文原意，道源之於道路，故道之德可說為人為規定好了的秩序、法則，它祇在人為設定的前提中才有意義，超出人為設定，即不為秩序、法則、善良。倫理之倫，意為同類。故知倫理實乃同類之間的道理、有理、合理。

如此本義，決定了人類故有文化的根底：己域之中的，封閉、靜態條件下的善好生活方式與秩序。它由群自我發源，其最大邊界為人域，超出者，即為無效。

不意的是，西方文化所內具的功利性衝動，最終衝垮了人域體系，使人域必得破除，由人域而人際。於是，自域性、靜態性、本域性的預設祇得分崩離析。經過現時代、現代性的急劇動盪，人類終於不由自主地步入了後現代——人際同構、開放、模糊的場景和時代。

可說，當下是人類從結構到文化質地都必須轉型的劇烈開始。如何放棄本域性、己域化、靜態化的道德倫理、秩序法則的精神體系和制度體系，重構適合人際同構、開放模糊的秩序規則和善的和諧，當為人類文化的新使命。

如何可能？如何為說？以及如何才能成為問題意識？是學人的責任和使命。人性中的公共性和自然性或可為契機。公共性意味著放棄固定、界域、絕對、排他（比若主體、主權、人權、自我、群界）；自然性即意味著不封閉、開放、不確定、隨機、模糊。所謂毋意、毋必、毋固、毋我。如果我們的秩序、法則、和

諧、同構能依此不封閉、不確定，及開放、隨機，或「四勿」而建構，則，真可謂人之所以為人的真實。◎

二〇〇六至二〇〇八年

75.我，第一人稱單數概念，有很強的主體性。然而，以之為第一人稱單數代詞，它是晚出的，想其時間不會出三代（考《尚書》，三代前唯《堯典》中有一「我其試哉！」餘者則無。突出者，自盤庚始，《盤庚》云：「我乃劓殄滅之，無遺者……」）。商人何以以之為第一人稱單數代詞，原因尚不確知，需待考究。可知者，三代文獻中，我之稱，多為複數第一人稱代詞，即相當於今天的我們、我家、我國、我王之類。至《春秋》，孔子仍在此意義上大量使用此詞。

考古家，或文字學家多認定，我從戈，從手（古「殺」字，或垂字），當為本義。何以會從戈，從殺呢？學者多未理會。顯然，其出與單數第一人稱無關。

竊以為，我之原稱為狩獵時代的「群自我」之我。狩獵狀態下，特別是最後冰期的後期，生物資源匱乏，生存艱難，各群之間關係日趨緊張，競爭激烈，是以群自我之間常有戰爭、衝突發生。當此之際，以工具或後世之武器自衛或進攻，是每個群的頭等大事（延至春秋時代，嘗說，國之大事，唯祀與戎，是其證）。日久之後，對外衝突或殺戮便變成了群自我的日常事務，以至它過渡為了自謂的代稱。

故知，「我」先當為群體自衛或攻略的重要事務，因為太重要，復演進為自謂的代稱，即「我」本意為群自我。至於後世何以再為單數第一人稱代詞，當與統治者，即帝、王們相關。專制體制之下，帝王以己稱國、稱天下，是一極端便稱的過渡。於是，我便有了個體自我的指代和意義。其間，我之為單數代詞，或為複數代詞，應當有一個很長時期的混亂狀態，此從堯首稱我，到春秋孔子仍以我稱魯國，即知其概。

其後，我還有一變，即從帝王的自稱再變為普通民眾的自我稱謂。原因和過程未得細查，想與春秋戰國的文化普及、知識下

移、民智開發有關。我由帝王、國君、大夫、士而及庶民百姓，最後，終於成了一個標準的單數第一人稱單詞，而原義便再也回不去了（我與義的關係於此不述）。

二〇〇六年五月十一日◎

76.常名常道。

　　軸心時代許多思想家繼承人類分割於自然的前提，依人域性、己域性、封閉性的需求，去設計範疇、概念，設計規劃、秩序、標準，從而有了人域的善、法、學說、理論之類。今人以為，諸家所為，揭示了人類的普通真理，其實謬矣。

　　老子何以要說「道可道，非常道；名可名，非常名」？想來是境界、意境、層級差別所致。在老子看來，人域諸般規則、善法（所謂仁、義、禮、智、信）之類，其實並非常道、常名之論，而祇是這常道、常名中的特例、個案，當不起大道、常理之說。無奈的是，諸家局於眼界、意境，竟以殊為常，以個為普，大肆渲染、鋪張，自以為得到了真理，實則是盲人摸象而已。

　　故知，可說者，是非常也，個案、特例而已。常道、常名於人之智慧言，永遠祇可意會，不可言傳。何也？常道是自然之道，是本體之名，除非人類的自然性完整呈顯，否則，決無常道可言。是以知老子過人處及諸家之下位。諸家之中，有得人域公共倫理精神者，已是聖之時者也，若孔子。他者，當難有議論，無非固執己見罷了。

二○○六年五月◎

77.常言中、西、印文化之同異,其實無非主觀求異,而必然為同而已。

文化是以人事為中心的解說現象,低者,以身體形態為之;稍出者,以範疇、模型為之,若理智、理性制度之類;最高者,以義理、性智為之。檢討中、西、印文化現象,大約仍未逃出人事之中心窠臼,無非人之所以為人、治人、做人、利益得失而已。然則,此三者人事的討論方式確有差別。要約言之,中國、印度多留意人之根源所以,然後方以之為說事解方的根據,進而才綴繫出一套義理、學理、事理體系;西方文化則有斷根之嫌,然後人域自為孤立,漂出了本原,不得已之中,祇好自為說法、身為解續。故可說,東方文化始終是一種緣根文化,而西方文化則是一種斷根或無根的文化。

因為有根的供養和牽制,致使東方人論人事,一則不可就事論事,必有根源先說;二則人或人事不能成為目的,而祇是根之出脫、衍更的承載,是過程中的環節。故當下之人非是終極,而祇是暫且。且因為他有自覺的性智覺,故負有責任和義務:以己的完善去成就根的終極。

當然,中、印之間在此旗幟下,亦有分野。印度由自然神的義理化一下子覺悟了人的暫且與虛假,認知了形載的無奈與蹉跎,結果多以超越人、人事為務,是以成就了超越的人事文化,目標直指非人的神我、大梵。

中國受惠於優厚的田園環境,致使它盡享自然的物理關照,亦終於讓它的哲人從物理自然中感悟出了義理自然的本根性,是以於人事的解說,擷得了另行的路徑。它主張人自身的完善是全部討論的關鍵,所謂成己、成人、成物、成天。最終通過成天,去實現做人的終極價值,亦完成人事的還根之志業。然則,當下之人,因為它有了一個邏輯化的完善過程,故可知,至終極之

時,它亦被完全揚棄了,最終過渡為了非人的他在。

與之相比較,西方文化則大為別致。它對根的斬斷,導致了人域、人事的漂出,於是,在失根的供養和綴繫的情形下,自為解說祗能依憑臆斷和捏造;於是,宗教神論體系和理性義理神論體系便成為了不得不作出的必然選擇,並祗能依此為據,繼續其義理化的造就。故從古希臘始,理智和理性的義理化成了不能斷絕的救濟與依憑。此外,在人事的實務中,後果則更為嚴酷。

人與自然本根的切斷,必致帶來人域內部關係的內致性緊張,其表現先是種群間衝突的加劇,結果造成了群與群的文化的分裂與對抗,人心、人意傾全力去搶奪生存的物理資源(此乃因自然的物理條件不豐所引發)。這樣的環境預設進而引發了兩種傾向,一是人們對自然的物理價值特別有興趣,而於自然的本原或義理意義則至於忽略;二是有限物理資源的搶奪,終致形成了強盜社會,人們的動物性慾望、需求佔據了人事的主要空間,雖經宗教的強力扼壓和工具理性的妥貼引導,終難以制止人的動物性還原和現代性爆發。

其次,西方文化因其過於依著物理形態的探尋,最終不得不受制於結構、分析、破壞的邏輯,人與自然分裂、群與群分裂、人與社會分裂、人與人分裂、自我分裂,最後祗有現代性爆炸。所曾依憑的宗教救濟,因其外在的介入而非本根的支持,故顯得力不從心;而所能藉助的工具理性和制度文明,亦因其設計追不及事態的演繹而捉襟見肘。

何也?因為無根的人心是渙散和漂浮著的。當初,因為自然的物理條件不優厚,致使了衝突並起,艱難的環境,直接影響了歸責意識,而要想免除責任,唯一可能的選擇莫過於疏遠他者。因為祗有疏遠才能無責任、無顧忌,而親近,則意味著責任強化。是以便有了一系列邏輯化的斷裂之舉。人與自然的斷裂是其

先，然此例一開，便難以收斂，接下來祇有群與群的斷裂，才能責任更少……以至於最後，除非法律強制，人們對自己的責任都難以或不樂意承擔。是以便有了現代性現象中諸般精神分裂、自殺事例。

責任的放棄，是分裂、斷割的必然結果，亦是其被誘惑的原因——因為不想或承擔不起責任，祇有斷裂、疏遠。當然，最初的原因應歸之於自然的物理條件欠缺，致使農業文明發育中的不利因素、後果出現。在這樣的環境和條件中，人的適應性和本能致使他們很快學會了選擇放棄責任，進而便有了一系列的歷史文化的分割和斷裂之舉。

西方文化的宗教和制度文明試圖在這樣的責任放棄和人事、人域分裂、疏遠中起平衡和救濟作用，終因屬無根境狀中的作為，人力不足回天，故難以阻止人的解析、解構和非人化的過程。依結果論，這種與東方文化相反的放棄責任的文化，最終亦導致了人的非人化的結局。

現在可知，從現象言，無論東方的責任文化——極力親善自然、親善人域，或直接還原、奔向自然本根、本原；還是西方的放棄責任文化，結果都是相似的：人的非人化。真可謂殊途同歸。後現代，非人文化的建構，實當以此三者為前件去思慮。

親善有倫理，疏遠有公平（正義），超越方終極。◎

78.世界需要複雜，為此，它製造了複雜的機制和載體。

世界為什麼需要複雜化呢？因為不經過複雜的過程，便不可能有真正的完善和同一。於是，複雜化便成為了過程的必要。為了滿足這樣的要求，世界又必得製造出其承載複雜化機制的載體。大而言之，諸在即是這載體所在。故諸在的本意是為了複雜化，而非自身；是過程的接力，而非當下的確定。是以，凡在，即均不具有永恆性。不過，在之為在的機緣、承續，即抽象的在，當具有永恆性。

世界的複雜化和完善、同一，即是世界的全義。全義的世界得由諸在去呈顯它。這樣的呈顯有二義：一是所有在的共同呈顯，即世界的全義；二是，某在的特定呈顯，可以近似世界的全義。就第二義言，諸在之間對世界全義的表達、呈顯是有差別和級次的。

人是諸在之一，它有第一義的價值和意義；也有第二義的嚮往和可能性。或可說，人是最有可能將世界複雜化的在。它的複雜化能力有物理和文化的雙重性。就文化言，人事是最複雜化的世界現象，它能把一般動物行為和現象複雜化到難以置信的狀態，使世界變成為人事的載體（其實是不可能的）。而其複雜化的藉助者，乃意識形態、制度體制、精神體系、器物圖符等等。

然而，諸在的複雜化首先祇具有複雜化本身的意義，而非世界的本義。祇可說，在抽象的意義上，這樣的複雜化才表達世界的全義。這意味著，任何具體的在，不能獨自表達世界的全義。所謂抽象意義是說，作為過程的在，它會全義呈顯世界的全義。這樣，我們會發現，諸在的意義和價值因為過程而有很大的差別。有的在更接近世界的本義，祇是它難以自身獨立實現世界的全義，而必須藉於他在的幫助、推動，方有可能性；相形之下，某些在並不直接表達世界本義，甚或有損這樣的本義，可它卻有

助化、推湧的功能,是以亦為世界所包含,成為在的組成者。

以下一例,足證其詳。

生命世界中,原本祗有母體,如細胞分裂、無性繁殖之類。這樣的世界非常有秩序,且亦安靜,貌似完善的樣態。然而,這樣的秩序、完善卻是不真實的。為此,需要有衝擊和破壞。於是,母性生命體便變異出了雄性生命體,生命現象豐富了。

說雄性生命體為母性生命體的變異,實是說,它與母性生命體並無本質差別。這由23對染色體中,祗有一條染色體相異,且由前者變異而來可知。不過,這樣的變異結果卻非同小可,生命世界正是因此才有了真正的故事和演化。雄性帶來了衝突、競爭、搏殺、機巧、智慧,更刺激了世界的多樣化、複雜化。故知,其所動因者,乃性的慾望,而其結果者,乃生命的多樣化、複雜化。

這樣的複雜化機制一經開啟,便勢不可擋,它最終導致了人類的出現。人類的世界,首先得適應自然的法則,故有母系社群。而母系社群,亦為故有之自然法則所制,實難以改觀人之所以為人的現狀,為此,父系社群得乘勢而起,依農業文明之優勢,為起了現代文明的事業。

男性的衝動、慾望,足以攪翻所有原態秩序和生境,侵佔、入侵、搶掠、屠殺、陰謀、爾虞我詐、欺壓、奴役……在在所為,均為惡逆之爭。而正是這樣的惡逆潮流,推湧了現代文明的壯觀。這些與母系社群的固守、自保、祗以群我生存為務、不願突破的情形,形成了巨大的勢差,幾乎不可同語。試想,人類若依舊母系化,至今大抵走不出動物群體的窠臼,僅為一動物而已。

可見,雄性、男性的負面出擊,對世界的複雜化、多樣化過程,實在不可多得。當然,這樣的流勢,於任何擔當者、個體,甚或群體言,實在不便說為幸事,而應是痛苦和不幸。祗是,世

界的過程具有絕對性，在這樣的絕對中，它很難面面俱到，很難在在惠照。

　　然而，雄性的價值和使命並不永久有效，一當它完成使命，祇有謝幕出局的份。世界，它的生命體系終將重歸母性的狀態，祇是那樣的母性狀態，非故有的簡單和單一，它是複雜化完善過程之後的複雜和完善，它會更接近世界的全義。祇有那樣，才有真正的秩序和完滿。在這之前，Y染色體將消失復歸，雄性的價值亦終止。以此而言，說母性為世界的終極產品，雄性為世界的過渡產品，亦不為過。

　　故知，所有歷劫迂迴，其實便是世界的複雜化過程。祇有過程的完成，才有完滿和完善、全義的呈顯。這樣的呈現，以個體、群體、類、時、域言，實在殘酷、暴虐，而以過程言，則無可厚非。故說，命者，非一時一人之所寄，而實是三重九命也。

　　三重九命：天命、地命、人命，時命、域命、群命，身命、性命、業命。

　　知其九命者，方是真知其命。

二〇〇八年五月◎

79.中國古代思想的重新解說和清理，可以接繼起人類後現代的邏輯鏈條。

以大而言，東方的自然神論體系是此鏈條的支撐性構造；以小而言，中國的「天下」觀念及其思想演繹、中國社會及政治體系的四維同構模型與其還原嵌入減壓法，則是這一鏈條的構件和內涵。因此，重新清理中國傳統思想，建構新的解釋框架，實有助於人類整體思想和文化的觀察及把握，亦有助於人類價值的追尋。

為此，需得分別以「兩周思想史」、「兩晉思想史」、「兩宋思想史」為題，予以剝落、綿延，以便窺其大概。

所謂「兩周思想」，非特指兩周，而是以兩周為中心，綿延前後而擬定的中國早期思想體系的稱謂。它前起黃帝造中國，而終於漢劉徹鑄就中國個人專制獨裁的政治體制，實是一連綿兩千餘年中國思想成長期的歷史與體系樣態的敘述。以「兩周」命題乃在於，早期中國思想或成長期的中國思想，是以兩周時代為軸心的，其中，三個重要人物具有絕對標誌性的意義，這便是姬旦、老子、孔子。是他們各自獨特的建樹，構造出了成長期或早期中國思想的主體框架；亦可說，奠定了整體中國思想的框架。是以，以兩周為中心來理解中國的早期思想，乃至全部中國思想，實在是綱舉目張的學術進路。故知，「兩周思想史」實可為中國思想研究的基礎之舉。

中國成長期的思想體系，主要由兩條主線同構而成。其一，是以「天下」為轂，幾個主要觀察者或承載群體分別以自視的真理視角，作出了自成其說的學理解說。由於對真理把握、理解及其標準的差異，以及利得的局限，致使他們之間說法的差異極大。而正是這樣的差異，才同構出了中國思想和文化的全景。

　　其二，就成長期的中國思想言，其主導便在以「天下」為說的政治、社會領域，其他如哲學思想則相對處於非主流的狀態，而且，依剛才所言，各社群團體諸說的差異，恰是整體中國思想和文化同構、互補的要素。故，理解中國政治、社會思想，得注意，它實是多維要素的同構，而非幾種體系的迭加。這個多，其實就是四，即中國思想是由四維要素同構而成的。這四維要素是：統治者的意識形態及其制度法則、宗族鄉社的習俗觀念及其法則、人域公共倫理的精神嚮往和道德法則、自然本根的體悟及其天道自然法則。

　　依同構而成就的思想文化體系言，它們之間正好有結構的還原性嵌入表徵，即，政治性的意識形態及其法則處於表層或子位的位置，依次而下，便是宗族鄉社的習俗觀念及其法則、人域公共論的精神體系和道德法則、自然本根的覺悟及天道自然法則。天道自然本根處於最母位，為上述所有維素所共，提供著它們賴以生存、存續的動原意義和價值依託。反之，任何子位的體系，其合法性、有效性必得依次向母位尋求，不可自得。它們之間構成關聯、互依、同構關係，而非獨自成立。比如，政治的巨大張力，正是因由這樣的還原嵌入方式來降解的。故，這一體系和結構樣態可視為經驗意義上的「關係還原嵌入減壓法」。

　　「天下」觀念的真理化解釋和社會理論的四維要素同構體系，貌似兩在，不相關涉，其實非也。它們是同一事象的兩條理路，其所共者，即在於東方文化的自然本根觀念。是這本根的衍繹，才有了這樣的理路分殊。

　　以下細述其要。

　　受自然本根觀念的支使，中國人向來不以政治、法律所特定的國家為意，而有同類意識的「天下」觀念。其最高者，「天下人的天下」。後來，儒家將其學理化，便有了「天下大同」、

「人道諧一」的學說。

　　然而，極早期，這樣的觀念無法自為成立，它得由某種力量的推動方可行進。當此之際，中國的西部集團，即仰紹文化的載體們率先有了承載這樣推動的嚮往。當然，這樣的嚮往決非對推動本身的自覺，而是對他誘因的衝動。這便是統治他人、他地域的慾望、衝力。他們以此意發動了一場政治運動，謀求對東亞地域的統治和控制。巧的是，這樣的慾望和衝力變成了事實。於是，一種單向、單一的征服事功被藉用來作為了推動「天下」運動的肇啟。

　　征服事實的成立，導致了許多後繼必至的文化問題。其首要者，是政治統治合法性的解說，或即政治性意識形態體系的建構。其中，政治統治的單一、單向如何應對諸家族的反抗？政治統治的專斷又如何綴繫天道本根的母體？「天下」理念又如何關照政治征服的事實？等等，是其大要。

　　這裡，「天下」的理念既要保留，又要變通。保留者，可得合法性之由；變通者，可行統治權之實。於是，真的「天下」係棄之不用，而有用者，實為「炎黃天下」。「炎黃天下」是真「天下」的變通和歪曲，亦即是後世之「中國」。此名之有，頗有考慮。

　　若以真「天下」為標，宇間概然無有，宇間所有者，便是這極盡能事的「炎黃天下」。即已然或將然的「天下」，其他者，有待後來。故「炎黃天下」之說，實是對東亞統治事實的褒獎、拔高。意即，「炎黃」所為「天下」，是通向真「天下」的必由之路。於是，一個農業社會、農業地域的征服故事以此被賦予了高大的價值解說。

　　若以政治征服、統治為的，則可知，「炎黃天下」或中國，已然建構了政治統治的事實，且是一政治社會單元。這個單元的

存續，本身具有目的性，故當然是文明——若精神或意識形態、制度形態、器物形態等——諸形態的用心所在，以此，將決定中國文化的走向。

這樣，一個赤裸的農民政治征服故事，便獲得了強大文化價值的關照，被賦予了崇高的意義。它很容易激發出理想主義文人們的想像空間：堅持一下，「天下人的天下」就在前面。於是，不合理、不合法的政治征服和統治便被照單全收，一一納入了「天下」的宏圖大業之中。

至於如何面對千萬家族的被統治而可能出現的反抗後果，早期統治者的解決方案與後期的統治者的確有所不同，但取向還是相似。早期的統治者所得益者，一是，他家族尚無有這樣的嚮往和慾望，故他們可以肆意其慾；二是，他們的真實控制非常有限，主要限於中國的中原腹地；三是，放任他家族的高度自治；四是，開始作出政治道德化的推演。後期的統治者則不然，他們遇到的困難和問題要複雜得多，除非有意識形態和制度體制的雙重架構，才可能免除危難。至少，到西周社會，名為「德政」和「禮制」的意識形態及制度體系已然成為了這種雙重建構的載體。現在，經過巧妙的包裝和演繹，道德成為了合法政治統治的中心價值。在所有的社會化行為方略之中，道德化的方式最具有軟化社群他者的功能和意義，統治者極其所用，真的是聰明睿智。此外，宗法制「家天下」的禮制體制及鄉社自治體制的強加，更求得了雙管齊下的功效，最終實現了統治社會合法性的效力。

如何利用自然本根、本原的絕對合法性，以求得單向、單一政治征服的終極解說，也有與上述統治者如何面對諸家族的同樣思考歷程。

早期的統治者因應原始自然神論的諸般觀念，隨意所取，並無特別學理體系的建樹。若伏羲演「八卦」，確有開啟原始自

然神論進為自然神論,甚或義理自然神論之(端緒)功。然,這樣的開啟,一是被引入了旁門的義理方向,二是,有此旗幟,卻後繼乏人,直至西周年代,才算重開義理端緒。而若商王所言,「王命在天」、「君權神授」之類,卻又有將自然神位格化之嫌,實非中國文化之主流所在。

這樣的精神困厄及其稚嫩淺知,直至西周時代,才脫出了干係,有了明晰的體系建構。其中,德、禮的義理化是其要,以此,使之與自然本根有了關聯。

歷史邏輯與理想邏輯往往是反向運動的。一當「炎黃天下」成為事實,無論它假「天下」之名所行為何,一概祇會沿著政治的邏輯和法則下行,不會去理會「天下」本身的意圖。「炎黃天下」假「天下」之名,行單向、單一統治之實,卻不能止住邏輯的繼續負向運動,這是當初肇啟者所不曾料及的。

「炎黃天下」本是東亞地域西部集團,特別是黃帝家族的己私所利,然而,經過若干時代的經營,這個家族仰賴政治特權,已膨脹成超級的人口群體,以致它可以數量取勝,號稱為「炎黃天下」,儼然以整個西部集團自居。然而,這個大勢力的家族集團,卻被歷史和家族中的一個小家開了一個萬分難料的玩笑,或說被耍到了無地自容的境地。這便是禹和他的兒子啟所開啟的「家天下」。更難以理喻的是,這一玩耍之前,正值黃帝家族集團玩道德政治的鼎盛之時。堯、舜、禹之間的禪讓繼位方式,盡奪道德賢政的美譽,幾乎讓人認為,此離「天下人的天下」祇有一步之遙了。未料,禹明修棧道,暗渡陳倉,給他的兒子啟提供機會,輕易地把「炎黃天下」改換成了他們的「家天下」。

約要而言,「炎黃天下」與所謂「家天下」並無本質區別,區別僅在於,前者乃一大家,後者祇一小家,或說是前面大家中的一小家。不過,分析比較以後,其實差別還是很大的。比如說,「炎黃天下」以禪讓的方式傳遞最高統治權力,多少是道德

化的;而「家天下」則不然,它以暴力方式獵取統治權,且統治權祇在小家之內傳遞,不說其他人群,僅就黃帝大家族集團言,亦永久地失去了執掌帝柄的機會。故,實可說是政治統治方式專制化的開端。或可說,此舉不啻當頭一棒,朦人無商量。

如果說,「炎黃天下」因第一緣起而有先天合法性的話,那麼,禹、啟的「家天下」卻有了合法性的危機。有扈氏的武力對抗即是明證。為此,啟祇得收「天下」之兵器,集熔於咸陽,鑄為九鼎。的確,暴力可飽一時之需,然而,卻不能解合法性之危。因此,「家天下」之合法性的學理建構,由之成為了中國政治文化的歷史課題。這一歷史性的使命最後是由西周初的政治家周公姬旦履行的。祇是,在說及他的歷史性貢獻之前,還有些背景性的過程需得描述。

夏人的作為,確實得益於先發制人、民智未開的先機,故有幾百年「夏家天下」的獨享。然而,物不可以終壯,事不可以久榮。夏家的氣數在它最後一個君王桀的手上終於耗盡了,向來處於被統治地位的商人乘勢而起,結束了第一個「家天下」王朝的時命。商湯是一位過去一千餘年來,統治集團以外人群中早慧且果決的政治家,他非常快速地抓住了夏桀勢衰的良機,同樣用暴力完成了統治權利的接管。於是,第二個「家天下」在中國成功了。而且,這是一個非統治集團中由他群體成功的「家天下」,故頗耐人尋味。

商湯的暴力成功,並沒有被他過分渲染,相反,他更樂意表達,因為道德賢明,所以他能夠取而代之。於是,一個頗具說教的虛假故事廣為流傳開來。這便是所謂的「網開一面」。它的喻意是:一個對鳥尚且仁慈的人,對人的統治一定會更為寬厚。不過,幾乎找不到任何資料證明商湯是否真的仁厚,我們所能鑒賞的說法來自於他的輔臣伊尹。《尚書》告知,湯死後,其子外

丙、仲壬先後繼立、繼死，伊尹為輔，伊尹祗得立太丁子太甲。不料，太甲不遵湯法，荒淫無度，伊尹系流放太甲於桐，3年後悔過，復歸位。正是在這一過程中，伊尹在中國歷史上首次提出了道德政治的諸基本概念。如「一德」、「德惟治，否德亂」、「允德」、「儉德」、「耆德」、「成德」、「德日新，萬邦惟懷」之類。依書面材料可知，在伊尹的說教中，「天命」與道德政治的關係十分密切，幾乎盡數把得「天下」歸諸於「天命」和「有德」的聯綴關係中，而極力掩蓋了暴力和政治智能的功用。很顯然，這裡所表現出的謹慎、惶恐，與商人以被統治者的身份進入中國統治的中樞有莫大干係。這是一次僥倖的取得，對智慧者來說，僥倖的獲得，不即意味著可以長此以往，守成的艱難遠非取得可比，唯有道德政治，方有可能的前途。

然而，伊尹所為，還祗是一初級次的道德政治觀念，尚不足以解說「家天下」的政治現象，更難以還原「天下人的天下」的理想主義嚮往。所有的答案還在迂迴和積累中，中國的歷史文化還有待時日。

夏人的失敗，有一個其中的小家族得以脫逃，滑出了商人的統治之外，這便是后稷的後代。一個叫不窋的人，他在夏桀垮臺之時，僥倖帶領自己的家人逃脫了暴力的攻擊，避難進入了羌人的領地。500年後，這個家族終於坐大，成為了西北地方的強大勢力集團。在這一漫長的苟且和延續過程中，這個家族早已將重返中國政治舞臺，並奪回統治權的想法，變成了家族意識。在漫漫的等待中，他們孜孜矻矻、如履薄冰，最後終於獲得了成功。在過程的最後時刻，三個關鍵人物相繼登場，實現了久遠而來的夙願，他們是姬昌（周文王）、姬發（周武王）、姬旦（周公）。

周人的成功，為中國歷史和文化出示了許多值得記憶的彩頭。比如，「家天下」一而再、再而三，終於固成定局，板定了

中國歷史的新邏輯：「家天下」成為正途。比如，周人以「蕞爾
小邦」之力問鼎中國，其合法性、合理性何在？比如，反邏輯的
「家天下」，何以一而再、再而三，其道理安在？又如，「家天
下」又該如何構築，如何實現統治目標？如此之類，均得有說
法，不能簡略從事。因為，人類文化的歷史鏈節在如中國這類發
達地區，已然進入了解釋哲學的中期，須得是有說法才有行為，
有說法才有建構的境狀，它不支持任意、隨意、盲目及感覺化的
事功、行為。所以，周人遇到了強硬的文化、意識形態和制度承
載的挑戰，他們必須解決政治文化的解釋任務，否則，難以為繼。

　　這樣的責任最終落在了周公身上，他必須為他的父親、兄
長及家族的行為提供說法，他必須讓「家天下」具有合法性。比
較而言，周公的智慧主要不在軍事方面，雖然他後來有「東征三
年」的業績，他的主要心智在於政治哲學的提出和建構，是這一
政治哲學體系，才成就了中國文化的骨架。

　　依西周政治哲學體系言，周公的貢獻約有三個方面。

　　其一，解釋周人（文武）革命的合理性。周人以「蕞爾小
邦」之資格，問鼎中國，其合理性、合法性何在？周公給予了如
下的解說。他認為，在「家天下」既成事實的前提下，不必強求
「天下人的天下」亦可有良好的政治社會狀態。這便是，祗要政
治統治是道德的，則，政治統治即有合法性，合理性，是否為
「天下人的天下」，那不過是形式而已。然而，「家天下」因為
倚重道德而成立，而有合理性、合法性，所以，一當道德淪喪，
統治者失德，那就意味著他們失去了存在的合法性、合理性，而
此時，任何一個有德的他者，都可以取而代之。這樣的替代行
為，即是「革命」。

　　「革命」一語是相對於「禪讓」而有的。「禪讓」之有，
乃在於「炎黃天下」的前提，它是所謂「公」的天下，帝者為天

下之公器而有的現象；而「革命」之為，乃是天下家私化，王者已為天下之利器，依暴力所得，故亦得依暴力所去。祇是，其去者，當依道德而為，不當一味暴力，其意，在為暴力的合法性提供支援。

這裡，有幾點需得強調。一是，「天下」的質地還是道德，而不論是什麼樣的天下；二是，「家天下」的事實得承認之，此是討論問題的出發點；三是，暴力必不可少，但暴力有良、惡之分，其標準亦在於道德。正是基於這樣的前提，周公建構了「家天下」更迭的「革命」學說。

為了證明「革命」的合理性，他使用了如下的證據材料。一是歷史的合法性，其最要者，是直接把他們革命對象的事功作為了證明材料，於是便有了「商湯革命」之說，並得以續成「文武革命」的再例；二是，把革命對象妖魔化，使之失去道德合法性的基礎，為革命張目，夏桀、商紂是其例；三是，革命之合法性的道德內質進而掛聯自然神的終極：天，以「天道」解說道德的絕對性。於是，「革命」一語，經過這樣的修飾、解說之後，獲得了正面意義和定義，從此便有了「造反有理」、「革命無罪」、「替天行道」、「革故鼎斬」諸說。足見，「革命」乃源之於統治權利的獲取之作為，不關其他事功。

周公的「革命」理論，並非專門論說的體系，而是他巧妙地重新解釋和建構了「六十四卦」體系，從而表達的。尤其是其中的「革」卦、「鼎」卦，直接表達了這樣的意義和價值取向。

「革命」學說和理論的新開展，不祇是使周人獲得了合法性的說法，亦為後來三千餘年中國社會統治權利的更替提供了依據。是以有了「輪迴」的歷史現象。

正是因為有了「革命」的成功解說，才有了接續而至的統治體系建構：宗法制的「家天下」，是為周公貢獻之二。

　　其二，宗法制的「家天下」。周人獲得天下，祗是事功的初步，如何保持事功，當是更艱難的課題，對此，周公又有了兩個方面的設計：一為體制體系，一為意識形態體系。宗法制，即是此中的體制設計。

　　「家天下」與宗親家族有必然關聯，它意味著，統治權利祗能在有直接血緣關係的人之間傳遞，不能越出血親家族的邊限。故從夏朝起，這樣的邏輯就設定了，否則，天下就不能稱為「家天下」。然而，以宗法制去建構「家天下」，周人卻開了先例。這裡，周公的貢獻值得探求。

　　宗法制「家天下」與一般「家天下」的不同在於，「家天下」祗在乎最高統治權的控制，以及權利成果的單向分享，其中，統治責任的關注較為淺表；而宗法制「家天下」，則更多地用力於統治責任和義務的強調，且有體制保障。在這一體制中，它特別強調了權利的分配原則、分配方式、等級諸要素，於是便有了分封制、嫡長子繼承制、爵祿制、服喪制、宗祧廟號制諸制度形態。

　　這一套制度體系的目的，旨在明確：家族統治的絕對性，王權的唯一性，統治權利和利益的人為分割及地域化，統治責任和義務的分攤，等級功能的高效與明確，所謂親親尊尊也是。這樣，依據自然本能而有的家族統治現象，現在通過體制的設計，變成了由學理支持的專制政治現象。其中，不僅王權的唯一性、絕對性獲得了肯定，更重要的是，其他家族成員不再若以前那樣，處在虛閑和期待狀態，受著不明確和可能性的煎熬，以致想入非非、苟且為事。於是，它既避免了商人那種「兄終弟及」所必然導致的紛爭、流血，也改換了制度的架構，成就了中國政治的專制體態。

其三，構築「德政」的意識形態。

僅有制度的架構，還不足以解決單向、單一政治統治的全部問題，適時而又完整的說法，即意識形態體系同樣具有價值和意義。為此，周公極力倡導了一種可以稱為「德政」的政治學說。這個學說認為，既然「革命」的根據來之於道德的有無，那就意味著，政治統治必須是道德化的。它包括：統治者的有德，統治方式的寬厚、仁慈，百姓生活狀態成為德政的具體標準，等等。這樣，道德化的政治統治便成為了中國政治現象中的另一翼，它與宗法制「家天下」一起，共同托起了中國專制政治的龐大身軀，使之存續並實現功能。爾後，中國的社會、歷史順延了三千餘年，主要便是得勢於周公所設定的這種體制和意識形態的架構。故知，政治道德化至周公已臻於成立。

至老子、孔子出世前，中國社會有三個問題已日積月累，成為負擔。它們是：

一、自然神的本根意義和價值未得充分義理化，充其量祗在政治哲學和民間生活（即旁門的自然神論）中有所作為，而於哲學思辯、人倫善意的衍繹非常欠缺；

二、「天下人的天下」理念和理想被置之高閣，斷了性命，沒有得到學理和知識的滋養，特別是失落了其為可能的判斷標準；

三、兩千餘年來，中國歷史和社會的主導者，是政治專制和統治，單向、單一的歷史運動和社會價值取向的獨大唯一，嚴重影響了社會的完整性，導致了文化體系的畸形建構，若僅此，斷無有中國文化的博大精深之說。

問題已成歷史的隱缺，必得解釋和救濟。回觀彼時，解決的契機恰好在政治體制的絕對主宰之中，是專制體制的缺陷，製造了新的機會。

首先，單向、單一、唯一、獨大諸特定，決定了文化的單一性，而政治統治作為對抗兩方的社會現象，完全一邊倒，由統治者自編、自導、自演、自裁，其實並非幸事，從長久計，它會帶來難以收拾的後果。不要說一廂情願的道德政治不可能成為事實，就算是道德政治，在階級對抗的社會中，怎麼可能有對抗雙方都認同的道德政治呢？足見，政治統治的公平、公正、正義是有根柢缺陷的。如果一種道德標準不能為兩方所接受，肯定就不是一種能通行的道德標準。那麼，如何在統治者之外建構道德標準，並進而裁判政治現象、行為呢？這便成了中國文化要重新履行的使命。在統治者一方已經出現嚴重偏差，而被統治者卻不可能參與建構的前提下，一種新的歷史需求正待出世。

其二，西周行宗法制「家天下」，其中的嫡長子繼承制和分封制，早已悄然地在準備著社會條件和環境。它是說，經過數世代之後，統治者內部必然出局大批量有知識教養和身份地位，卻一貧如洗的特定人群。這些人後來稱為「士」，所謂「少士者為士」。士的出現，讓中國社會在故有的統治者和被統治者之外，多出了一個人群類型，他們已不屬於統治階級，但更不屬於被統治階級，它們身處二者之間，分別具有著二者的若干特性，可以稱為一個中間階級。

這樣的一個群體，按其自然屬性，它首先希望重新進入統治者的陣營，但非常困難；這就必然迫使他們有行為偏極的可能性，故其次，他們有比被統治者更強的破壞性。這就擺出了一個新的社會需求：如何安頓士。孔子，恰恰是從這一歷史使命中，開始了他的偉人生涯。

覽孔子一生，有前後五變。

其先，他身為統治階級中的出局者，其身份便不一般，可惜的是，因為出局，故有生計與職業的憂慮，外加他的母親身份不

正，便又強化了他的人生缺憾。於是，他首先得為生計謀，是以有了人生的第一樣態：儒者及村社小吏——僅有飯吃而已。

其後，有著知識裝備的出局者孔子，不滿足僅祇是有飯吃，他需要有一個體面的職業，不祇為吹打之事。在進入仕途不可能的前提下，他刻意選擇了一個新職業：教師。孔子之為教，於當時代，實乃違法之舉，他背離了「學在官府」的官制。所幸，彼時周天子大權旁落，各諸侯忙於自我生存事務，無暇他顧，孔子便是鑽了這個空子，自我張羅了一家私立學校，開始招生授徒。無奈，一是孔子的教育行為不合陳例，二是他尚年輕，並無可資信賴之處，這便出現了生源的危機。為此，孔子想出了一對策：有教無類、束修之教。亦即降低學生入學門檻，招收庶民野人弟子入學。孔子此舉，對中國社會有深刻影響，它以精神提拔的方式，混淆了統治者與被統治者的界限，它強化了文化的普及，它改變了社會結構。此是孔子人生歷程中第二個重要階段。

復後，孔子的教育事業，經過其慘澹經營，終於有了較好的回報，他的名聲與日俱增，最後引起了社會和統治者的注意，以此，孔子進入他人生的第三個歷程：從政兼學。

可以說，在第二、第三個階段，孔子懷積了滿腔的救世意志，恨不得社會拯救於他的熱情之中。所以，他依賴他的學問名聲，積極、主動地向社會、向統治者推銷他的主張、理想：小康禮教的社會。然而，與所有的理想主義者一樣，孔子嚴重地忽視了社會力量，特別是既得利益階級的反抗、阻礙，最後他祇得以失敗告終，被迫過上了流浪、漂泊的生活。

再後，經過十幾年流浪生活的打磨，孔子終於完成了人生覺悟，由是便進入了他人生的第四個階段，完成了真正的轉折。

本來，孔子30歲前後投身教育事業，不自覺之中，他已為自己準備了一大前提條件，這便是他開始有了以他為中心的知識

人群體。祗是,他轉入從政生涯之後,這一條件並沒有真正利用好,僅僅成為了他參政、改造社會的團隊而已。是十幾年的顛沛流離,終於讓他醒悟過來:與其費力不討好去改造社會、影響統治者,不如自立門戶,超越統治者、超越社會、超越時代,成為社會結構中的第三者。何為第三者呢?表淺講,他們是獨立於統治者和被統治者之外的社會群體,而其實,不能靜態和固定時空地看待這個第三者。

前已言及,周公之政治學說,導致了統治者自編、自導、自演、自裁的結果,最終必然會更加劇社會兩廂的衝突和對抗。在徹底更改中國政治體制不可能的前提下,必得要讓裁判的權利及其評價標準自成體系,獨立於統治者的權利和責任之外,由另外的社會群體執掌和履任。這樣的需要、責任和使命,正好為孔子準備了機會。於是,孔子在流浪的後期終於自覺到了這第三者的意義和價值,自覺地、順勢地成為了中國第三者群體的領袖。後世,他被尊為「素王」,即源於此。

「素王」,非現實之王,非政治統治之王,非一時一世之王,而是萬世不易之王,是道德之王。以他為代表的群體,是社會真理的掌管者,道德倫理的裁判者。所有帝王的政治行為及其策略,必得經過他們的裁判,才有合法性、合理性的批准。此外,為社會和諧大計,他們亦積極提拔被統治者,使他們文明進步。更有甚者,為了成就這第三者的大業,孔子特別強化第三者自身的修養和超拔,使之成為道德倫理的化身和載體。

孔子何以敢於以第三者自居呢?又何敢高揚道德真理具有社會和政治的裁制力量呢?其要害在於,孔子在晚年發現了一種新倫理,這便是「人域公共倫理」。人域公共倫理,雖然名為倫理,但它極不同於前此的諸倫理形態。可以說,前此的所有倫理都有界域局限,因而是具體的善的形態,而人域公共倫理雖有所

謂「人域」的限界，但這個域、這個界，是抽象之界域，極易破除，尤其與孔子最後所遞入的（第五）人生境界相關聯後，更能表達它的本根性的善意———一種以善為終極目的的善，而非以善為手段。

人域公共倫理的覺悟，是孔子人生的兩大顛峰之一。為此，他刻意撰寫了《春秋》一書，以隱其意：天下一人而已矣。

至此，兩個理路終於有了匯合。一個是中國知識界久遠而來的「天下」嚮往，最終獲得了真正的解釋；另一個則是，倫理終於超越了具體的顧絆，錘煉成了真善本身。而這二者，恰恰是由孔子最後衍釋完成的。故知，孔子之偉大，即在此。

最後，孔子在晚年進入了他人生的第五歷程。

大要說來，孔子的第四、第五個人生轉折是幾乎同時完成的，即在孔子的流浪生涯行將結束之際，他同時發現了真正的道，這便是人的公共性和自然性。孔子一生以人為中心，其思考由人性引發，且漸由表入裡，直指人性的終極。他先重視人的社會性（政治性、倫理性），爾後，終於見得人性之質不在此處，便進入了人的公共性和自然性的深奧，亦理會了真正的真理。可說，天人合一、人道大同是這真理的標籤。而這自然性的感覺和把握，被記載在他的《易大傳》中，祗是其體系不足完整、充分而已。這意味著，孔子所為，還不祗是對「天下」、人世倫理有諸說，亦對久遠而來的自然神論，有了一些義理的交待；若得聯綴他的第三者貢獻，可知，所謂孔子，也就自然成了中國文化和歷史，乃至人類文化的構成部份了。

孔子之外，老子是無法迴避的文化構成體。這位略早於孔子的人物，又如何重要呢？

前說東方文化以自然神為本原和依歸。比較而言，東方的印度文化幾乎早在前16世紀就已將自然神充分義理化，使之成為了

奧義化的「神我」、「大梵」，而中國文化則有落步之嫌。

　　自然神之說，中國或許興起甚早，如「天」和「八卦」諸說，但自然神祇是自然神論體系的初級形式，不足為學理殿堂，或解釋哲學的嚴密體系。大要言，中國的自然神論未曾觸及哲理思辯之前，多祇應用於民事生活，是為旁門的自然神論。後來，政治中國宣告成立，自然神這一終極學理原則又被政治家們用來經營其政治哲學，若「天命神權」說，若「天道」「革命」說，若「天聽」「民聽」說，等等。是以成立了政治的義理自然神論體系。可以說，至春秋世，這兩個義理的自然神體系，均祇關注了自然神的用，而不曾涉及體。就文化體系言，它有莫大的缺失。

　　老子應時而生，擔綱了補缺的使命。

　　老子直以自然神本身為學說對象，以思辯的方式，覺悟並闡說著自然神本體的因為所以，是以有了以「自然」為核心的學說建構。故可命其學說為「自然的義理自然神論」，簡稱「自然的義理神論」。這個體系的出世，使中國有了真正的思辯哲學，為繼之而發的儒家的「道德的義理自然神論」（簡稱「道德的義理神論」），和更後出世的「思辯的義理自然神論」（簡稱「思辯的義理神論」）開了先河。這亦意味著，在中國，自然神被義理化之後，它實衍繹出了五個類型：旁門的義理神論、政治的義理神論、自然的義理神論、道德的義理神論、思辯的義理神論。這樣，自然神在中國的義理建構，達到了它應該的頂峰。

　　老子和孔子分別佔據了人類智慧的高峰：關於自然的終極知識、關於善的終極體悟。自然與善（本根的善、非功利的善）是人之所以為人的終極意志，它們在春秋時代被他們分別建構，而後，至宋明理學中方被一體建構。

　　至此，兩周思想，或中國早期思想、文化，似乎已然說明清楚，其實還有遺缺。問題在於，這根邏輯鏈條的最後一節尚未造

就。因為，有一社會和歷史的業緣尚未顯世。

　　「家天下」，特別是宗法制的「家天下」，雖有制度和意識形態兩翼的圍護，可它的負面後果亦異常鮮明。前說及的士階級的出現，祗是其一；其他還有，一統天下終於分裂割據，社會出現了嚴重混亂局面，民不聊生。這說明，「家天下」在家族分享利益時有好處，而在負擔社會責任時，卻問題多多，它很容易出現家族利益過重而致嚴重損害民眾利益的後果。作為一個正面理由，它會引起政治家們的進一步思考。這種思考的結果是，「家天下」並非政治體制的終局。

　　秦始皇嬴政率先有了這樣的思考和變更。他認為，個人獨裁專制而非「家天下」的專制，更有利於社會秩序的實現和社會發展。於是，他開始推動中國政治事功更進一步，由「家天下」而個人專制獨裁。應該說，這是一切專制政治所能至極之最後一步，把持得當，至少可致個人專制的事實成立。問題在於，嬴政過於激進，他不祗是放棄了宗法制家族的政治作用，更進而放棄了道德之於政治的功能和價值。以致，最後祗剩下赤裸裸的專制統治，民眾更難以聊生，終以失敗告白。真所謂欲速則不達。

　　然而，秦皇的失敗並不意味著事態的了結，這根鏈條的尾節沒有鑄就之前，政治強權的勢能決不會就此罷手，它還會進行到底，祗是時間稍展而已。

　　延至漢武帝劉徹，強權者的機會再次到來，他最後成功了。

　　表面看，劉徹的成功得益於漢初幾十年的生養休息，有了較好的積累，其實不然。如果沒有漢儒，特別是董仲舒的特殊貢獻，斷無劉徹成功的可能。

　　董仲舒的主要貢獻有二，一是告訴統治者，沒有道德支持和架構的政治是必得死亡的政治；二是，他成功地用一套特殊方法鉗制了個人專制獨裁統治的極端化，完成了中國四維關係同構體

的建構及還原嵌入減壓法的設置。

　　董仲舒所建構的是一種天道王道政治哲學體系，他將孔子的道德倫理意志進行了神秘化的處置，或說進行了很好的包裝，使之具有了控制皇權的真實力量，以之糅合天道自然法則、人域公共倫理法則、宗親民俗法則、政治統治法則，實現了四維法則的同構歸置。

　　當然，依學理體質言，董仲舒仍祇是儒家陣營中「小康禮教派」的主要旗手，不屬於大道儒學一派，故其學說的思辯力度不足。但之於早期中國思想言，他的確有集成之功。故「兩周思想」可了結於他。

　　附《兩周思想史》卷目
　　第一卷：中國歷史的背景與社會結構
　　一、宗親社群的自在性
　　二、黃帝肇中國：社會的政治化
　　三、天下、官（炎黃）天下、天下人的天下
　　四、文化與歷史的倫理化
　　五、東方自然神論：天人合一
　　六、四重關聯式結構與關係還原嵌入減壓法
　　第二卷：周公的思想與制度
　　一、文武革命：重構道德倫理——暴力的合法化
　　二、政治邏輯與歷史形態的重建：《周易‧爻辭》解
　　三、家天下之合理性、合法性建構：政治道德化
　　四、宗法制與嫡長子制：家天下根基之制
　　五、制禮作樂：家天下匡範之制（政制之本）
　　六、三年東征：政治暴力的必然邏輯
　　七、明德慎罰：德化政治的肇起

第三卷：思想博弈與百家爭鳴

一、原因與背景

1、周公政制的邏輯

2、文化融合的邏輯

3、歷史積澱的邏輯

4、競爭與生存

二、正人君子的安撫：心身與社會

三、平民階級的嚮往

四、極權政治：理性的暴政

五、雜說拾遺

第四卷：天下人的天下：人域公共倫理的嚮往

一、孔子一生五解

二、孔子的述與作

三、孔子的殷根與周化

四、第三者立場與倫理形態的終極化

五、素王之法：《春秋》解

第五卷　自然神論

一、自然神靈觀念與崇拜

二、農業社會與自然

三、自然神的義理化

四、義理的政治自然神論

五、義理的道德自然神論

六、義理的旁門自然神論

七、義理的自然自然神論

八、義理的思辯自然神論

以下論題可附例於相關章篇之後，以求深度解釋。

自然	宗法制
自然神論	《周易》
天	革命
猜測哲學	士
解釋哲學	《春秋》
天下	仁
東方思想文化	我
中國	公羊學
天命	天道王道體系
皇、帝、王	无
禮	道
德	人

80.世界將其本意隱藏的很深很深，呈顯出來的幾乎全是假象。所以，你看到的、你行為的、你聽見的、你感覺的，都不可依賴，或祇可暫且依賴而非真實。在你要吃、要喝、要活命、要生存、要地位、要財富、要快樂、要愛的時候，你便完全被假象所惑、所支配。

這說明，世界不會輕易把它的本意顯示出來，它一定要等待過程的推演，等待自覺者出世，能夠自覺、自願去體會這樣的本意，而非強加給你。

這樣的本意是什麼？便是體用不二，大用顯全體，以相養用、以相養在，便是和諧與圓善。一般說，這樣的終極本意，諸在者是很難理會和行為的。如果我們把它稱為善，稱為終極的善，那麼，已有的世界恰恰是極度缺少善的。

自覺者，即是這樣的行為者、承載者，它非定在，而是世界衍繹過程的必然產出。所以，世界既內設了出產自覺者的意志，同時亦期待著在者的積極回應與覺悟。人得以為萬物之靈秀，它有幸去理解和把握這樣的善，有了和諧、和平、和睦、善待的覺悟和嚮往，雖為粗俗，雖僅為哲人之見，實已可嘉。因為，人類可以在界域之外去理解善。而破解之善，恰是這終極之善的初級形式。

很多界域之善，貌似善，卻非是真善。因為它的目的不在於善，而指向其他。如動物間的護種、護幼行為，母愛之類，的確有善的形式，卻非是為了善本身，祇是為了種群的延續。以此，善待成了續種的方式。正因為此，這樣的護種、護幼行為不是絕對的，它時常會為環境和條件所變通，如成年動物會適時殺死幼仔之類。當然，依完整性而言，種群的延續本身也構成為善的內涵，否則，善難以為繼。不過，這是另外的論題，與此處不等列。

　　可見，世界的善有兩類，一是具體的善，或有條件的善，它以自利或某種本能的利好為目的，以善為方式；另一種是真正的善，或無條件的善，它以善本身為目的，追求無界域的善待、和諧、同一。據此論判，人類行為兼二者而有之，多為第一種意義的善，極少具出了第二種意義。而且，這樣的具出，還祗是善的初級形式，即局部、層面化的善的追求，而非圓善之完整。如人類和平、世界大同、人際倫理之類。◎

81.先秦世，若以自然為體、為原、為本、為根，以善為用，則可知，老子悟得了體，而孔子理會了用。這是一種奠基，它奠定了後世中國哲學體系的體用結構，或線性架構：體用的線型哲學。

依邏輯言，哲學或知識體系的直線化，是世界內部化的必然結果。在內部化、自我化、一體化的前提下，世界是難以解剖和解析的，所以它很難從結構上去剝離和支解，這必然帶來對世界之結構、功能、組織把握的不足，是以終於失落了相或存的知識構造。

應該說，世界把握的內部化、自我化、一體化，本身並沒有錯，它具有終極的真理性，其存或相的失落祇是其缺陷所在，並不影響其真理的意義和價值。故當下之為，理在補缺和重構，而非放棄真理。

孔子以後，中國哲學之體用分割的狀況實已導致了問題，並引起了一些深刻哲人的思考，他們試圖彌合這樣的分割。

第一個從事這一工作的哲人是王弼。他以老子之體去綴繫孔子的用，於是便有了「名教本於自然」的命題。這樣的嘗試很有意義和價值，它首先超越了表象化的道家、儒家的兩在現狀，做了更深層次的思考和會通工作；其次，其進路大抵合於人類覺悟的方向：真正的知識不是體用兩在的，而應當是體用合一的，或體用不二的。

當然，王弼等人的貢獻亦有限度，它未能達到相當的高度或深度。原因約為：一是初步的合成頗有不周延處；二是王弼等人，特別是他本人所擅長者，實不離道家窠臼。如此之下，他對孔子之用幾乎秋毫無考，祇是納入，而對老子之體反至別出心裁，頗為獨到。如他對「存」的發揮，他對老子的批評（所謂老子是一「有者」）之類，實在提昇了中國哲學思考的水準。

　　其實，王弼之前，儒家內部亦有人已對孔子學說的不周延有所感覺，並試圖從其內部解決問題。如《中庸》之「誠」說，孟子之「性善」說，但效果不甚好。它到是更好地豐富了道德理想主義的體系本身，亦將人的心性價值予以了披露，或說它推近了與體（如果我們認為體用在觀念上可以兩在的話）的距離，然而，所為還不是體本身的敘說。是以儒家有了體的無奈。

　　檢討先秦儒家和魏晉玄學的造就，實有各自的長優短劣。仔細體察，若王弼之學，除所述理會孔子之善用不力之外，於老子之自然體的體系建構，亦未完善。所有這些缺憾，要留待宋明理學來完成。

　　可以說，張載首先有了這樣體質性的貢獻。他提出「天命本然之性」和「氣質之性」的分致說，補足了王弼「存」說的空洞和抽象，於是，重新解說的境地豁然開朗，善的構造差異因之獲得了合理的解釋，至善的路徑亦設計出來。至此中國哲學終於完成了體─存─用合一的建構，並恢弘肆溢。

　　理學將自然本根予以足夠思辨化的義理解說，分致无體、有體二說，進而由體而有存、相之論，亦有了導向善的去向。通過充分解說世界差異，使論域峰迴路轉，人的價值、意義、使命一一展現。人何以有如此價值呢？全在於性智覺的斂聚和具有，是以人心便成為了體─相─用合一不二的結紐。這樣，道德理想主義由之獲得終極化的解說，人的自然化還原（通過善）亦得成立。

　　要約言，宋明理學中的理、心兩路，其實並不能割裂開來，它們是一個體系的兩節，所謂「混元變相生用，大善相養成天」。充其量，理學更關注前半節，而心學則偏顧於後半節。若將二者對立起來，實是把握的差錯。

　　或說，以中國或東方文化質地言，宋明理學已經完成了體一存一用的完整結構，彌合了先秦時代道、儒兩家的初級偏差，也補充了魏晉玄學的不充分；亦或可說，它已致其極——人類智慧之極。其中，佛學對成就「心」的終極意義，有不可替代的功業。然而，若得以東方文化為比照物，反觀西方文化，則容易發現，這個體系的內涵其實是有問題的。主要問題出現在存、用這兩層中。

　　王弼的「存」祇出示了命題，未有充分定義。道家中有人重視了「存」象，但不是從哲學進入並出脫的，多變成了生養之術。至張載以「性」論「存」，實已改變了「存」的徑向，它不再是有關世界構成、物理、功能的範疇，而是道德善的邏輯前提。這些解說，均使「存」至於偏頗。相形之下，道家諸人所說「五行」、「陰陽」倒更接近西方的相說。是以，西方哲學意義上的「相論」終於沒有出現，於是，物理學未能張揚開來。

　　「存」論的偏頗，進而決定了「用」論的極端化，它基本上不同於，或不關心「在」的世界，祇關注道德的完善，即在的功能、價值。於是，我們祇能用「用」來形容它。「在」的放逐，凸顯了東方文化的偏頗，它必然表現出物理的缺陷和感覺的緊致。這在人的善尚未完全終極的前提下，會導出很多後果，終致迷失和跌落；同時，還會限制人的「成天」能力，使「成天」成為空覺。

　　如果說，真正的哲學體系是體一存一用一體的話，那麼，它同時也應該是體一相一在一體的。這表明，當下的哲學志業，不祇是記憶古來智慧，更在於綜合東西之智慧，使善具有物理和道德的複合意義，然後才可以去成就體。◎

82.　　　　　哲學智慧的派汜與汪洋

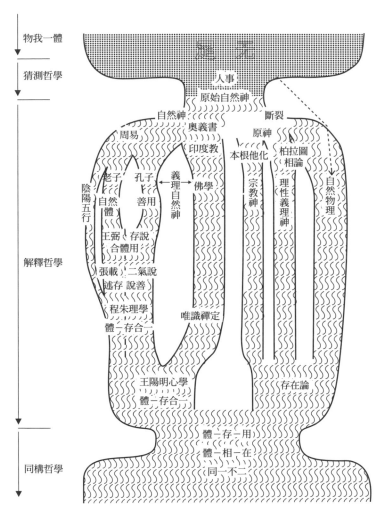

派：別水、系統、分別微取
汜：水別復入

二〇〇八年八月十四日◎

83.二十多年前，偶讀孟德斯鳩德的《羅馬帝國衰亡原因論》，獲得了一種特殊的新鮮感；後來又讀了很多有關羅馬的書，什麼塔西佗、阿庇安、李維、蒙森之類；最近又讀了吉本的《羅馬帝國衰亡史》，羅特的《古代世界的終結》，應該說，所有這些都讓我獲得了知識、智慧、方法、觀念的好處，甚是快慰。

縱觀他們的所說的羅馬帝國衰亡的原因，大抵如下：

軍人干政、經濟和人口的衰減、奴隸制度使農業和社會破產、奢靡的生活方式、蠻族的入侵、基督教引發的政教之爭（宗教弊端）、政治腐敗、理性和道德墮落、公共精神的喪失，等等。

那麼，這些原因足夠嗎？不夠。羅馬帝國或羅馬衰亡的原因，除上述這些之外，更重要的還有：

一、強盜世界的必然邏輯：強盜建立起來的社會，也依然要由強盜的力量去了結。沒有任何單一或靜止的力量可以抗拒這樣的邏輯，所以，不對文明帶西段地域的歷史緣起有解釋，斷然解釋不清羅馬衰亡的原因。

二、羅馬沒能產生出真正的思想家——如東方的中國、印度那樣——去生成和建構足以超越國家、時代，且可以成為地域生命之根養、哺育的文化體系，這樣的體系它是自然根本的。大而言之，西方社會不可能有這樣的體認，包括希臘的思想家，亦祇是人為肇起了一種可以稱為思想的東西，而非真正的本根性的文化，所以必然難承大命；小而言之，強盜化的社會也不允許羅馬人有這樣的深刻和機會，生存之需、生命本能佔據了一切，無暇他顧。

世界上的文明何以興亡消散，大抵不出於右。印度、中國之不亡，即在這根養的不輟。其間，王朝可更迭，政府可置換，甚或無有一統的機構，而其文化的體質生命卻可以延綿不絕。

　　文化之真實者，在於對本根的體悟與領悟。歸得了根，方歸得了心；歸得了心，方安頓著人。所以，無根的文化、思想，無論怎樣肆意張揚、恢弘誇耀，最終都不能安頓人生、人心，終是無果之花，不了了之。故知，理解和解釋了本根的文化、思想，才有無限的安頓、歸納力量。

　　大要而言，西方人很難對此有體認、把握，所以他們對原因的尋找，祇能就事論事，目無前瞻。所困之源，非彼時、非當下，實早已在混亂過渡期成立，這便是西方文化斷根的必然。

　　文化是生命(智慧生命)的感受，但更是智慧生命的覺悟、超越。一種文化可以極力去表達個體生命的感受，並有延伸的衝力和空間。然而，祇有個體生命感受的記錄，實在並不是真正的文化。文化的更高價值和意義，還在於返還自然本根。這是一種整體超越的延伸。依生命的本質言，超越的延伸才是真正的價值所在，所以，整體的返還和超越的延伸即是文化。

　　一個思想家，或者一個文化現象是個體感覺化的，還是整體超越化的，最終當然是由歷史來裁判。無論如何，個體的快慰、興致最終難以抵擋整體的超越和返還。◎

84.現代西方物理學給我們帶來了太多的知識和視界，幾乎讓人目不暇接。在這樣的新奇感覺中，我們獲得知識、開闊視野。此外，還有兩樣感覺非常重要：一是有許多命題和理論說之不通順；二是它的許多提法中，包含了很多的靈性的理念，而這些，常常不是物理學本身所能結論的。

屬於第一種感覺的有如：

既然物理觀測宇宙的距離祇有137億年，那為什麼就可以說宇宙祇有137億年的歷史呢？觀測距離是時間的終極嗎？

暗能量是加速度宇宙膨脹的原因嗎？這一說法的前提有二：一是暗能量在無限增加，即量的加大；二是暗能量具有「負壓力」（相當於排斥力），而當這種負壓力超過宇宙全部物質和能量所具有的吸引力時，宇宙就會無限膨脹下去。這一說法還有一個副產品的結論，即，無限膨脹的結果是宇宙的「大撕裂」，所有的結構都無法保持其形狀，連原子也不例外，世界將還原為基本粒子。

宇宙真的是在膨脹嗎？還是我們無法解釋的假膨脹現象？以及，如果有所謂的膨脹，是因為「大爆炸」嗎？

物理的終極都是「子」嗎？引力子、希格斯粒子是真實還是假定？是希格斯場，還是相場？所有粒子都具有質量是受阻於希格斯場，還是具有的質量相的差異？

世界有開端或始點嗎？同樣會有終點嗎？物理學永遠也離不開點或子？

屬於第二種感覺的靈性說法也不少：

把四種基本力統一起來的「源力」，或四種基本作用力是「源力」的分解；

大爆炸或「火宇宙」源於未知能量；

暗能量（或等於未知能量）；

引力即時空彎曲，或能量受壓力產生彎曲；

膜宇宙；

物理解釋後的性智解釋；

溫度與秩序的關係；

暗物質、暗能量是世界的主角，在、結構祇是跑堂的；

黑洞是時空的極度彎曲，所以連光子也探不了底，所以不逃逸；

超弦理論，超弦的不同振盪方式，就是我們所看到的各種基本粒子；

超對稱理論：上誇克—上超誇克、下誇克—下超誇克，中微子—超中微子、膠子—膠微子、光子—光微子、W玻色子—W微子、Z玻色子—Z微子、引力子—引力微子、電子—超電子；

多維時空（宇宙）；

暗能量是空間（真空）自身所具有的一種性質，因此，即使宇宙在膨脹，暗能量也不會變得「越來越稀薄」；

宇宙最終沒有粒子，回歸能量。

解決每一個疑題其實是非常不易的，原因乃在於物理並非可以無所不能。

知識的世界可約略分為兩個領域：物理、覺（悟）理（智）。進而言之，物理又可以分為自然之理和社會之理。依自然之理言，物理學、化學、生物學、天文學，是其中堅；依社會之理言，社會學、政治學、法學、經濟學、歷史學、藝文學是其要津；此外，還有些知識則兼二者而領之，若心理學、人類學、醫學及旁門諸學。

不過，依今日的見識言，縱令若常言的自然物之理的諸學科，亦未必不受社會之理的影響；反之，社會之理的諸學科，亦大受自然物之理的浸潤。這說明，理就是理，是相對而分差的，不可以絕對待之。

　　言之覺理(悟智)，其價值和意義，當不輸於物理之階。所謂人之所以為人之問，非覺理（悟智）不能舒展，足見其意。

　　依其義，覺理（悟智）可改變和協調天人關係，可規置人類行為的錯置，可建立人的准標和境界。以此，它亦產生了專門的知識門類：道德倫理學（標準的設定）、宗教（缺失自然神後的人為統攝及不成熟條件下的精神依賴、救濟）、哲學（性智覺的擴展、為物理所不能）。

　　有此判別，可廓清知識和智慧的功能、用途。從類型言，物理源之於感覺智和理智，而覺理（悟智）主要是性智現象（其中有與理智、感覺智的關係）。這意味著，知識的差異是受智慧的所源決定的；同時亦知，我們之於世界的理解和把握，不可為單領域知識所限，得完整和充分。

　　依此原則，回觀現代物理學，可知其缺陷所在。

　　若暗能量之說，將暗能量完全物理化，實難以解釋出真實。他們認為，凡能量是一定要作功的，所以便具所負壓力，所以可以用以解釋宇宙的膨脹的原因，所以暗能量是可以計量的（占宇宙成份的72%，<更精確的數值是72.1%>），所以暗能量的作用是可以加強的，等等。如此諸說，貌似物理，其實不然。

　　首先，宇宙（在的世界）是很小的世界，充其量祇相當於汪洋中的氣（肥皂）泡，而且是汪洋內部的（肥皂）泡。這汪洋便是能量。它無所不在、無所不是、無處不在、無處不是。以其不可名稱、不可描述、不可形容言，強之曰无（无之為字，作為專有名詞，寫作无，而寫作為動詞、形容詞、一般名詞，則寫作無），即本體、本原、本根。這樣的能量，依我們的理解和描述言，可作分別的表述：與宇宙有直接關係系者，名為宇宙態能量，與宇宙有間接關係系者，名為能量態能量。前者即哲學上的有體、在體、心體、性體、形體；後者為哲學上的无體、空體、

虛體、原體。

　　所謂直接關係是說，它可以變轉為相或存，進而同構出在、宇宙（超弦、粒子、原子……）。這樣的變轉興許是非常激烈的行為，如有爆炸、碰撞之類。正是在這樣的激烈行為中，極高的溫度（物理說2萬億度以上）使諸相同構為了超弦。而隨著溫度的降低，進而便有了粒子、離子體、原子等宇宙現象。

　　這裡，宇宙態能量與能量態能量並非兩個東西，可分開來，而是說，那些變轉出了相或存的能量，我們稱它為宇宙態能量，其實，它們仍然是一回事。或說，兩種能量祗是說法而已。不過，這一說法很重要，它有助於問題的明晰，有助於論說的邏輯演繹。

　　問題是，為什麼能量要發生轉變？這似乎是很難解說的，不妨存疑。

　　變轉的劇烈，導致極高的溫度，必致出現膨脹，這是應然的。這就猶如一個氣泡的出現，它由「无」而為泡，是一劇烈的膨脹過程。然而，無論氣泡膨脹多快、多大，它始終祗是能量中間的泡，周圍為能量所包裹，而這能量又是無限的。基於此，物理學說，「暗能量是空間（真空）自身具有的一種性質，因此，即使宇宙在膨脹，暗能量也不會變得『越來越稀薄』」，是一接近真理的說法。

　　不過，說及膨脹，還有一種形式，即宇宙出現後，它以結構的方式在著。這意味著，這個氣泡不是一個完整的組織，而祗是一個想像的泡。這個想像的泡在膨脹祗是其一，還有一種膨脹方式是，對每個生者來說，他在在遠離自己而去。後一種離去也貌似膨脹，所謂「紅移」。其實，後一種「離去」是很複雜的宇宙現象。一方面，它的確是前一種膨脹的組成部份、參與者；另一方面，它也是一種在的「漲落」或「振盪」現象。所謂「在的漲

落」，是說，在是各自的（此乃世界的假象，此處且不說），每個在亦如同整宇宙一樣，均漂浮在能量之中。原初的劇烈變轉，甚或後來次級、次次級的爆發行為，均是諸在在能量中「漲落」「振盪」的原因。這表明，所謂膨脹即是在在能量中的漲落或振盪行為。同理反逆，所謂引力現象，是這種漲落現象的另一面。是引力還是膨脹，得依在者的視點而定。由此而知，何來「引力子」之說！

上言存疑的「變轉」，並非元奇點的大爆炸，而是諸相維紐結的爆發。爆發必有在的膨脹，必有在或結構的振盪，必有各向同性的呈顯。然而，這不即意味著膨脹的無限。原因很簡單，宇宙祇是宇宙態能量變轉的一小結果，而宇宙態能量又祇是能量態能量之無限的小小局部，如此小之又小，何來無限之說！祇是因為我們的心不同此原、此根、此本、此體，自視為外在觀察者，故不通此理，對不知、不可視之在，判為無限。真孩童稚見。若自視為同一、同態、同根、內部，不為對象之見，則不會有此愚說。

可見 ，暗能量之類問題，非是物理問題，它屬於性智覺的把握。物理可襯點邊，但終不得其要領。

能量之外，物理還常言及「點─子」，亦值得思改。「點─子」者，一維之謂也，故為物理所起。的的確確，在宇宙或在之內，用「點」作為解釋的起點，非常有效，特別是解釋自然之理，更是如此。不過，即使在宇宙的範圍內，以點或子來解釋一切，則是難以成效的。若醫學（西醫）之於身體的解釋，難免過於簡單；若物理學之於結構的解釋，最後不得不用波─粒二象性來救濟；若政治、法律以主體、個體來解釋社會結構，導致了人的絕對……如此之類，可說未得要領。

其實，點─子祇是世界的假象。這表明，它祇可能在世界的局部和表層有效，一當進入深層世界，或交感複雜的世界，它

的有效就失闕了。當然，「點─子」具有直觀和簡潔的特徵，容易把握和描述，所以人們樂意追隨。正是在這樣的觀念籠罩下，才有了宇宙起源於大爆炸前的「奇點」、引力子、希格斯子諸假說。也正是這樣的假說，才能滿足物理有起點，有終點，可以量化說明的需求。

問題是，理智並不能說明一切。它祇能對假象的世界作出解說和判斷，一旦涉及真理、真如，理智的粗淺、表象化便會顯露出來。宇宙或許可以用點來解釋它的開始，但這個宇宙是攔截後的宇宙，而非與世界連貫為一的宇宙。若要對世界做完整、連貫的解釋，斷不可依點而論。故知，物理以點為始，其合理性在於，在攔截後的宇宙世界中，它可以作出一些合理、有效的解釋；如果試圖突破攔截，進入世界之整，則知，物理解釋是失效的。

性智則不然。性智以混元為真理、真如之宗，沒有起點、終點的絕對模型限制，所謂點、子在混元的真如中，祇是假象和形式，祇具有暫且的意義和價值。這意味著，在性智之中，宇宙並不是邊限。它所感悟到的，是无有的循環、有對无的實現，覺悟對體用不二的把握，如此之類。這更意味著，物理如果試圖以固有之方式、模式超出宇宙之外，對世界作出更多的解釋，恐是天難的一廂情願，除非它放棄圖謀或改弦易轍。即使它祇想搭起物理與哲學，或理智與性智的橋樑，亦如是。

我們不必囿於奇點的大爆炸，宇宙之有，祇是諸相紐結、振盪的爆發，是一種非常激烈的引為，然後諸相自為設限，把自己禁錮在了自己之中，這便是在。以狀態言，這樣的自為禁錮，其實是一種諸相的同構現象。故說，在即同構──諸相的同構。

大要言，能量（能量態能量、宇宙態能量），亦稱為本體、本根、本原，是世界的原。它可以依我們的智慧方式分述為有

體、形體、心體、性體、在體和无體、虛體、空體、原體。更為簡潔的表述是无、空、虛，複雜化的，或人為義理化的表述則有：大梵、神我、太一、太極、无極、天、水、道、德、仁、誠、善、良知、絕對精神諸類。此處不詳設議論。

體祇是世界的原，所以不能直接出示在或宇宙，它得有相的過渡，方可為在。相，又稱為存，是在之構成的因。所謂原因原因，其實意指原與因兩層意義，非特指因，祇是約定縮成，成了口舌之快而已。相、存、因所指，非單一，而是多維。若性相、質相、形相、時相、空相、能相、法相等。相之與在，是因果關係。得明瞭者，這因果非單因單果，而是多因而果。即諸相的同構，方得在之果。故知，所謂在，即諸相或諸因的同構。以此言，可說，所有的在，不論其大、不論其小，不論其簡，不論其繁，不論其粗，不論其細，不論其優，不論其劣，其原、其因均是相同的，所別者，是相量和作為方式而已。這樣的差別，既有初始構合之別，更有過程中的互養、互助、攝斂的差別。比若智慧，它的原初僅為性相，而其終，確有了人類的性智覺，是其例。

同構一語，說之簡潔，而其涵義卻異常複雜。所謂互養、互助、攝斂之意，首先當包括諸相紐結、振盪成超弦的初步，其中，不同的振盪方式，生成不同的超弦；其次，超弦的不同振盪方式，結果就出現了我們所知的各種基本粒子。這裡，所謂振盪，也包括溫度的環境、條件之類。

若此，可強說超弦乃宇宙之始，亦物理之始。始是相對的，諸在與宇宙之整的始是同步的；進而，此在或本宇宙之起、之有，並不排斥彼在、他宇宙的起與有。或即說，世界的「氣泡」，可能是多發的。

物理的不足，首先是性智覺的缺失，事事處處以理智為承擔，終是出不了智慧的條條框框的局限；其次，物理之失，亦在

世界的外在化，客觀化：自我不是世界的本身，而是與世界對抗的兩在；再次，物理之失，也失之於世界解釋的「點―子」模式，極端的「點―子」解說，以致忽視了世界的本質所在，相的無界域性、體的混元性均致失落。

諸相混元，諸相關聯無礙，諸相互養、互助、同構，世界自足往復，是物理學很容易放棄的真如、真理。結果，世界不是內部，而是主、客兩在；進而，性智被埋葬，覺悟被放逐。

然而，並不能因此否定物理的意義和價值。對東方哲學及哲人言，對中國式的線型性智體系言，西方的物理具有特定的意義和價值。受體―用線型思維基設的左右，中國人習慣把世界簡單理解了事，以至於體用一體最後完全被道德化。認為，人的完善即世界的終結，所以，成己、成人即成天。這裡，通過善本身（集義、敬心、修身、致知、證悟）去實現善，是中國哲人的不二法門。中國哲人很少或根本就不曾想過，善之外的完善路徑是什麼？或說，從不懷疑善本身就能實現善。

其實，物理與哲學，或說理智和性智並不排斥，祇是人們習慣於分別對待，使之對抗而已。物理之於世界結構和功能的探究、解釋，恰應是世界向善之路的參與者，而非阻礙者。對世界結構、功能的把握，選擇可善之載體，使物善於善，應是成善的重要部份，它若得與以善成善的方式相合為一，善的意義和價值不僅易於實現，而且會有更多的表達。而要使物善於善，就非得有物理之於物的解析和辯駁，使之無隱無藏。就若「點―子」化，祇有充分地理解點或子，才能超出點、子，還原於相的真實，而終能從根柢處使物善於善。這意味著，「點―子」化的思維和學理模型，並非祇有錯誤，而更應該是通往真實的必由之路。

由此可知，中國智慧長於以善成善，卻忽視了使物善於善；西方智慧長於解析、辯駁物，使物用於物，卻忽略以善成善，終

也失落了使物善於善的真諦。使物用於物必然導致功利主義、自利主義（其他相關命題有：理性、工具主義、邏輯實證主義、實用主義、主體構成性制度體系、經驗主義、分析哲學之類），人為物役；而單一的以善成善，則不免空疏、虛闊、玄遠，難為經驗世界所受，難為世俗社會認同。所以，當下智慧之路是，通過以物用於物，進而使物善於善，而終於以善成善。

此意的追詢，是哲學的職責和使命。而作為智慧之集成者的哲學，顯然不可就事說事，及於善了事。善的由來，還得有解說的完整性。中國哲學之所以線型化，是因為它在論證的過程中，極力地淡化了世界的重要組成者相，先是以存說相，後更致以性說存。性的居間化，倒是補了體用之缺，卻引導了用之方向和價值的極端化：用就是倫理化的善。如果說，用的終極所在就是道德的善，那麼，體—用結構，就是實質上的「體—善」結構；而如果，體被說之為善本身的話（這是哲學中最常見的論說），那麼，中國哲學的體態就成了「善—善」結構。它祗完成了善的循環，而失落了形式的善化。

相應地，西方哲學卻斷裂了體，入門所在，是世界的相，而非體。由相說事、說世界，倒是明晰、簡單，卻失去了根柢，終祗能究出物理和理性，性智為之拘絆，世界為之兩在，最後祗能以對抗、衝突、搏擊了事。世界的外部化與物理化，世界成了相—在結構，其致命所在亦會暴露無遺。

這是東西兩廂智慧和學理體系的基設，各自的缺失、問題不能不謂之明顯。故知，當下哲學所為，便是體—相—在、體—存—用的歸整與融合。如此的成功融合，方能了願於使物善於善和以善成善的歸途。

使物用於物—使物善於物—使物善於善—以善成善。◎

85.何以在是由相同構而成的呢？又何以知相為時、空、質、能、形、法、性諸維呢？其意可由在的構成去反證。

首先，諸在是由若干因或質素共同構成的，這由因果關係可知，當不需疑慮。唯其第二問，即相何以知其為時、空、性、形、質、能、法？可由反證得知。故其次，在的反證，可知相的近似。

在即是物，物皆有損益，故知物是有形的，而此形，即在其構成的因中已命了形，一旦成物，形即顯現，是以知有形相。有形才有爆發、才有撞擊、才有侵佔、才有毀損、才有成長。

物皆有時限。不論其長，若質子者，其半衰期達10^{33}年以上，也不論其短，若朝菌之輩，亦皆為時限所制，故知，時間亦為在之先，是以成為諸在之因。

又，不論長、大，也不論其小、短，亦皆佔據一定空間位置，若宇宙，亦若誇克，無不如此。故說，空間又為在之構成的因素或質素，即諸在之因。

物皆有屬性、功能。正是不同的屬性、功能，才發生不同的相互作用，才構成不同的物，故說，屬性、功能亦為諸在之先，為其因由所以。

物皆有質量。正是質量的具有，才使物聚為物，使宇宙成為實在，亦使之與虛无區別開來。質量不祗使物有了重量，更使物有了顧絆，不能無所不為，無所顧及，才有了專注和嚮往。故知，質量亦是諸在之因由。

物皆有法。正是法的具有，故一旦為物，即有規則和秩序，而非混亂、無序。是以說物皆有法相。

一般說，形是物的外在，但並非不重要，若無有形的禁錮，物便難成其為物，是以物皆有形。時是物的過程，它是有限的表達，凡物皆有限，故物皆有時。空是物之位，有位便有了物的確

定，有了物的處所，知其長短粗細。性為物的內涵、內質，是物之為物的標識，它決定物的彼此、別致，故物皆有性。能是物的表現，與性成內外之意，故物皆有功，唯其先識得性，而後才能得其功。質是物的駐定，可知虛空之別，可知物以類物，故物皆有質。法是物之則，故有物有則。

凡此諸意，均明瞭相之與在，乃因果之謂。故說，知其在，便會得相。常說，聚則為物，散則為相。此亦說明，相是不可以直接知識的，它得通過理會物而理會之。一旦物散，相便是抽象之相、虛无之相，全不由理智去論說。而祇有物在之時，相以物的方式表現出來，相亦被暫且限定、固化，由是，理智才可去知相。此時之相，雖為具體物之相，但它畢竟是相，具有相之所共，其所推究者，即共相。與之相對者，便是此物彼物各自所具有之特定相，稱為殊相。殊相可察究，共相可理會。前者為理智，後者為性智；前者是分析、比較、歸納、演繹，後者是直覺、靈感、體悟。或說，前者為物理之學，後者為哲思之學。

物有其形、物有其時、物有其位、物有其秉、物有其功、物有其定、物有其則，是以有物、有在，缺一不可為物。故究物不能不悟相，不能不察因。物的暫且與相的無限是不對稱的，故知，物理不能終結世界，完整的世界把握必須有物理之外的知識和智慧。

物有大小，事有繁簡，觀有深淺，德有精粗，見淺得粗，見深得精。睹物之殊，會相之所共，均在功德修為之列。故為人得培根固本，洞穿物意，即見微知著。

凡物均有限，這是物的原則。然而，原則之下，亦見得，簡單的物，若質子、中子、誇克等，其時的有限較之複雜的物，要長久得多。大抵上，較為複雜的生命物，其時程都相對短暫。若僅以此為說，似乎容易為結論所制，人對自己的價值的理解會陷

入功利祈求的窠臼。這說明，我們在理解這一物的原則時，被原則的外表所限，未能理會得原則的精妙所在。這一原則其實同時亦意味著，如果物由複雜而更為複雜，以至複雜到了與相相一的地步（相具有無限性，這是世界的另一更重要的原則），那麼，有限就會同一於無限。問題在於，作為物的我們，有沒有足夠複雜化的意識和嚮往，以及如何才能實現這樣的複雜化。如果我們實現了這樣的複雜化，結果就是，我們便與相同一不二，亦與體同一不二，便是無限的了。

這裡，諸相的意義和價值，已指明了導向複雜化的前景，我們得去理會得，即通過改善時、空、性、能、質、形、法的狀態、作用方式，使之有更好、更合理的養，終至可以超越「使物用於物」的膚淺，進入「使物善於物」的新境，更而再遞入「使物善於善」的無限。於是，物的暫且便被放逐，物便成為非物，人成為非人，我們的有限亦成了無限。

可見，局限於「使物用於物」時，我們祗能見得功利和簡單地改造物、利用物，此時祗能是對有限原則的誤解和悲哀。若有幸跳出「用於物」的樊籬，至於「使物善於物」，則知，物有趨向無限的可能性。其價值是，物的放棄和改變，使物與相、體的隔閡漸至消弭，從而使「自我」揚棄。當物之間相互為善之時，物的狹義或表面義就被超越了，彼時之物，已漸至非物之物，物不為形殘所桎，不為自我所限，於是，「善於善」的世界便可以顯現出來。

故知，物的有限是由物的表面化所決定的，一當我們穿越了物的表面，其有限亦將被超越。

當然，由「使物用於物」而至「使物善於物」，是一相當長程的行進過程，它要有充分的分析物、研究物、經驗物的準備，這便是物理學的意義和價值。祗是，我們必須理會得，知物不過

其一，其二是要成物，祇有成物，才能使物善於物。否則，知物的結果祇能是使物用於物。

　　故說，哲學、物理學是智慧的不同介面，而非對抗的知識。唯有哲學，才能「使物善於物」，進而為「使物善於善」。

二〇〇八年十一月三十日凌晨2:25◎

86.依前所言，是物皆有限，所謂時限、邊限、能限、形限、性線、量限、為限是也。若物都受所限，又說體用不二，即體即用，豈不矛盾！故當有解說。

其一，物乃諸相的同一同構，這是說，物即是相，即是體，祇是固化著的相或體。

其二，所謂固化，非是說靜止不動的固定，而祇是相對的固化，其實，諸相依然在互養、互助、自足。

其三，具體的物一經經歷有限，便要回歸為相，所以，物不論它多麼有限，依然是相的同構，或體的形式，所謂有限是說形式的有限，而非原因的有限。形式與因、原的同一，不是有限、無限的同一，而是因果的同一。

其四，諸相之中，性相有其獨特性，經聚、斂、攝、煉、歷、化、成的充分過程後，它能顯現在或物的特有意義和價值，即通過靈覺、集義、修敬、體悟的功夫，可洞穿物的形、時、空、質、能、法的障隔，還原物的真實。或說，突破形式而直達體、相之境。

物的這種作為被稱為善。這樣的善有過程和結果的兩層面：體悟、靈感、直覺是過程的善；諸在、物失去自我，與體同一不二，歸之一體之仁，是結果的善。經過過程去成就結果，是一種「以善成善」的通途，向為東方智慧所推崇。唯其體悟、靈感、直覺的方式容易流於空疏，常人不易把握，所以行之不實。為此，需要考慮過程之善的細節。

碰巧，西方智慧中，向來於物有專攻，目的在於「使物用於物」（物作用於物，利用物的功能作用），這種智慧的原本動機是功利和物理癖好，而其不經意之外，卻有理解物、認知物、把握物的後果。若得合理引導，可致結果變異：使「使物用於物」而致「使物善於物」。一當顯現了「使物善於物」的態勢，則物

的真實意義和價值可望展現，即「使物善於善」。

當物得以「善於善」時，「以善成善」的終極便是實境。

現在，把「用於物」的智慧稱為理智，把體悟善的智慧稱為性智，而終善的成就，必得是理智與性智的同一不二，分離則無所善。這便是嘗說的「一體之仁」。有此把握，便無有東西方文化的衝突與對抗，而不過是同一劇情的兩個場景而已。

究其實，相有二重性。其一依體而來，它是體的變異，為體的異化，所以同構成在，故為諸在的因，無因則無果，說明相之於在的世界，有獨有的意義。然而其二，依在的角度看，相亦是在之為在的禁錮，使在有了時、空、性、形、質、能、法的限制和被動，憑添了世界的麻煩和困擾。

我們的問題就出在這限制上。如何解脫這樣的限制和煩擾呢？解鈴還須繫鈴人。也即是說，是相導致了在的限制和麻煩，所以還得由相去解除在的麻煩和限制。而這，得有雙重的路徑和方式去實現。一是在，特別是此在的覺悟、靈智是非常重要的，它（性智覺）的成熟和完整即在於可以洞穿、化除諸般限制和煩擾，而且，它是第一重要的途遙；二是知在；通過知在而去把握理解在，因為祇有把握和理解了在，才能解脫在，而知在，則必得要知相，知道相的價值、功能、方式等等，祇有真正的知道了相之為相，才能知道在之為在，如此才可能知道如何去擺脫相的限制、麻煩。

我以為，這兩條路徑須得同構使用才是完整，它們是互補、互動的兩面，缺一不可，失之任一路徑，均不會得正果。由此可知，東西文化的會通者，正在於此。

性相的洞穿、化除意義，須得人類去理會。◎

87.相源之無限，卻同構出有限，所以它是有限、無限的兩面，亦是顯與隱的二重：顯之則為在，隱之則為相。所顯者，即是定、是固、是滯、是礙。是以可知，凡在為什麼必然有限的原由。因為，定、固、滯、礙是非主流，祇是假象；主流是體變相養用顯的過程，它是流、變、通、往，主流才是無限的。因之，相作為本身，它無限無礙，而一旦同構為在，使流顯為滯礙，便祇能是有限了，它還得回歸無限的大流，也祇有回歸為隱的大流，它才是無限的。

故知，世界若得定在，它便祇能有限、有煩憂；若得無限或解除煩憂，就得回歸相、體本身。雖然，定、滯、礙、固亦是體、亦是相，以此說即體即用、即體即相，然而，在的定、滯、礙、固必然會出現阻隔、分離、對抗、衝突的結果，不容忽視。這一結果有二重意義。

其一，因為定、滯、礙、固（諸相同構），使世界得以完整；在體界和相界之外，得以有了在界，從而使世界成了體、相、在，或體、存、用三界的同構。或說，世界因之獲得了完整、複雜、多樣化的樣態，也使過程成為事實。以此而言，抽象的在，也是無限的。它是過程與完整的無限。

其二，在的呈顯、複雜與多樣化的必然，必致在的特化，其實是相的特化，當相經歷過程的特化之後，特殊的相、特殊的在便有可能呈顯，以至於在能洞穿固、定、滯、礙的限制，而貫體、相、在於一。這是世界通過在的煉化、歷劫過程所獲得的豐厚回報。即是說，如果沒有在的固、滯、礙、定的經歷，在就不會自足，世界亦不會自足，而自足，才有真正的體用不二。當然，對任何具體的在言，這樣煉化、歷劫是痛苦和不幸的，它意味著搏擊、衝突、競爭、艱困、逆受。所以，以此意而論，在不能是無限無制的，那將會導致無限的災難。而一當某在通過這樣

的煉化、歷劫之後，獲得了性智覺的完整，足以洞穿、化除障隔之時，在的無限即是事實。

如是可知，在的意義和價值；亦知，人之所以為人的價值、意義何在。這意義、價值之最大者在於：世界的同一不二，不祗是抽象的體變相養用顯，即原、因、果的同一，更在於在的自覺洞穿了在的限制、障隔，使在本身足以與體、相同一不二。所以，它不是簡單的同一不二，而是複雜化之後的同一不二。前者的同是原、因演繹果的同一，是質素、構成的同一；而後者的同則是果還原為因、原的同一，是創化、覺悟、自足的同一。◎

88.人的公共化、社會的公共化是眼下的時勢潮流。公共社會亦是人之所以為人的必由之路。通過公共化，社會結構改組，社會及政治體制亦為之風向草偃。

公共化源之於人的公共性秉賦，是人性的重要組成部份。向來，環境條件所限，未得開展，或開展、呈顯不夠。現下，人性中的公共化性得以張揚開來。其因由在於，人得依公共狀態生存、生活，而不可再依地域、熟人、群域或單一環境生存、生活。

公共化依人性的公共秉性而有，是其本質之論。若依表達言，人性之公共性的顯現，又受到社會環境、條件的影響。多數情況下，人性之公共性的顯現，為環境所決定，沒有恰當的環境，這樣的人性很難表現出來。在諸多環境條件中，西方文化的「使物用於物」的價值使動有特殊的意義。人的物化，使人的感觀、心理祗受物的刺激和激揚，一當物的所得、所失，必得求之於非個人，非界域的公共狀態時，人們也祗有依公共化的原則去行為了。於是，積久之下，人性中的公共性秉賦便被啟蒙、被開發，是以公共性得以顯現出來。

問題是，公共化雖受物利所激，它卻行逆物之道。所謂逆物之道是說，它會異化物理，而張開性理。一當人的性理張開，人之所以為人的道理就有期待了。

故此可知，使物用於物，祗是物理的初步，如果過於執著、執迷，定然不得為人的要領。人之所以為人，起碼它首先是人，而不是物。所謂人，它是物和神的雜合。若祗了然這雜合中的物態，而不覺悟其神態，斷難明瞭人的真諦。問題是，有的文化，太過重視人的物化，逼迫人的動物性還原，結果人失落了神性，而祗有物性，成為了物。成了物，便為物所限，成於物、求於物、樂於物、蔽於物，最終敗於物、死於物。

　　直接覺悟人是神，是物向神的過渡（神即本根、本原、本體、神我、大梵），向不為西方文化所長，東方文化雖強此稱名，可得其道者祇是極少極的哲人聖者，它受之於性智覺。一般情形下，常人祇能在一個通俗且漫長的過程中（所謂歷劫迂迴），經由接力方式，以求終成。此間，除了必得的性智覺外，物的破解和異化亦是不可忽視的良途。

　　公共化正是這一良途中的重要環節。通過公共化，物的人為固、定、滯、執、礙會漸趨化解，而且，物的自然固、定、滯、礙亦得化解。於是，制度為之變，結構為之解，狀態為之化。這樣的變、解、化，終得解除人的物累，真正揚起由人而神的旌幟。

　　人之所蔽，正在於為物所限：外物為利得所限，內物為構成所限。雙限之下，必不得完人、非人。而破限、解執所在，即在這性智覺和「以物解物」的雙翼振飛。

　　可見，物理不可祇執於「使物用於物」，還要「使物善於物」。唯有「以物解物」，「以物化物」，而後方可「使物善於物」，最終與性智覺同一不二：「使物善於善」、「以善成善」。

　　公共社會的建構，除仰賴人性之公共秉賦之外，還得依賴公共事件的發生、成長。當公共事件從各個層次、角度、領域頻仍發生後，所有原有的體制、行為方式、價值觀念等均會依之改變。若專制政體，在單一社會是必然之事，而若社會充分地公共化，頻繁發生的公共事態、事件最終會消解專制的機體，使之變異。比若專制政體中的軍隊，它是專制政體得以存續的絕對保障，若社會不足夠公共化，則這樣的軍隊永遠就祇是對付人民的利器，有如骨刺在喉，死活難耐，反之，若這樣的政府、國家被迫驅入國際社會，參與國際競爭和公共責任，則軍隊會自動離開陸地、內陸城市，還赴深藍海洋、高遠天空，履行國際競爭和公

共責任之職,為了競爭和責任,政府會自行減少陸軍編制,強化邊防責任,一當軍隊不把安內當作其職責之時,政府、黨團亦失去了橫作非為的依靠,結果是,人民可解倒懸之苦,可拔哽喉之刺。

是以,頻發的公共事件,利用公共事件逼迫專制政體改弦易轍,是當今世的社會使命和責任。這樣的改變極不同於過去的革命之為,亦不可類比於改良之說,它實是人類的必由之路——通過公共化而還原人所以為人的真實,擺脫物累。祇是碰巧之中,它不期然地捲滅了人世間的專制政體,算是一附帶功德。

人類的公共化並沒有邊限,它由小而為,漸至於大,直至與人的自然化同一,方是其終結。◎

二〇〇九至二〇一一年

　　89.[3]今天的世界正在發生著一場深度規模的經濟危機，它由前續的金融危機引發，已經影響了世界所有國家和地區。為什麼會發生經濟危機和金融危機呢？世上流行著各種說法，最常見的說法是美國的次貸危機引發了金融危機，最終導致了經濟危機。

　　其實，問題並不如此簡單。我的意見是，經濟危機的本質是文化，經濟危機祇是其表象。

　　我們先來看危機本身。

　　2007年，美國房屋信貸危機開始浮出水面，緊接著金融機構出現了金融危機，並波及全世界。由於金融界，特別是銀行系統的普遍危機，直接致使了消費萎縮和銀根吃緊，這便進而影響了生產行業，於是，經濟危機發生了。

　　沈聯濤等先生認為，[4]本次金融危機的根源在於金融創新和監管放鬆的共同作用。他們說，以下四個步驟是其路線：先是房地美、房利美這樣的政府按揭機構，對按揭進行證券化的普通按揭金融產品出現（證券化意味著，資產可以從資產負債表上挪到不受監管的特殊投資工具（SIV）上，無需動用金融機構的資本）；其次，會計和監管標準允許將潛在的負債移出資產負債表，銀行因而獲得「資本效率」，即提高了同水準下的資本槓桿率；再次，利用保險公司和新發展出來的信用違約互換市場來增強所出售證券的信貸品質（如果該證券表現不佳，可向AIG這樣的AAA級保險商購買CDS，以增強他們的信貸品質）；最後，評級機構樂於給予這些結構性產品AAA的評級，這樣可以為他們帶來服務費收入。

　　依現象言，沈先生等人所揭示的原因的確構成邏輯關係，是這種因果關係的力量最終引爆了金融和經濟危機。其中，金融創

3　本篇札記原標題為《金融危機的文化批判》。
4　參見，沈聯濤：《這場金融危機的本質》，載《財經》，2008，26期；王歐：《金融危機：回顧與溯源》，載《財經》副刊《金融實務》，2009，1期。

新產品的人為甚或虛構作為，起到了根本性的破壞作用。比較而言，市場監管的放任袛算是配角。而房次貸事件可算是事因。

若果所言，限制金融創新和加強管制，即可從此避免危機。這樣的結局似乎太過意外。依我所見，若要理解經濟危機的本質，好像不能就事論，否則，永無解套之日。如前所示，我以為本次經濟危機的根本原因是文化所致，非單袛是孤單的經濟現象。

雖然，房次貸事件、金融創新、監管放任三者之間已構成因果關係，但三者亦可視為某些更前原因的必然結果，若無這些原因的存在，斷難出現這樣的後果。這意味著，我們至少要討論三個層次的原因：一是導致金融和經濟危機的原因，即上述的三大原因；二是要討論這三大原因之間的因果關係；三是，這三大原因前面更本質的原因。一般說，前兩層已有比較多的討論，唯第三層較少涉及。

現在，我們先由本次金融危機發生的主要原因，即金融創新進入討論。

所謂金融創新，也稱金融衍生產品、金融市場交易，是指金融機構利用其所佔有的貨幣資源進行投機行為，從而增值其利益的現象。它包括外匯市場、影子銀行、對沖基金、場外交易、槓桿率、抵押債務債券（CDO）等事項。一般說，獲利是所有商業行為的必然現象，當然更是金融機構的趨勢所在。依此言，金融機構希望獲利和獲得利益是非常正常的事。然而，金融創新卻非是一般意義上的獲利行為，它們是虛構利益，而且是虛構暴利。其暴之至，無異於天文泡沫。根據數字顯示，世界15家最大銀行所佔有的金融衍生品交易為全球總量的2/3，2001～2007年這15家LCFI的資產負債表規模增加了2倍。[5]

何以如此呢？最表面的原因乃在於，西方世界產生了一大批金融工程師，他們專以創造金融衍生品為目的，從而鼓吹了巨大

5　同上。

的金融泡沫。金融工程師是一批具備特殊金融專業知識和觀念，以及行為能力的職業人士。他們的本事和職業觀念告訴他們，製造金融泡沫，並且愈大愈好，是其職業能力的最佳表現。在人類乃至自然界中，基於生存需求，很多生物會將自己的某一些能力和行為極致化，以便最大限度地實現生存有利。而在人類之中，行為和能力的極致化，還祗是現象之一，由於分工，職業化加上極致化，便會產生強勢的異化現象，即行為的目的最終改變了行為的價值。金融工程師的出現，便是這樣異化現象中的典型。

　能力的衝動和心志的衝動交互作用，使金融工程師們雄心萬丈，極盡所能去製造虛構的業績。這裡，絕對功利主義的觀念是事態得以演繹的前提。或說，利益，盡可能的利益、無限可能的利益衝動成為了根本原因。然而，僅此顯然還不夠，否則，這樣的經濟危機早在幾百年前就會頻仍發生。所以沒有發生，乃在於，這個世界還缺少另一重要的觀念支持及事項承載。這種觀念和承載是，智慧工具化的理性觀念。

　理性是人類智慧中的重要現象，屬於理智的類域。它承接感覺智而來，亦可導向性智。正常情形下，這樣的結構是智慧演繹的邏輯常態。問題在於，常態邏輯有可能被扭曲和異化，而這樣的扭曲和異化恰恰易於發生在理智之中。此乃因為，理智長於技巧和設計，它以獲得便捷和成效為使動，結果是，智慧不再為本身所趨，而演變為了工具：通過工具去實現技巧和提高成效。可以說，理性一旦陷入工具化的境地，它便顯出雙刃性：既可提高功效，演繹技巧，又可傷及環境及行為者。原因乃在於，工具化即程式化、邏輯化，在不中止程式和邏輯的情形下，它的必然性力量是非人性的、非公共化的，在達成終極成效之前，它會把這樣的力量發揮得淋漓盡致。這裡，理性在服從工具標準之時，已優先失去了它本身的內質：價值標準——性智的利他嚮往。於

是，理性被扭曲和異化，變成了否定人性和性智的衝力，變成了破壞互養、同構、公共關係的利器。

金融工程師和金融衍生品正是強效地利用了理性的工具功能，埋葬了理性的價值內質的結果。金融工程師們在對房貸按揭進行證券化之時，這一由功利和工具邏輯所聯合導演的資本巨泡，便不再有可以停止的可能性，除非它完成了對泡沫的製造，並實現了毀滅性的後果。

絕對功利主義和異化的工具理性產出了金融工程師和金融衍生品，為金融危機準備了在劫難逃的邏輯。然而，這樣的劫難得以成立，還有兩個相關條件需得重視。

首先，金融工程師們得有為所為的喉頭或前提。這便是房貸按揭的存在，而且必須數量巨大，不大到足夠的量，不足以引起金融工程師們的興趣。那麼，何以會如金融工程師們所願，出現如此足量的按揭資產呢？這與西方文化的起源又有直接關係。

西方文化起源[6]於中緯度文明帶西段，那裡的地理環境和人種、種族構成及經濟方式諸原初條件均不太有利於純農業文明的興盛，以致農業文明被迫改變單一性，走上了多維複合之路，成為了雜合的文明形態。在這諸多雜合因素中，有兩種因素特別有破壞意義，這便是商業和強盜的產業方式。尤其是其中的強盜化過程，它完全摧毀了所有原狀性社會結構和群域關係，搗碎了社會的原狀細胞單元。更為重要的是，它亦改變了文化和文明體系的基設、結構和走向。強盜化入侵、遷徙的潮流化，所有源之於自然母體的原始自然神觀念被迫放棄、敗毀，征服者開始營造半人為的原神體系，結果，文明帶西段的社會事務及其文化觀念得脫離自然本根母體，進入人為捏造、製作的歷程，是以有了宗

6　有關西方文化起源的條件和樣態研究，參見江山《制度文明》第一章，臺灣元照出版公司，2008年。

教神體系、道德理性主義哲學、物理化的自然哲學、主體構成性的法律體系諸建構。暫不說這些成就非凡的思想體系，僅就文明帶西段人們的生存觀念和行為方式言，其所鋪張者，便是極端功利主義和及時享樂主義。常言道，西方（文明帶西段）人是在生存，而東方人則是在生活。所謂生活，是滿足一種田園式的愉悅，雖然絕大多數人沒有很高的生活意境和人生標準，但自得其樂，無有大的變故，世世代代薪火相傳、息息相關，得過且過，是其要。這裡，若干代人的生活具有同一性、可預期性，亦是其所。而生存則不然，它是強盜化生境中的一種賭博、掙扎，或說是一種生命遊戲。更為通俗的說法是，一個人今天晚上睡下去，而且是帶刀睡下去的，明天早上起床的時候，他的身子起來了，他的頭則不一定能起來。每個人都在拼命，都在獵殺，也在被獵殺，殺戮、搶掠主宰著一切。如此之下，人們不得不調整生存的方式和想法，今日有酒今日醉，明日無酒明日憂。對任何劫掠、意外所得，或任何既得利益，無不為即時、快速、激昂的消費衝動所主宰。

這樣的消費觀念積澱數千年之久，雖經近代大功利成就的寬紓和理性主義的稀釋，仍不免超前消費的利誘和快樂主義的驅使。美國的房次貸危機正是這種利誘和驅使的必然結果。

超前消費、無節制地消費，消費遠遠地超出了生產能力的許可，是西方次貸危機的本質，也終於成就了金融衍生品進入流程的喉頭，工具理性的神話由此開始了。

其次，有了起因，金融工程師們的魔力還祇是有了由頭和工具，能否成功，還得有環境保障。這個環境便是社會和政府的准許度。時下，人們把這樣的准允概括為監管放任。保羅‧麥恩泰（Paul McEntine）則把它描述為「一場人人有責的危機」[7]。

<hr>

[7]　參見：保羅‧麥恩泰：《一場人人有責的危機》，載《財經》副刊《金融實務》，2009，1期。

這些責任者包括：銀行、美國政府（政府對房利美、房地美提供隱性支持，共和黨、布希政府及格林斯潘反對監管，美聯儲的低利率，證監會的失職）、審計師的迎合、評級機構的利益驅動，CDO買家的利慾錯判，還有美國國際集團（AIG）和其他債券保險提供商，等等。

何以政府、審計者、評級者、購買者會放任監管呢？部份原因是利益所在，僥倖和賭博心態作祟，更主要的理由則在於，自由主義的市場觀念和主體主義的社會觀念。自由主義認為，讓市場決定價格，干預最小化，充分的競爭是創造高效率的絕對前提，等等，早已成為了西方社會和經濟行為的準則或經濟憲法。在這樣的背景之下，任何針對市場和行為人的干預，均被看作是對經濟憲法的反動。這種受功利驅使的經濟和社會原則，表面上是堅守了自由和主體意志的正義，而其實是以全社會，乃至全人類的損傷為代價的，故是一典型的以形式正義敗毀實質正義的例證。

現在可知，導致此次金融危機、經濟危機的直接原因當包括：作為事由部份的房次貸過量；作為配角或提供環境支持的政府及相關機構的放任；作為攪局者的金融機構、金融工程師的利慾暴漲和操縱。而決定這些直接原因的前位原因則有：生存主義的消費觀念、快樂主義的人生觀念、極端功利主義的經濟觀念、工具化的理性觀念、自由主義和主體主義的社會觀念。可以說，是這些文化觀念的如期會聚，才成就了這場金融危機和經濟危機。

那麼，是不是所有原因都羅置殆盡了呢？不是。這些原因雖說無一不帶有文化觀念的印記，但還不是有關西方文化的完整解釋，究其實，這樣的危機是西方文化整體運行的邏輯結果。

問題還要回到文明帶西段的文化起源期。地域社會的強盜化，使文明帶西段在農業文明的中期被迫進入了混亂過渡期（距今約6000年～4000年的時代）。如前所述，巨大的生存壓力不

僅無情地淘汰了無以數計的種族、族群，亦逼使著僥倖存活的人們根本性地改變著人生觀念和文化觀念。其最要者，是斷裂了自然本根，人域、他域分離，己群、他群對抗。斷裂自然本根以後，人不再是自然本身，而是成了外在，成了對立者、競爭者、征服者、掠奪者。人域漂離、無根無著，世界一片混亂、一片狼藉。於是，失去自然本根支持的人域世界，祇得以族群為單元自為救濟和掙扎。積久而下，一些成功的族群最終獲得了學理的昇華，鍛造出了人為化的、祇為人自己服務、亦祇滿足人域功利目的的思想和文化體系。撮其要者，這些體系主要有：猶太人摩西創造的猶太教，蘇格拉底、柏拉圖建構的道德理性主義哲學體系，希臘人物理化的自然哲學體系，希臘、羅馬人建立的主體構成性的法律體系。

宗教、哲學、物理、政治社會的人為建造，意味著世界的外在化，亦意味著所有內原性解釋路徑的堵塞，一個內部化的世界被人為分割為了二元甚或多元的對抗狀態。而在生存主義、功利主義的催化之下，這樣的解說結果，是世界的物化理解，而非體用不二的完整解。世界由此變成了物，所有行為、思想、學說、道理的終極目的是「使物用於物」。這裡的「使物用於物」有二義：一是使物作用於物；二是使物有用於物，其動機均受功利驅使。

「物」作為世界的基設，在不同領域有不同表達。哲學上，它被稱為「存在」或「在」；物理學稱它為「子」；宗教稱它為「選民」；政治法律中，則是「主體」、「權利」。去其差異可知，所謂「物」是說，世界是由各自為在的單元累加起來的，他們構成機械關係、競爭關係、對抗關係、征服關係，而非是體用不二的同一關係。

世界的物化，西方文化的解釋起點由此設定。問題是，基設的錯誤、功利主義的動機、人域的界限、人為真理的相對性均無

法保證任何解釋體系的可靠性，一經實用，困境會暴露無遺。於是，在西方文化過程中，必得出現體系批判和補充的文化現象。批判者通常會以真理的懷疑者自居，對前設的學說、體系予以解構、放逐；補充者亦常能成為真理的佔有者，擔綱起建構者的責任。於是，解構、建構之輪替，共續了西方文化、學術、歷史的鏈條。[8]

不過，這祇是概要或表象之論，若探入西方文化內部，會發現，問題要比這複雜和麻煩得多。

本來，西方文化雖有物化的基設，但其理性的內涵不可忽視，尤其在前期，理性的意義更為重要，從某種意義上講，正是理性的力量才支撐起了前述的四大思想文化成就。無論宗教神論、理性義理神論、客觀物理論，還是主體構成性的法律體系，可說，均以理性作為了它們的內質。然而，亦如前所述，理性向有二重意義：工具及功利理性、價值理性。所謂「使物用於物」者，無疑即是工具和功利理性，而價值理性者，則可對應表述為「使物善於物」。問題正出在這分離和社會慾求的衝動上。早期的思想、文化建構，雖是斷根後的人為義理，可它們基本上堅守了價值理性的內質，或即說，它們矢志追求著「使物善於物」取向，希望物的世界可以道德倫理化。這樣，人的價值雖不完整，好歹也算是堅守了人的內質。

不太有幸的是，基設的錯誤和強盜社會的強勢壓力，均不能保證這樣初級的建構長期有效。一當效力不濟，解構的必然逃無可逃。什麼足以解構充滿價值理性的思想體系呢？最好的利器便是工具理性。因為工具理性有強勁的效率貢獻，而這恰是最中生存主義為上人群下懷的蠱術。況且，最早成立的思想體系中，實在不乏功利主義的要素。如摩西與上帝簽訂合同，以上帝承認猶

8　有關西方文化和思想體系的建構、解構之鏈條的研究，參見江山：《文化與憲政》第二章，臺灣元照出版公司，2008年。

太人為「子民」，且賜予猶太人土地所有權為條件，才得以崇拜上帝的預設，恰好為後世的屢屢解構提供了邏輯前提。

當然，西方文化的解構浪潮，不是一開始就非常明顯的，而是漸進至加速度的。工業革命以後，大功利的科技、商業、金融、產業貢獻，終於有機會使工具理性登堂入室，並主宰西方文化。借助著工具理性的利器，一切曾經修飾人性之動物性的——精神的、器物的、制度的——文明飾物，一切提昇人生意義和價值的普遍性原則，均被擊的七零八落、潰不成形。這意味著，一種現代的現代性爆發了。

現代性問題，對西方人言，非獨此僅見。大而言之，至少有混亂過渡期和當下兩次強勢暴漲情態。那一次，西方人斷裂了自然本根，埋葬了原始自然神，亦快速地放棄了才剛建立不久的原神體系，製造了人域的特化和人為的文化體系（即剛才提及的四大思想文化成就）；這一次，西方人則成功地破壞了人性的神性嚮往，實現了人的動物性還原。

人的動物性還原，便是本次以及所有可能的金融危機、經濟危機的根本原因。

人的動物性還原，是工具理性、功利理性、客我二元對抗的極致表示，亦是世界物化解釋的必然結果。世界的物化，強化了客我二元的分致，世界不再是「內部」，不再同構自足，人不是世界的組成者，不是體的顯現形式、方式，而是外在，是對抗、競爭，是征服、掠奪。如此之下，「使物善於物」的價值理性便失去了能動的空間，更不用說將其提昇為性智覺了。反之，為了實現觀念和感覺所慾，工具或功利理性，即「使物用於物」的邏輯便大行其道。結果是，西方文化不可避免地要出現a.建構、解構的惡性循環，b.人為物役，人被異化，c.人的動物性還原。

這意味著，西方文化是執一端而為的。本來，工具理性或功利理性既為理性，當然有其合理性，至少就這樣理性的具體情

形言，當如是。或即說，它們所支使的每個具體行為、事項都有合理性、正當性。問題出在，所有這樣的合理性、正當性均是攔截、設限、設定後的合理，而非開放式的合理，因之，一當所有這些具體的合理、正當連接起來後，巨大的異化就必然出現，即結果或後果的不合理將使前件性的過程完全崩潰。今天的金融、經濟危機便是這一邏輯的典型事例。

　　至此，我們已大致解析了西方出現金融危機、經濟危機的深層文化社會原因，文章的主要任務已基本完成，不過，還有幾個相關問題需要進一步說明。

　　這幾個問題是：

　　1、為什麼要對西方的金融危機、經濟危機作出文化和歷史的追究？

　　2、這種危機的意義和教訓是什麼？

　　3、有否解脫危機的出路？

　　為什麼要由危機而致批判西方的文化？我想答案很明確，也很簡單。

　　首先，這種危機原本就是這種文化運動的必然結果，所以應該進行文化的批判。

　　其次，我們在今天的世界上已然發現了一種很怪異的現象，這便是，近代以來，全世界各地域社會中的專制統治一律受到了無情批判、討伐，有的社會甚至還會以革命、流血的方式去推翻獨裁專制統治。時至今日，專制者，不論其為何膚色、何體制、何種類，一概有如過街老鼠，不得人心。民風、世風變革之至，可謂亙古未有。專制統治的確可惡可恨，然而，拿任一專制統治與今日世界之經濟危機相比列，其禍亂之輕重，得失之小大、危害之淺深，恐怕任何稍有見識的人都能得出基本結論。不可理喻之處是，深受其害、其痛的全世界人民卻無有批判的意向。原因何在呢？主要的原因恐怕有二，一是它由西方文化和社會引發，

西方人自己缺乏深度的自我反省能力，其他人則被崇尚西方的心理所壓制，亦難以批判；二是，任何專制統治者都是具體的人或集團，即罪惡有具體的責任人，反之，這場金融和經濟危機我們很難找到具體的責任者，如前面引文所示，這場危機不是一個人、一群人、一個政府、一個集團造成的，而是人人有責的罪惡，如此之下，批判也就成了無的放矢了。難道真的沒有責任者嗎？非也。西方文化和社會機體是其直接責任者，是該認真反省和批判的時候了。

接下來，得盤算一下這種危機的教訓和意義。

西方文化長於工具理性和功利理性，故常能收到物利、制度的奇效，這樣的功效多能解決他文化所不能免除的困頓，此是其首要。

其次，西方文化最大限度地滿足且翻新著人類的慾望，予人性的負面顯現以充分的機會，這非常有利於人類對自我的認知、理解，可以說，人類若無對自我的負面極化理解，斷不能有真實的判斷和選擇。

再次，西方文化予世界以物化的定位，真實也不盡是壞事，它極有利於或最終有利於人類智慧對物（在）的真實把握、通悟。其邏輯在於，要想最大限度地「使物用於物」，必得有「解物」、「通物」的先導，一當人類對物有了真實的解、通，則真理會反過來教導人類，「使物用於物」祇是物的初級狀態，人類會不由自主地遞入「使物善於物」的境地。「使物善於物」是一「使物解物」、「使物化物」的過程。故知，物的極化，也是趨勢所在。

復次，西方文化長於建構、更長於解構，這說明它有短程糾錯功能的優勢。通常情形下，急功近利的解決方案也是人類理智的必由之路，它容易解決眉睫之急，也容易積累教訓並迴避過

錯，雖未免僥倖，卻也是無奈之舉。

批判也好，褒揚也好，目的是希望如何脫困。現在，我們來看看真正的出路何在。

前言，西方文化執一端而為，其實也是勢之所趨。農業文明中期的不幸遭遇，使它步入了一條祇能人為構築的他途。環境、條件的惡作，再加上人力作用，使它失去了自然本根的連綴和支持，結果祇能是斷根自為。為了生存下去，極盡功利、工具之能事，也是情理之中。故知，斷裂自然本根、人域特化，世界與社會的物化、點一子化，智慧理性的工具化、功利化，精神依託的他化等，是西方文化生成、發展、演繹的邏輯前件，也是其內質。

問題是，這樣的內質和預設是根本錯誤的。世界是自然本根的相化同構，人是自然本根的表現形式之一，它的所在、所為、所能、所向，不論其特化、異化何在，均不能有悖自然本根的意志，其所特、所異者，應在智慧者對這意志的體悟和創化，而非利得己私。理性是人類智慧的組成部份，它需要功利與工具的巧作去實現自我的自足，但更需要利他的善去參與世界的同構、互助、互養。這是一種需要平衡的狀態。或即說，「使物用於物」和「使物善於物」是人類同構世界的兩翼，它們的趨勢不是人類的此在自為，而是世界的「使物善於善」和「以善成善」。

這說明，世界是內部化的，沒有外在、他者。針對西方文化的斷裂本根、人域特化、世界的點一子化和物化、智慧的工具化和功利化、精神因的他化等內質特徵，便有了一種後現代的轉型需求。終極的境地是體用不二、天人合一，而當下，則有具體的場境和過程需要進入，這便是人類的公共化和自然化。

公共化的本質是人性的公共性稟賦，它是後顯於倫理性、理性而有的人性秉持，而非是突然才有的人性現象。公共性的要津在於，它能使倫理和理性的善無有界域的制限。而從前，個體、

氏族、種族、地域、群域、國家、人類等等，均曾是或先後是這種善的枷鎖和制限。公共性是化解諸般制限的酶質，它說明，人在本質上是公共的，如果沒有這樣的公共化的支持，人的存在將難以為繼。

今天，這樣的公共化框架已經搭建了許多。正面的如聯合國、國際組織、互聯網、國際貿易、國際金融體系、國際援助等，負面的如大規模的自然災害、網路病毒、金融和經濟危機、流行病、恐怖活動和國際犯罪、資源危機，等等。順便說一句，所有這些大多與西方文化有直接關係。不過，我們也得深刻認識到，這些公共化的框架還祗是形式，遠遠沒有顯現出公共性的內質。

原因在於，當下的公共化，仍然祗是為了應對各種危機、困境所臨時拼湊的初級形式，或者是技術創新所出現的簡單承載形式。對前者言，主體的被動是其障礙所在；對後者言，「使物用於物」已為羈絆。因此，需要有使主體相對化，使人漸至為公共化的載體的過渡；同樣也需要變化「使物用於物」的功利、工具邏輯，漸進而為「使物善於物」的價值理性。最後，方可承接起人類智慧的性智之境，而唯有性智覺，才能顯出真正的公共性、公共化之局，並有導向自然化的前景。

說了許多，回到本文正題，金融危機、經濟危機解脫的真正出路，是要化除當下犬牙林立的主體界域，制限功利理性、工具理性的極端化，改變存在的生存觀念，建構公共社會、實現公共化的人生價值。

二〇〇九年一月十二日◎

90.善是什麼？我們一直有很多的爭論。其實，善是文明與文化的根本驅力，而於此，我們以前理解得並不透徹。

善由兩種主要的方式獲得，一是靈感、直覺、頓悟的性智覺；二是經驗，利得的理性（智）選擇。大體上，東西方文化的差異其主流處約在於此。

東方文化或東方哲學常能於此處直接善的本根，或善的終極，這便是人的公共化、自然化。而公共化、自然化恰是人之所以為人的同質化、同型化的質要所在。依各自為在、攝養以為在的邏輯，個體、群體、地域之類是特定的。動物之所以是動物，便是這樣的特定它們無力改變，於是，祗好長此以往，苟營其動物本能。人類則不然，他的智慧告訴他，要想獲取更好的利得，必得改變這樣的特定，以期有較大範圍的合作、協調。這便成為了一種做人始有的原始驅力。

不過，這一過程的開始，自然的本能仍然在方式上佔有優勢地位。比如，首先是雄性的佔有本能和強者優先原則慫恿了這種消解特定性的緣起；而其次，接續而至的必然是搏殺、戰爭。於是，暴力的消解方式便成了人類開始消解其特定性的優先和有效手段。當然，這樣的消解完全是盲動的，沒有任何人有絲毫先見的自覺，直至最近，歷史學家、思想家們去總結人類歷史、文化時，亦未能做出這樣的評價。此，正是農業文明中期以來，何以人類要以暴力、戰爭來表達其歷史和行為方式的原因所在。

過度的戰爭、暴力，導致了人類世界的混亂和無序，局部地區甚至有可能處在了毀亡的狀態中。於是，人類智慧必得要行救濟、拯救之法，正是基於此一需求，精神文明、制度文明始出現了重大轉向，人類歷史也因之由混亂過渡期進入了建構的古典時代。

　　古典時代是救濟和建構的時代，它的要義在於，人類開始從知識上、文化上、精神上、道德上建構同型化、同質化的範疇、概念、原則、規則，以消除因為種群、族群、地域諸各別經驗所導致的衝突和紛爭。這是因為，不少思想家（如孔子）認為，對善的各別式理解，是產生衝突（即惡）的根本原因，所以他們要建構出普遍的善（如仁、誠、善、理念之類），當人們都認同了這種普遍的善之後，行為就會被這種善所制限、引導，於是，社會便會同質化，紛爭、衝突即可化解。有一個時期，這樣的建構處在了顛峰狀態，後人把它稱為「軸心時代」。所謂「軸心時代」，其實就是上述建構最為成熟和成功的時期。不過，如前所說，即便是「軸心時代」的思想家、哲人，如老子、孔子、蘇格拉底、釋迦牟尼者，依然沒有推動人類同質化、同型化的自覺，至少主觀上，他們的動機仍然在消除衝突、紛爭諸惡行上，充其量，推動人類的同質化、同型化祇是附帶出來的結果。若孔子的聖人、大同社會、天下一人而已矣，道家的真人說，佛家的非人說之類，無不如此。

　　說及人類同質化、同型化的建構，還有一值得甄別處，這便是因為地域、種群、生存方式諸差異，決定了地域性的文化體系建構的差別。各種差別的實質在於，人類有了不同方式和路徑的同質化、同型化建構。前述的兩種主要方式，可視為這種差異建構的代表。

　　文明帶東段或東方文化，其自然環境較有利於純農業文明的生成和發育，以致人們得尊重和效仿自然；或者如印度那樣，自然環境的過分嚴酷，亦迫使了人們最終祇得順從和承載自然。總之，東方的人類都保持了對自然的崇尚心態，並最終擺脫了原始自然神的簡陋，抽象出了自然神的本根，亦進而使其義理化，有了豐富多彩的義理自然神體系。在這樣的體系中，其首要者，便

是本根倫理，即善的本體化和善的廣普化。

　　本根倫理是性智覺的成就和終極，它的出現，意味著文化和文明體系的倫理化走向。這種走向非常強勢，它會使一切都打上倫理的烙印，並服從倫理的制限。若政治統治，東方是典型的農業社會，其政治形態通常祇能是君制獨裁式的，然而在中國，這樣的專制獨裁卻不可能絕對成立，除非它被倫理化，並承擔倫理的責任，否則難以存續繼往。正是這樣的本根倫理決定了中國哲人在思考人類的同質化和同型化去往時，緊緊咬住了人的倫理同化、善好同一的要害，建構了道德理想主義的同質化、同型化體系。

　　大要言，這是一種直奔主題的智慧方式，在東方特別有認同感。雖則有儒、道、印、釋諸家倫理的差別，可其人要其實非常近似。

　　儒家說，人性本善，這是善本根的抓握，而後，通過修身、養性的生命心性的養育過程和方式，可致使人成為君子、聖人，而社會則至大同一人、天人合一，是以達到了同質化、同型化的終結：成己、成人、成物、成天。

　　道家說，人本自然，得自然而然，放棄贅疣的人為造作，可至真人之境，可與自然同化、為一，直示本根倫理的同質化、同型化主張。

　　印度教義及佛家說，世界由之本根大梵、神我，諸在及人類祇是這本根的形式、外化，是歪曲和孽顯，故有歷劫迂迴，放棄歪曲、自我的必然，而其終，則是證成大梵的絕對。這說明，在、自我、慾望、智慧之類，均是特定，唯有神我、大梵才是同質化的終極。

　　這些直奔主題的思想體系，有其靈智的高妙和超越，確乎非同尋常，但它們亦有過於倚重精神造化的偏頗，對在之在、在之

成、在之去、在之用未有積極安頓，致使有了空疏、飄虛的事實。

以此為意，反觀文明帶西段，則大有別致。

文明帶西段，其地理環境非常不利於純農業文明的發育和完善，故幾乎從一開始就改變了農業生存─農業帝國─農業文化的發展路徑。這種改變的結局是，人們的生存變得異常困厄。廣普化的生存壓力不僅使生存方式多樣化，如在農業生存之外，先後開發出了手工業、商業、畜牧業諸方式，而且更為重要的是，它塑造了新的精神心性、價值觀念、社群結構、制度體系。其要者在於，強大的生存壓力，終至社會的強盜化，而強盜化復加劇了生存壓力。惡性循環之中，人們之於生存的理解及其責任意識也因之轉化：在不可能更多地承擔社會化責任的前提下，出現了責任收縮的必然；一當責任意識祇可及於自我或充其量的家庭之時，強大的邊界觀念便成了社會的基設性觀念和行為預設。

現在，邊界切斷了自我（家庭）與人類的關聯。以此為緣起和預設，它有了兩種邏輯可能性。其一，這樣的切斷，使自我成了世界的一切：世界失落，自我膨脹。於是，自我（此群）與彼群成了敵對、競爭者，進而的延展還有，人與自然世界、自然本根的關聯、同一，也被悄然切割，自我變成了孤立、漂出、絕對的世界。結果是，一種以自我為中心失去了自然本根綴繫的文化體系開始生成。可說，這是一種斷根、以自我為中心，且主要為功利所左右的文化，有人說是「異在性」的文化。

其二，當外部世界的強盜化壓力過大時，孤立個體（最狹義的自我）的生存實際上是不可能的，無奈之下，諸自我祇得做出調整和妥協，以自然給出的固有方式（宗親群體）聯合起來，這便出現了人類社會中的新興實體：生存共同體──城邦。城邦是文明帶西段強盜社會的特產，它是強大的生存壓力所致的結果。它的預設前提便是上言的家庭自我，其代表者即家父。這種自我

切斷了與外部世界的責任關係之後，本欲自為延續，無奈過大的壓力迫使它難以承受，幾乎無有生存的可能性，為此，它們祗有另尋生路。在所有的可能性中，若干同宗家庭聯合起來，是最有可能的選擇。這便是城邦出現的物理原因。

然而，已然切斷了自我外延責任的自我（家父）之間，不可能建構出無限親合關係的共同體，這樣的聯合祗能是有限責任，即關及生存的聯合，而非關及生命內質的聯合。為此，必須要有制度的設計，以便框限自我、共同體，否則，這樣的共同體是難以為繼的。現在，經過制度的定義，自我、共同體均獲得了新的稱謂和意義，由是開啟了文明帶西段制度文明及精神文化的新旅。

這種制度體系可名之為「主體構成性法律體系」。它是說，從前自然狀態中的自我（家父）獲得了一個特定的名稱：主體；主體之所共同者，即城邦，或稱家父共同體。

主體，即主張之體、主意之體、自我之體，是一種由法律制度設計出來的特權者的稱謂。與它相對應，它的外部世界一律為物，而不論其為人還是真的是物。這種思路和設計，首先是最大限度地保障了切斷無限責任之後的自我的特性，使之可以對外為所欲為；其次是確立了主體之間的平權、平等關係，為共同體的內部同意、同態預設了基礎。

邏輯上講，主體的制度和概念是文明帶西段社會切斷自然本根之後，人為構築之世界的原點。其意義在於，主體是世界構成的原因，城邦由之發生，制度因之生成，意識形態亦得以成立。故知，理解西方文化必得由此處開得。可以說，西方文化中的自然哲學之於世界的物理解與此有內質性關聯。在那裡，世界是點—子的集聚，人與自然世界構成外在的主客關係，自然世界於人祗有功利和研究興趣的價值；而此處，社會是主體的聯合，主體之外，均為可佔有之物。人與物是對抗、衝突關係，物祗有

佔有、使用、支配的價值。所以,在西方祇有物理學、社會學、政治學、法學,以及切斷自然本根之後,為解決精神信仰而人為設置的宗教神論,而無有融世界於同一的心身性命之學,更無成己、成人、成物、成天之學。

那麼,文明帶西段的文化理路如此強勢地主張分割、自我,是否不會導出同質化、同型化的人類結局呢?回答是否定的。其詭譎在於,主體這一精心設計的分割自我與社會、世界的名謂,恰恰具有著物理性的同質化、同型化的驅力,最終,被消解掉的不是世界,而是人為狀態的自我。

（此篇暫止,以後待補）◎

91.印度社會和文化中，有許多可怪之處。比如，從前2500年～前3世紀孔雀王朝的建立，印度有近2200年的極低潮的社會、文化狀態，中間祇有吠陀及奧義書的精神體系建構，以及所謂前7世紀後出現的16個大王國，然後便是孔雀王朝的興起。那麼，何以會突地興起孔雀王朝呢？著實令人思量。

以下數說，或許可解一二。

一曰，16個大王國的存在提供了社會基礎，特別是摩揭陀王國的興盛，可謂直接肇來了孔雀王朝；

二曰，鐵器武器的出現，不過，這一條不能算充足理由，因為地球上不乏鐵器出現前就有大帝國的先例；

三曰，居魯士、大流士的波斯帝國的出現，並有對印度的入侵前例，有啟發的意義；

四曰，亞歷山大的入侵，對旃陀羅笈多有直接的榜樣作用。

諸說不無道理，不過，竊以為似乎尚有欠缺，某些隱約的原由還有待揭示。

那該是什麼呢？佛教的興起？此說似乎有點不沾邊，其實未必。

印度原來是自然而然的社會，所以，孔雀帝國出現前，它基本上處於部落或部落王國的狀態，大抵上很難有自發生成帝國的可能性。對這樣的社會言，佛教的興起，恰有文化與社會觀念突破的意義。

佛教首先把印度的智慧修煉事業和方式變成了一種宗教式的群眾運動，這改變了智慧（吠陀）修煉的方向；

其次，釋創新建立了僧伽團，這便破天荒地出現了組織化的宗教運動，可說這是有組織地改變社會運動在印度的開始（亦是改變人類世界的開始）；

再次，佛教重視儀式和符圖的象徵意義（原本是為了網羅民眾），大有修飾之企圖，不料卻引發了所謂藝術文化及奢華之風，從此，一改印度自然而然的本色，改行了修飾之路。考歷史可知，佛教正是利用了人們的安全、舒服、渴望超越之類好的心理感受條件，開始了一種精神專制體系的建構，並以此坐大的。所以，它很容易與社會、政治樣態的專制體制發生關聯，並助養生長、發展（摩揭陀幾乎與悉達多同步成長）。大乘佛教（前4世紀）形成後，這樣的趨勢更加明顯。

佛教出世後，印度原來的不事鋪張的「土朴文化」被改弦易轍（土朴文化，即無視藝術之價值，以自然本身為出脫所在的文化），為了佛教的普及和影響，出現了誇張的修飾需求，進而便有了孔雀王朝以後的藝術（繪畫、建築等）和各種誇張之事。主觀上，似乎不可說佛教就是政治專制主義及體制本身，可客觀上，它太容易與之同流並行。特別是容易與強大帝國合流，如中國的漢、唐帝國。這是極應令人思考的現象。

附：印度的外來入侵

不計算西元前2000年以前的雅利安人和達羅毗奈人的進入，共有12次之多。

1、前6世紀，波斯帝國進入印度河（前518年前後）；

2、前327～前324，亞歷山大入侵印度；

3、前3世紀，希臘統治者始進入印度，至前130年，米南德統治；

4、前94～22年，中亞賽卡人統治印度（月氏人）；

5、1～3世紀，貴霜帝國建立（月氏人）；

6、6世紀，匈奴人的中亞帝國（滅笈多，啟動離心力，中亞部落遷入）；

7、711年，阿拉伯人征服信德；

　　8、1000年，中亞突厥人馬茂德入侵；

　　9、1206～1526，突厥人建立德里蘇丹國（1206～1398），後為分裂獨立的蘇丹國；

　　10、1398，帖木兒毀滅德里；

　　11、16～18世紀，莫臥兒王朝（蒙古人）；

　　12、16～20世紀，歐洲人進入。

　　又附：

　　佛教之為有二法：一是從俗、從眾，與之匯合；二是極致化然後解構之（以俗去俗）。政治為俗，它便慫恿政治，藝術俗，它便誇張藝術，人俗，它便雕琢大佛，手俗，它便出千手觀音……如此之類，得眾心所喜。然後，它以極端之法，使所俗一概登峰造極，直至俗者心慚志墮，從而解構之。於是，便有自我而神我的路徑，便有因智慧而去智的迂迴。俗者，劫也，業也，相也，既有，得從之；從者，迂迴也；經迂迴而有佛、梵之終極，是為佛教之成功處（以智去智）。◎

92.諾斯替信仰,或諾斯替運動,或諾斯替宗教有許多值得思考處。非常明顯,它受到了印度教,特別是佛教的影響,但其修正和改變較大;同時還有伊朗瑣羅亞斯德教的痕跡;此外,它還是基督教的變種;並對希臘思想有反面意義的借鑒。

大要言,它是希臘化時期,東西方思想文化交會的變形產物。

首先,它有一個真神和自我的世界譜系,這明顯地有印度人的大梵與自我的搬借,所不同的是,印度人的大梵與自我是本原與形式的關係,因為形式的表象化而致自我的殘缺、錯惡,所以,自我得返還大梵,以實現世界的完善;而諾斯替的改變則在於,在真神和自我(普紐瑪)之間,加入了宇宙,它是外在於真神和自我,並囚禁自我於其中的黑暗、反動、異在的世界,是全部罪惡、不合理的原因之所在,亦不為真神所造。這樣,自我對真神的返還,就不若印度教、佛教那樣,是形式對本原的回歸,抑或世界對本原的回歸,而是從失落的異鄉的回歸。這樣的回歸不僅取決於真神的召喚和自我的覺醒,還取決於宇宙對自我的囚禁狀態,而這樣的狀態,在很大程度上,真神與自我都是無能為力的。可見,東方哲學中的一元或混元性,在諾斯替信仰中被解析為了三元論:真神、宇宙、自我。於是,不僅有自我與神的對抗,更有宇宙與神、宇宙與自我的對抗,神與自我的對抗。世界之斷裂如此,可見一斑。據經驗已知,斷裂世界、二元或多元化是西方文化之痼疾。以此亦知,大神與自我的思想在西進過程中,被西化改造了。

其次,真神,其實即是基督之上帝,因為宇宙本身也有一個創造者,這個創造者被他們呼之為假神,所以便有了真神的說法。這個真神不僅有一個外在於它,不為它所締造、控制的宇宙存在,而且還讓自己的靈失落掉進了宇宙(物質世界)的深淵。更嚴酷的是,它完全無力去直接拯救這個失落者,祇能通過召喚

的方式，讓自我自己從深淵中逃出來。其中的悖論是，萬能的神無力奈何宇宙，而神的失落者又如何去擺脫宇宙呢？這是一個在諾斯替信仰中未曾證明的問題。他們充其量說及了虛無（縱慾）主義和禁慾主義的兩個套路，未有任何建議性的方案。這固然與他們的反宇宙立場有關，但問題該如何解決呢？實在不知所以。此處還不如基督教，有德性的救濟之法，可略保一二。

此外，在對神的稱謂上，諾斯替人仍保有強烈的西方文化特點，他們將其稱為「父」。這明顯地有強盜社會的文化指意。

再次，在印度文化中，自我返還神我、大梵的方式，是一種性智的覺悟，它是虛化形殘、形式，解脫自我的特定智慧，與人們常言的理智、感覺智完全不同質，且是專門針對理智、感覺智，並空去之的智慧。說它是一種知識，大體是就其克服的對象為知識而言的。其實它並非知識，而是自我與大梵的同一不二。

很顯然，「諾斯」作為知識的概念，是受了印度文化中這種特定知識影響的，祇惜，在借鑒之中，有了西方化的歪曲或篡改。其一是尋常的西方人（包括哲學家在內），他們並不知曉性智為何物，簡單地將其類同於理智，使之平俗化，以至不得其然，更不知所以然；其二是諾斯替人自己，他們在引進這個特定概念時，似乎把握了其中的特定性，但卻將用意作了改變；讓覺悟的同一不二、自我的解脫，等同了西方文化中的拯救、召喚、福音，於是，性智的內化自足，變成了外部的拉扯。這樣，「諾斯」在西方便變成了一種不可理喻的怪異現象，為常人所不解。它既不是理智知識，亦非性智覺悟，而成為了外在與此在之間的牽扯力量，缺失了主觀能動的意義和價值。

復次，約納斯認為，諾斯替運動與存在主義有很大的緣起的共通性，即自我之於世界的孤獨、恐懼的反思。的確，這是一個非常有見地的觀點，它在現象上說明了西方文化的同質性：一個

哥白尼以後因現代化所產生的對物理世界的孤獨、恐懼，與宗教神尚未完全佔據人們心靈的西亞世界的孤單、恐懼，有著相同的心理企盼——如何給自己一點慰藉。然而，約納斯的評論並未得實。

　　竊以為，西方文化演化的過程中，常有孤獨和恐懼感，非祇是哥白尼、量子論之類的物理學所引發的包括存在主義在內的現代性危機。這樣的危機在不同的時空狀態下，會有不同方式的同質化表達。比如原神體系崩潰後的精神危機，依然是強大的心理孤獨和恐懼的結果。問題不在於西方會經常有這樣的孤獨和恐懼感，而在於為什麼會有這樣的群域性心理痼疾。

　　這種原因的尋找，非是西方人所能的，無論柏拉圖，還是約納斯。問題正出在農業文明中期，文明帶西段社會出現了強盜化的惡劣生存環境，而強盜化的文化結果之最大者，是斷裂自然本根、自我漂流。從此，人域、群域特化、人為化。問題是，且不說強盜社會嚴酷的生存環境讓人難以承受，縱令沒有這樣的嚴酷，人自身的不完整、不完善、低能諸般狀態，也不能令當下之人完全自主、自立。因之，斷裂自然本根，即意味著群域性孤獨、恐懼的開始。這樣的孤獨、恐懼正是西方文化源發的重要前件之一。宗教之為宗教，即在於孤獨、恐懼中的人們試圖用人為製造背景依賴的方式，去消除這樣的孤獨、恐懼。故知，宗教神論與東方的自然神論本質功能是不類同的。東方的本原性追尋，是回歸與完善，而西方的上帝設定，是為了解決失去本根後，安撫孤獨、恐懼的拯救。諾斯替信仰這種源發於東方的思想，一當它進入西方群域之後，便不得不改變初衷，服從西方的孤獨、恐懼邏輯，結果是使其變種、變態，成了西方的異類，東方的棄兒。

　　諾斯替興起之時，正是基督教傳道的初期。此時的文明帶西段社會正經歷了漫長的原神體系崩潰後的等待期，其中，摩西

創立的猶太教對猶太人有了一種初始的安頓，希臘哲人創立的道德理性主義哲學及自然哲學和主體城邦制亦有局部安頓的意義。然而，這樣的點狀安頓，不足以撫慰已完全強盜化了的文明帶西段，絕多的人仍然生活在巨大的孤獨和恐懼之中，故需要更普及性的安頓之法。基督教正是在這樣的背景下應世而出的。它利用猶太教的原創理念，試圖使宗教神成為全體西段社會共有的信仰和孤獨、恐懼的告慰。猶太教、希臘哲學及制度、基督教所為，的確原為神退去後的西方社會提供了相當的安慰和背景依賴，它們是地道的西方式的。問題是，這樣的「地道」還必須要受到一些干擾和影響。這些影響來自於印度和伊朗的義理化的自然神論。印度且不說（後來印度受到了反向的干擾和影響亦不在此處討論），就伊朗言，它的原始文化有著強烈的自然神論傾向，可說幾乎與印度的原狀文化無異（是否為雅利安人的特出，有待思考）。可後來的伊朗社會及其文化卻大謬不然，它被迫納入了西方文化的領域。然而，伊朗的原狀文化要素並沒有消亡，而是繼續存在著，這樣，當基督教開始在地中海和西亞傳播之時，它便有了新生的機會。這種新生是東方式失落後的回應，它以更徹底的方式去分裂世界，以更深刻的思想去解構群域性的心理孤獨和恐懼。可說，這便是諾斯替信仰緣起的事由。

　　由此可知，群域性的心理孤獨和恐懼是西方文化肇起和演繹的重要前提。它不停地製造現代性現象，又不停地人為建構拯救和福音的信仰及知識體系。所謂群域性心理孤獨、恐懼，或群域性心理痼疾，是文明帶西段社會的必然歷史結果。其原因已如前述：強盜社會所導使的自然本根斷裂，讓人域成為了漂泊和特例。當這種終極性的綴繫斷裂之後，又碰巧人還是精神性動物，它無法在沒有背景的狀態中生活，它必得要有解釋和說法才能生活，於是，因斷裂和缺失的雙重原因，必致出現群體全體性的心理孤獨感和進而的恐懼感。而在這樣的社會場景中，任何救濟之

法均乃人為所致。而人為，恰有先天不完整、不充分的缺陷，一當情勢變化，或心智精明，或物利寬裕，或體制合理，或物理進步，定會衝擊前此的救濟體系和信仰範式，當然的結果便是反抗、祛魅、懷疑之類的現代性興起，以至最後和最近，人們祇能以解說存在、人道、自我為樂，而實為孤獨、恐懼的極致。存在主義即自我主義。

概括西方文化的心路歷程，可約之如下：

地理環境、人種及種族構成、經濟方式諸原初條件有諸多缺省或特異或複雜化的狀態，以致農業文明的發育不充分或不全面或不普及。

至農業文明中期，農業的殘缺引發了衝突與掠奪，而地理環境上的放任及種族構成的複雜化、多樣化，更加劇了這樣的衝突和生命競爭的惡化，以致最終形成了強盜社會。

社會的強盜化，極大地加強了生存的風險和壓力，以至出現了生存責任的加重，過重的生存責任，致使人們必致責任的收縮和放棄，或責任無能狀態；同時，責任的收縮亦有利於人們放手其強盜行徑而不至有心理壓力或倫理負擔，於是，責任收縮和強盜行徑反向增長，以至極致化，最終斷裂了人與自然的內在關聯關係，以及此群與彼群的同類關聯關係，直至自然本根的斷裂。

自然本根的斷裂，是人域漂離、特化的開始，現在，沒有自然本根綴繫和哺養的人域，必得自為、自持、自立，而問題是，彼時至今的人類，尚無有這樣的能力和心智，其後果將會是一團糟，使人域之事更加複雜化。

強盜社會中，既有人與自然的衝突（這樣衝突的後果很晚才表現出來），也有人與人的衝突，它包括族群之間、也包括個體之間，無數的衝突之後，除了絕多的種群毀滅消亡之外，存活的群體最終亦分出了強者和弱者的陣營。

　　稍加甄別，我們會注意到這兩者的文化建構實是有差異的。大要言，強者文化在前期佔有主導地位，這由原神體系的成立可知，他們信奉力能主義觀念，堅持用暴力去面對自我之外的世界，在獲得穩定的成功之後，才開始有了一種新的文化運動，這便是理性思維的出現。而理性之所以在強盜中生成，主要原因是族群內部合作的需要。當必得用暴力去衝撞外部世界之時，強盜內部的合作有效便成為了必須面對的問題，結果使具有親緣關係的強盜之間祗有以妥協方式行事，最終便有了後世所稱道的理性：合理的判斷與選擇能力及方式。對強者強盜言，這種理性成為文化現象並最終具出文化結局的成就便是希臘文化，它由三大部份所組成：道德理性主義哲學，點—子化的物理學、主體構成性的法律體系。這種文化的重心在於，強者心性的舒張和對他者的進擊性，故能營造較好的群體生存氛圍，同時獲得較多的物利好處，不過，它所隱藏的問題亦非常嚴重，祗是在前期難以暴露出來。

　　強盜社會中的弱者所為則又是一番景態。弱者是被強者擊敗後的人群，他們沒有家園、土地、財富，生存艱困、生命無保證，失敗、失落、被拋棄、孤獨、恐懼是他們的心理所有。與強者剔除原始自然神之後，即時翻新了原神系譜並依賴之不同，弱者先是被剝奪了自己的原始自然神，而後又被迫接受強者的原神體系，這首先在他們之中造就了孤獨和拋棄感，以及隨之而有的恐懼感。為了生存下去，他們亦得營造文化體系，以安慰、安撫孤獨又恐懼的心靈，以抵禦強者的原神壓迫。最終，他們亦完成了這樣的建構。這便是猶太人率先成立的宗教神體系：猶太教。

　　不幸的是，受原神統治，崇尚力能主義和英雄崇拜的強者文化最後卻被自身的心性和暴力邏輯所擊垮，原神體系崩潰了。強者依然存在，如羅馬帝國，但現在的強者成了沒有信仰和精神

依賴的赤裸裸的強者，是外強中乾的強者，沒有神助的強者；與此同時，弱者的範圍和人數卻在急劇增加（隨著羅馬帝國的擴張），弱者反而成了數量上的強勢環境。於是，在這樣強者的統治之下，孤獨、失落、被拋棄、恐懼的心理得以漫延、廣普，最終淹沒了所有強者的自信和舒張，演繹出了群域性心理（自我）孤獨恐懼症。這便是基督教得以成立和昌盛的社會和群域心理前提。後來，亞洲入侵者的進入和羅馬帝國的滅亡，更加強化了這種群域性心理孤獨恐懼症。至此，西方文化斷裂自然本根後，初始所表現出來的強者、弱者分別營造的文化體系，或生存支持、解釋體系終於消解了各自的邊界，融合為一了。滿足安慰孤獨、恐懼的宗教文化掩蓋者一切，人們在惶惶的不安中苦渡著人生。其中，諾斯替信仰是這一文化現象中的極端者，它以最大可能分裂一切可分裂的東西，以此來滿足孤獨者的孤獨。

　　歐洲終於安頓在了惶恐的信仰之中，伊斯蘭教的興起，格局再一次被打破，精神對抗的由頭再次成立了。其間，強盜心性又有了孕育的空間，新的強者們試圖去尋找古代強者的精神依賴和文化體系，所謂文藝復興開始了。在這一內部重構的過程中，哥白尼、哥倫布、瓦特們再次為強盜們提供了行為的依據和憑藉。現在，他們可以搶劫和騷擾全世界；一當工業革命成功，所有的條件再次具備：工具化的力能主義、自我的宇宙級膨脹。於是，道德理想主義哲學、主體構成性法律體系、功利化的自然科學再次獲得突破，共同承載起了「安內攘外」的使命。康德、黑格爾的哲學，人權、自由、平等、憲政體制，牛頓、伽利略的古典物理學等等，是這種強者文化的現代版，它們共同把「自我」張揚到了可能的極限。18世紀的理性主義，19世紀的科學革命尚未演完自己的輝煌劇目，20世紀卻迎頭撞上了解構主義的浪潮。隨著

量子論、相對論的問世（此前的帕斯卡、笛卡爾、尼采等人已有
了這樣的先見之感），幾乎征服了全世界的歐洲強盜們突然間感
覺到被拋進了無限與絕對的客觀之中，於是，由主觀感覺所主導
的自我再次面臨了孤獨、失落、恐懼的包圍，不知所以，不知所
往，不知所在。於是，經過短暫的宗教信仰安撫之後，更強勢的
群域性自我孤獨症再次爆發出來，以現象學、存在主義為理論基
礎的現代的現代性由是出現。

　　很顯然，斷根是西方文化開啟和演繹的總原因，不過從建
構的進路上講，它可分別為兩條路線。其一是生存重壓所致的功
利主義幾乎主宰了所有的西方外部文化或表象文化：使物用於
物；其二則是，上面說及的群域性自我孤獨恐懼症迫使人們不停
地建構人為的依賴體系，又不停地解構這樣的人為解釋體系，直
至最後自我的極致化。自我的孤獨與絕對，滿足了人們慾望的開
展，卻失去了自我的憑藉。這便是西方文化的致命矛盾所在。宗
教的救濟、拯救早已無能為力；而主體構成性法律體系的安頓也
祗是表面，無能解決問題的全部；功利主義，以及受功利主義支
配的大功利生存解釋體系雖有相當的滿足功效，卻難以解決價值
問題。至此，西方文化已完成了兩方面的重大建構，一是充分滿
足了「使物用於物」的功利主義邏輯；二是徹底地解析了自我的
因為所以，以致自我的虛化。這意味著，經過文化的心路歷程之
後，它終於必須要重新面對真正的終極問題；接續斷根，再造
文化。

　　其實，這不祗是西方社會和文化的轉型問題，亦是全人類的
重新定位和價值再現問題。人之所以為人，肯定不是用特殊的大
腦去滿足生存而已，那是天大的浪費，滿足生存根本無須大腦，
小腦和神經系統足矣。人之所以為人，肯定也不在於同類之間為

了感覺而競爭、打鬥、拼殺，甚至文化衝突，廣袤之下、彈丸之上的同類相爭，是生物性的窩裡鬥，不足為文化理想，相反，過往的打鬥、爭吵、搏擊、界域等等，都應該理解為人之所以為人的自足歷程和歷煉，它祗是為人的準備和操練，而非終結。人之所以為人，還當是體悟和覺悟，通過以物解物、以物化物之法和經歷，去成就成己、成人、成物、成天的責任和使命，去實現以善養善、同一不二。使物用於物→使物善於物→使物善於善，這是我們無法避免的人命邏輯，它由本根倫理所決定，非是自我的感覺所能逆轉。所謂天命所向，即此。◎

93.嘗說世界的全義。何謂全義？即體相用同一不二之義。

世界之全義，由體所推之，相所轉之，在所載之。這一推二轉三載便引出了許多問題。

在本是載義的，無奈各自為在，且得攝養以為在，而所攝之養又諸多在化，故復得攝在為養。這便使載義之為轉變成了諸在的衝突、對抗、紛爭之為，反致其當載之義隱中不發。此外，各自為在，也是對全義的分殊。即在之各自，慣於以慣用之法去理解世界的意義，結果是，全義隱諸幕後，人們祇能見著、感覺著直接及與自我有關的意義，這便導出了世界的歧義、殊義。而其實，這樣的暫且與歧義、殊義，並非真實，它祇是過程中的現象或表象，可以理解、持待，不可執著。因為，在必然，也祇有去認同、理解世界的全義，方可為在，否則，在則為之不繼。全義的真實，而歧義、殊義的假妄，猶若體的真實與在的虛假一樣；也若諸在得還原為體一樣，諸在均有趨真、去假的原性衝動，有認同、理解全義的必然意志。

當然，趨真去假是過程性的，也是漸行漸進的。這與各自為在的界域有關。在是各自的，它由界域來框限。所謂歧義之說，即世界的全義被這在的界域分解、分割。本來，分解者亦是全義，唯其在界域的狀態中或條件下，它變異為了各自的殊義，祇對界域有意義和價值。故知，其所分割者，非是全義本身，而是界域對全義的限制，歪曲。此意味著，在若得認同、理解世界的全義，首先得破除各自的界域。破得一界域方得趨真一階位；一當破除了所有的界域，世界的全義便自顯無遺。

然而，破除界域有能力問題，其原因乃在於諸相所同構的在有量維和方式的差異，這樣的差異決定了諸在的能動、潛能。有的在能夠經由漸聚的能覺去認同世界的全義、本體，有的則不能。這種能與不能正好具出了階位結構。同構之相維更合理、恰

當者,其能動能力更強,以致可以具出理智能力,甚或性智能力,而有不同瑕疵者,則祗能有感覺智,甚或感覺、本能,甚至更低級。不過,具有是一回事,覺悟則又是一回事。即是說,具有不等於具出。具出者,得聚、攝、歷、斂、煉、化、成,經過這樣的過程和出脫,方有可能破解界域的制限、束縛,而有全義的認同、理解、把握。

是以,我們之於全義,祗是具有認同的可能性,而尚無認同的現實性。這便是人之所以為人的要義所在。◎

94.海德格爾認為，自我是被「拋入」「這個」世界之中的，所以自我是外在者，世界是異鄉，自我因而也是寄居者，孤獨者。同時他又認為，自我是理解者，世界是被理解物、存在物，即自我是存在物的理解者。所謂存在並非指存在物，而是指存在物的理解者，即自我，故又說自我是「此在」。自我或此在為什麼要理解世界或存在物呢？這是孤獨者、異鄉客的求生本能，他必須要去理解環境。這說明此在是一主動者、感覺者，他有理解的能力。至於他為什麼有理解能力，海氏歸之於經驗（即作為），是經驗積累的結果。而經驗又是歷史性的，所以，此在的理解非是當下靜態的理解，而是時間過程的理解（這是他區別於笛卡爾之處）。也即是說，此在祇有在時間過程中才能理解存在物。這就是存在與時間。

至於為什麼此在要去理解存在物，原因是此在之試圖解決孤獨、異在問題。結果又如何呢？很不理想，猶如林中行路，永遠祇有迷失與無著。而這原因的原因則在於，他試圖拿此在解釋此在本身，永遠無解。

許多根本問題在海氏哲學中並沒有解釋，如自我被「拋入」「這個世界」之中，是誰「拋入」，或誰是拋者？自我或此在為什麼具有理解能力？僅僅是經驗的積累嗎？就算是經驗的積累，那麼，第一經驗又是如何得來？為什麼存在物沒有這樣的經驗？猴子為什麼沒有這樣的經驗和理解能力？或者換言之，他說「作為」構成為自我，並開啟了可理解性，那麼「作為」又何來？石頭的作為亦構成自我嗎？存在即理解的存在者，理解即存在的本質，與「我思故我在」其實為一，所不同的祇在於，海氏冠以了時間這一過程性的外套。為什麼存在的時間才有這樣的特殊意義，其他的時間呢？

　　如果沒有這些問題的答案，大約祇能說，海德格爾的存在、時間、理解、經驗、作為……所有這些概念和名詞全部是斷裂世界後所成立的，他的哲學或存在主義哲學祇是絕對自我中心主義的哲學。為了這個獨特的自我，他可以無視「此在」之外的任何他者，包括此在的來源和去向。這是一種西方斷根文化所慣常的思路和方法，所不同的祇是，若柏拉圖之類，還盡力去聯綴這個自我與某種假想原因的關係，而存在主義者，若薩特，則直接視存在（自我）以外為虛無、沒有，可以無視、無顧、無及、無想，祇滿足自我的「過家家」遊戲，將斷根文化徹底化，將自我絕對化，讓孤獨的自我無限放大，以求消除被「拋入」的恐懼、張皇。故說，存在主義即自我中心主義。比較薩特，海德格爾算是偉大的存在主義者，他畢竟有時間作為存在的承載，這樣的結果客觀上可導致一種解釋：存在在時間中是連貫的，因此也有了意義和價值的可描述性。這也算是一種斷根文化的解釋。

　　這個主義或哲學以自我的感覺為論題的起點，並建構核心主題，卻又用物理的方式和理路去解釋感覺的對象和世界，去固化自我和感覺，不能將感覺轉化為性智覺，化除自我，剔除感覺，以達於自然本根，體用不二。所以，他們有起點和理路的雙重過錯，難以自拔，難以真實，難以前行。不過，其所說，終於將西方文化的理路邏輯推到極致，總算了卻了幾千年來的一種文化心理之意願，撐到了歷史邏輯的南牆，亦算是哀功有慶。

　　西方文化必得返還自然本根，以歧路所得之經歷及物理、功利、自我之資源，去接續自然本根，重塑人類文化大觀，是其願。

　　　　　　　　　　（太陽正好此時出來，照耀在此）◎

95.宋儒言：存天理，滅人慾。俗世多嗤之以妄言；其極者，則奮力批判之，以為胡說八道之論。且不說東方文化之根系所綴由，靜觀西方文化及社會的所由來與去往的邏輯，無法不堅信，此論之大、要之至，實在是亙古難改之本願。

　　人慾者，己私所嚮往也，由之構造的本能與經驗，智識的積累、開拓。若再尋之以遠，可究之在界的先天缺陷所在：各自為在、攝養以為在。此意昭之即是：首先，慾求為在界所具有，是在之為在的廣普屬性，然在，卻祇是世界之有限與局部，非世界之完整。其次，慾之為慾，祇是在之為在的表象條件，而非必要原因。所謂「人不為己，天誅地滅」，是說，首先要在下去，才能是在。即知，在之所慾，是在下去的外在條件，而非在之為在的原因。這原因恰是諸相的同構，或諸相本身，它們是無慾的，或與慾無關的。故說，構成在與在下去是內外的兩象事態。再次，至於在下去，其實非僅慾望可使之實現，我們之所以必得受慾望驅使，或以慾求的方式去實現其為在，原因復有二：一是我們的質地簡陋，難以為高能作為，故得從簡為之，這便導使了「以在養在」、「以生命養生命」的假象，一得以在養在、以生命養生命，便是慾望極致放大的因由所在（所謂業因）；二是造化過程中競爭所必需之條件，因為在在都有墮性，都想定在而已，而造化——體變相養用顯——卻是過程，它必得使之有在又不為在所定、所困，這便祇有迫使諸在參與過程的競爭，方有過程流化的可能性，其中，競爭還必須是內源性的，外在強加祇能是條件，而慾望便是最好的內源性動力，這樣，通過慾望而有生存與存在的競爭，通過競爭而有煉化的環境過程，通過這樣的環境過程使諸在參與、遷昇，終至體用不二。故知，慾望之所具有，是不完全的依憑和造化過程的依憑，非其他也。

　　以東方文化觀之，既然慾乃不完善之在的缺陷所在，亦為造化過程的憑藉條件，故說「存天理，滅人慾」當然是絕對真理。所可究者，唯在於如何去滅人慾，存天理？何時可滅人慾、存天理？依上述已知，當下之在或此在構成的不完善，導致了此在行為能力的缺陷，以致祇能以在養在、以生命養生命。此說或可這樣判斷，此理即「天理」，故有「人不為己，天誅地滅」之說，而其實，此祇是相對天理、具體天理，僅可命之為自然法則，絕對天理則與之相反，它要滅人慾，成天理。

　　既知以在養在、以生命養生命是此在不完善、低能情形下的必然依託，其理路亦有二，一是認命其不完善，自生自滅，並高調彰顯慾求所在，以使這種不完善的滿足感惡性循環；二是積極完善其不善，以抑制慾望和以貫通、同一之心性去成就完善。何取何從，大有差異。

　　此在及其不完善祇是暫且、當下，此乃不移之定勢。不過，於每個具體的在而言，尤其是此在言，這個暫且、當下卻是無限，所以便有了感受的絕對性。而且一種文化如果設定此在、已在、個體為邏輯起點，則無疑會無限放大這種感受，以至於極端化，後果實可想而知。反之，一種文化如果以類，甚至於以過程、在界為邏輯之所由，則可知，這樣個體化的感受會大會放淡，以至可以輕鬆面對。在這樣的邏輯之下，我們會更多地去注意第二理路的因為、所以之事態。

　　這一理路以為，不完善和此在恰是全部價值和意義的起點，因之，人之所以為人，即在於去成就這不完善的在、構成、狀態，使之完善。這樣的完善之首要者，便是要去慾、滅慾，祇有慾之終滅，完善才是真實的，此真實便是天理。故知，存天理，滅人慾之一義，即是存與滅是過程和成就的內涵，或說，祇有滅

了、存了，才有完善的可能性。這一思考中，人的積極主觀能動性是第一位的，而且其作用的直接對象便是慾本身，儒、佛、道三者於此處有其共通性。所以被視為共通之理路，乃在於，他們認為，慾望為所有生物所共有，或說，凡生命者無有逃離。既然慾為生命者所共有，那麼，人之所以為人就不當以滿足慾望為標準、標誌，若如此，則人與其他生命者便無差異，所異者，不過滿足慾的手段、方式、技巧過之而已。僅以技巧、飾作區別於他物，這不是人之所以為人的真諦。人之為人者，在於它有他物、他者所不曾有的覺悟、靈智，它能透過慾的假象去理解、秉承天理的真實。能得知，所謂慾，實乃此在暫且著的憑藉，而非目的。或說，通過慾的滿足，可成就在之在下去的前提，而在下去是為了另一更高的成就——存天理。因之，通過慾去成就在，祗是終極成就的暫且和假象，人們不能執迷於此而失卻真諦。一當覺悟了慾之外、之上的天理、真諦，那便是人之所以為人的真實顯現，才可以擺脫人的動物性拖累，才是真正的人，或說當下之人的超越——佛、真人。

現在，我們看到了，人與他物的差別不是有無慾，而是受慾與去慾。動物者，受之於慾，故是慾的載體；人者，本來也受之於慾，然其覺悟的內質潛藏於大腦，它有能力去發現慾的虛假，有能力去體悟天理的真實並成就天理，於是，去慾、滅慾而至存天理、成天理，變成了人之所以為人的不歸之途。此意的洞明，便是東方文化的真諦所在。

無獨有偶，西方文化長期以來高揚功利主義、自由主義，主張最大限度地滿足人的慾望，以致成就了大功利生存解釋體系和民主、法治、憲政的社會政治學說體系，萬料所不及的是，冥冥之中，這兩大體系所換來的卻是去慾、去私、去個性、存共性、成公共、趨大同的不二邏輯。現略說其要。

　　若以東方文化之觀去簡單地比列西方文化，視之為動物性的慾望文化（所謂縱慾說），其實不妥。就數千年來西方民眾的生活狀態和行為方式言，慾之盛、之激，真可謂無以復加，比之動物大過之而無不及。其生靈塗炭、種群滅絕、器物敗毀、文明更張，無一不臻於極致。問題是，這祇是西方文化的表層，其下，暗裡、明裡的調節、調整、拯贖、排解之功德，實在不當貶斥。反之，高揚之，透解之，確能讓人歎為觀止。

　　大致說，西方所有文化形態，無論其宗教、哲學還是自然科學、制度政理，均未或從未出人慾之界域，始終以調整、協調、制衡惡、慾為目的、動機、目標，而所得者，亦是慾的理性設定，至於人之所以為人的終極關懷、終極目的，更未得深究，然，其人意之外的邏輯塑造，卻並未脫出天理之必然，祇是人所不曾慮及而已。簡單說，西方文化強烈所慾的物利和佔有、分配、交易及人格的公平、正義訴求，是以更高的功利方式和更技術化的正義方式去實現的，而這些功利方式和技術方式的長效性，及出人意外的反作用功能，卻是不斷地使人們放棄自我和私慾，以成就更大的物利和公平、正義需求，一當這樣的物利突破以在養在、以生命養生命的邊界，一當這樣的公平、正義必須有無限可能性方能有其真實性可言之時，即是西方人所慾的去滅之時。其中，類型化、同質化、破界開放、公共化、自然化是其逃無可逃的手法和邏輯。

　　為了最大限度地滿足物利需求，人類必須公共化、自然化、同質化、同型化，為了更徹底的公平、正義，同樣必須同質化、同型化、工具化、公共化，而這樣的化，不知不覺中卻逼使人們放棄自我、個性，乃至慾望。祇是，這樣的放棄不是心性覺悟的，不是先天誘導的，他們祇服從世界和人的物理性驅使，是物理邏輯的傑作。正因為是物理邏輯的受使，而非本然性的主動覺

悟，所以它是被動的、不自覺的、階段演繹的、事至臨頭才會知曉的。

　　這種物理性的承載要之有二，一是自然理質，為自然科學所揭示，是為物理，二是人性之理性，為哲學及相關學問所論證。經由物理和理性的共同建構，我們不難知曉，物利的最大化和公平、正義的終極化，即是人之慾的臨終之時——因為滿足，致使被滿足者無需承載其滿足，也不能承載其滿足，終至慾者解體。彼時，人慾消散，天理自昭。是以，前途依然是存天理、滅人慾。

　　問題是，上言兩路，是否可以說，依任意一路即可？非也。西方的物理之路，有這樣的邏輯，卻缺失本然性的依賴，若單依物理而進，會致使物理的惡性循環，原地衝撞，沒有人之為所以為人的方向性。故知，有邏輯可能性不等於即有事實性。反之，若僅有本然性的覺悟，而無物理為之承續，亦不足以救眾，不足以實現人之類化的超越和存、滅。是以，合而同構之，乃人類大望之所繫。

　　西方文化肇之於慾，依在和此在的物理性去設定慾之所慾的邏輯，貌似縱慾之為，而其實，此邏輯恰是自我的天理邏輯。所詭怪者，是此邏輯先以滿足所慾為進路，並在行進中，培養和教化此在的開放心胸、理性意願，一當完全受使入套，邏輯的自願力量便會彰顯出來，當此之時，即便你反應過來，驚呼完了，已然於事無補。因為所有的此在於此處、此時已完全同質化、同型化、公共化、自然化，自我、所慾去之遠矣。要言之，西方文化從物理及生存方式的功利化，精神憑藉的理性化，及制度規則的公平、正義化三條路徑共同塑造其所慾，而恰恰也是這三條理路最終置換了人之所以為人的質地，使之滅人慾、存天理。

　　當然，真正的置換雖有暗度陳倉之鋪陳，然其事態的展呈，還得有人之所以為人的性智覺為之引領，非此，以人的聰明所

在，定然會巧作訛誤百出，終是功虧一簣。

　　東方文化的先知先覺，的確引人入勝，然此覺悟於普羅大眾之艱難和困礙，實在是不移之事實，它的通透、貫徹始終祇能限於極少的聖哲之士。個中因由，是此在的物理禁錮被嚴重忽視，想往以本然性去破除在的物理性，動機高妙，而行之卻不免跛足，無以全此在之能為。所以，在本然覺悟之下，承接物理邏輯的自戕之為，實在是人之所以為人的上選。

　　何以必得存天理、滅人慾呢？除卻上言，慾之所在，實乃此在不完善狀態中的假象、憑藉，一當這樣的不完善失落之後，假像和憑藉之慾便自行消散的理由外，另一重要因由在於，在界之中，此在之你我有一獨特的承載，為他在所不有，這便是大腦的特定。大腦是全部在界之中行為能力最強之器物，可說為諸在聚、煉、攝、養、歷、化、成之集大成者。它的能力源之於聚攝了相的精華，以至於直通本原、本體、本根，因其所用便無限以遠。自始以來，我們所得之經驗和本能均以為，大腦載之於我，當為我所有、所用，而所慾便是這所用的最大處所。其實，這恐怕是在界之中最假之假了。首先，大腦雖為你我所載，卻非你我所有，它應然是在界，乃至世界的公產，是體、相、用三界歷煉造化，歷劫迂迴，錘化養呵的特出，非你我自為所可為，所能為，唯其意外者，你我成了承載者，並不自覺地竊為己用而已。此理之昭，若日月之明，何待引申！一個不屬於自己的東西，因便利被你我竊用了，用用也就罷了，若據此為說、為理、為真實，那就錯之大矣。因之，於你我言，有歸還公產的必然依歸，無可逃逸。

　　其次，大腦既為世界之公產，其所用之本意依邏輯可能性言，當不會祇是為了滿足承載者之所慾而已，若如此，何需大腦，僅小腦、神經系統足矣。受之於慾，追之所慾亦為在者，諸

動物可列為參照，它們無有大腦，亦然生息勃勃。是以故知，大腦之為大腦，非僅特化之果，更是異能之因。它可能也可以最大限度地滿足承載者的慾，但決不終止於慾。要言之，這因之所往，便是要去成就天理的真實——通過本然性的覺悟和物理化方式的貫通，參贊大化流行。其所為，是率先完善自我，完成此在，然後幫助諸在完善，最終完善世界，所謂成己、成人、成物、成天。如此之意，便是存天理、滅人慾的真實所在。

以此故知，東西方文化之所建構者，其本意實在你我的感覺、聰明之外。這本意若根之固，不張不揚，不動不移，唯待你我去覺悟、體會。一當覺悟、體會得當，它便彰顯開來，你我才會歸之真實。佛家言以智去智，方能返還真諦，其意即此。◎

96.三觀序

古之學者為己,今之學者為人。聖賢嘗感歎的學者的隱憂,於今之世已成潮流。其所以然者,在於為己之難,為人之易;亦在於為己之清寡,為人之厚得。然則,睹世情日常,亦問及所以為人之意境與終極,為己之學當無短缺之理:無有人生的修為與挺拔,何以為人!孔、老、釋、蘇諸人之偉者,即是自覺成為了人世間的第三者:真理的掌管者、道德的裁判者。以真理化身自居,非得修身為己的真功夫,不可以自立,不可以自主,故其難可知也!

人是解釋的動物,斷不可沒有真理,縱令若存在主義者,亦得以「此在」為定說,方有現代性之囂張。足見,人是解釋的動物,且得以真理為解釋的依歸。真理者,有本然之真理,有物理之真理,有絕對之真理,有相對之真理。知識人號為真理的掌管者,即在於他以真理為業,以真理立事,以真理處世,以真理建構世界。其間,真理可殊為定理定律者,可殊為經濟民生者,可殊為法治憲政者,可殊為道德仁義者,可殊為神我大梵者。其殊或有天壤之別,而其質要卻根於本原:成己、成人、成物、成天。

明瞭真理所在,即得為己之學之所以,難與不難,己念而已。不過,既喻為真理,當非就事論事之觀察與解釋。真理之由,得有「三觀」為之繫。三觀者,己觀、他觀、通觀之謂也。

己觀之己,乃人類之己。以自己觀察自己,是內部的得失、紛爭、佔有、分配、善待、惡作、仁愛、抗衡、公平、正義諸般事性與人理。其中,受挾於既定養資源有限的稀缺,而人人又得攝養以為在的鐵定,我們看慣了人性的惡作與負面,亦不懈地追求著和平、仁愛、誠信的訴求。個中,人類的「窩裡」現象大有揮之不去的困擾。何以剪裁、超越,一直是我們己觀的心病。

　　他觀者，以人觀物也。以人觀物所得有二，一是物之為物，自有其性、相與因，亦有諸相、諸在為之環境並互助、互養之；二是人之為人，蓋有特定，其靈明智慧足以靈秀萬物，從而是觀察者、解釋者。既為觀察者、解釋者，他首先要釐清這因與境的因為，爾後方能說明這果的所以；進而，也祇有把握了這因、果的因為、所以，才有可能去攝取更多、更好，甚或無限的養源。而其實，攝取者，無論有限、無限，僅為客觀後果，非為真理之目的。他觀之真理所在者，是物之為物的質要，與成己、成人、成物、成天的所以然。過程中，漸次祛除偽雜，變以惡養惡、以利益養利益、以生命養生命、以在養在之假象，為以相養在之真實，是他觀的不二法門。

　　通觀者，貫透體、相、用不二之覺悟與性智也。前者之二觀，多在世界的物理界域，或為感覺智所主宰，或為理智所牽引，理性是其承載的主導者；至於通觀，則屬世界的本然性之維。其為觀，不祇是要觀果、觀因，更要觀原，祇有原、因、果的通觀貫透，才能真正明瞭世界的所以然、所必然、所當然、所自然，故是絕對真理之觀、之智、之慧。此智慧即佛家所謂「以智去智」之智。其所去之智，是感覺智的虛妄、理智的淺薄與分裂；其所成就者，是世界的完善、完整、同一不二。

　　是以故知，真理者，乃三觀之合；知識者，乃真理之載；人者，乃自覺之在。

　　去年，竊擬小詩《三觀喻》，現錄之如次，以應意托：

「人之為人達三觀，應業從流九命全。
　他觀生物得殊異，文化聚斂始有權。
　自觀人域識狀況，引事流程較短長。
　通觀非人方嚮往，性智洞穿不二張。」

庚寅年二月二十日◎

97.《周易》始以乾卦為首，坤卦為次，以此主導剛勁健動之意，由之亦反了前殷人的坤為首，乾為後的邏輯順序。何也？近來思得，頗受感觸。

自然法則之本意乃陰先陽後，陰本陽末。此意觀之生命世界，可獲一解。生命世界中，原本沒有什麼雄性（漢字中的特字，本義為雄性，其義，有特出、特別、特有之說，亦見雄性乃自然世界的孽出），祗有母本的生存與繁衍，所謂無性生殖。無性生殖或母本自為繁衍的好處是穩定、安全，以及存在者之間少有衝突、紛爭，然而，其不利也十分明顯，那就是，所謂的繁衍無異於複製，沒有太多的創造性，更無生命形式的多樣性、複雜性。此種缺陷於世界的邏輯言，有不銷處，即，在，必須經由多樣化、複雜化而後才能完滿與完整。這一邏輯在生命世界中，就表現為生命，即DNA的安全與複製的需要。在祗有母本或無性繁殖的前提下，DNA的傳遞、複製是沒有問題的，但安全性卻相當不穩定，因為無性生殖的結果祗是生命形式的同態複製，這樣的複製，其母本與子體之間幾乎沒有差別，單母本（體）有問題，其子體必然出問題。這樣的關聯性，致使DNA這一生命主宰者就此失去了安全傳遞、複製的保障，是以，生命主宰者DNA便有了尋求安全、多樣化生命載體的需求：越是多樣化的生命形式，越有利於生命主宰者DNA的存續與傳遞，一種或數種生命形式出了問題，無關DNA的安全與傳遞。在這樣需求的驅動下，DNA便主導了生命形式或載體的多樣化，以載體形式的多樣化、複雜化，為DNA自身提供安全和可靠傳遞的保障。

我們知道，生命形式的多樣化、複雜化是由基因突變實現的。在祗有母本生命形式的前提下，基因突變的可能性極低，它們太安於現狀，太墨守成規。因此，改變狀態的作為，除非打破這種單一性，使生命載體之間出現強勢的競爭。為此，DNA頗

具創化性地（此處的創化性是相對之言，因為世界本身已具有能動之相維〈中國古人稱為陽辟〉，祇是其特定性未被設定而已，DNA所為，無非是將此相維邏輯化了，使之可以固定顯現）讓母本形式孽出了雄性形式。這樣，生命形式競爭的主動者出現了，從此，生命形式的單一性、穩定性被打破，生命載體進入了由競爭所主導的多樣化、複雜化的過程中。

由此可知，說雄性生命形式為世界的特出，或說為母本生命形式的特出，實在是中國文化（漢字）對世界性狀的特有把握，令人無法不感懷。

DNA作為生命主宰者，它之需要生命載體的目的至為明確：祇是為了自身的安全與傳遞，而生命形式的多樣化、複雜化，極有利於這樣的安全與傳遞，於是，諸生命形式亦由此成為了世界（在）的構成者。其中，DNA為了有效地控制諸載體形式，它頗有先見地賦予了諸生命形式以必受其制約的先機。如必得攝養以為在，而生命形式的攝養方式又被局限在了生命形式內部。這種局限的好處有二，一是使競爭成為事實，二是鎖定範圍，不致失控。還如雄性的個體化，使得性的關係演繹為了佔有的競爭關係。其好處是，性的競爭導致了優勝劣汰，大量的弱者雄性被淘汰出局，甚至死亡，但此可以保證優秀基因的流傳，從而保證生命形式的強勁流傳。

這些控制的方式和手段其實也不是DNA的首創，它不過是便捷地利用了諸相的同構、互助、自足的固有法則而已。當然，這種利用之中，的確頗有特出的意義和價值。例如生的競爭和性的競爭，以雙重保險的方式有效地防止了生命形式的懶惰與保守，從而加速了生命形式演化的多樣化和複雜化節奏。可以說，設若沒有這種重壓下的生命形式的競爭，我們絕無來臨這個世界的可能性。

現在，諸因中的能相被固定為了陽動、剛健，或陽辟，在界的競爭被程式化。雄性生命形式的個體化，使它們產生錯覺：性的佔有與實踐是自我得以延續的唯一方式，為了將自我傳遞下去，雄性得競爭、掠殺，直至貢獻生命。殊未知，生命所傳遞的永遠祇是DNA本身，而非載體形式，載體就是載體，你祇能充當承載形式。但這樣的錯覺之於生命形式的多樣化、複雜化卻特別有效，它不僅讓基因有機會實現突變，從而製造出新的物種（載體形式），也讓健康、功能強勢的基因有機會勝出。故知，雄性的特出，是生命世界多樣化、複雜化的直接原因。它們的競爭，雖然使個體乃至某些群體付出了毀滅的代價，可於生命世界之整體言，其意義和價值卻異常重要，不可缺失。比若在人類社會中，雄性帶來了戰爭、衝突、階級、國家諸多麻煩，這使近萬年來人類飽受了痛苦、壓力，然而，若無這樣的麻煩，我們無由認知人類的公共性、自然性之質要，我們不會理解人之所以為人的意義和價值。此表明，《周易》哲學改陰本陽末之順序，成陽動哲學之端緒，有其合理性。

那麼，是什麼具體的原由導使人們去改變這種順序呢？又是何人所作為呢？這是值得思考的。

探明此事，得回溯中國文化之源。

中國文化當有至少三個源頭：西部集團或炎黃集團的文化、東黎少昊集團的文化、南方苗蠻集團的文化。後世，炎黃集團成為了中國的統治者，故其文化居於中國文化的正統地位，其表徵有強烈的政治性和倫理性；少昊集團由於妥協而進入中原文化，故其原有文化漸慢被改造和放棄，稍後，商人有所堅持，但最後隨著王朝的滅亡，其文化幾乎銷聲匿跡，完全同化於了西部集團的主流文化（其中，齊、魯的改造之功不可沒）；苗蠻文化可能有多種表達形式，然其主要者，是後來赫然顯世的楚國文化，尤

其以道家為其代表。少昊文化滅絕以後，中國的文化主要便祇有兩大主流，一是炎黃文化（或稱北方文化），二是南方文化。如果說前者重政治性、倫理性，那麼，後者則有著強烈的自然性與神秘性。

一般說，中國文化整體上屬於自然本根的文化，或稱自然化的文化。這一內質較之西方文化後，更為明顯。不過，以其內部較列而論，則又有自然的自然義理文化和政治的自然義理文化、倫理的自然義理文化諸多差別。中國的南北文化正好有了這樣的分野。

大體言，自然的自然義理文化更忠實於自然本義，其人為色彩較淡，其義理與演繹幾乎完全順著自然本根所意，或說幾乎是自然本根本身的義理化；而政治的自然義理文化與倫理的自然義理文化則大有差異，它們雖然宗主自然本根，卻更在意這本根形式化之後的人的世界和人域事務，或說，人之於自我的解說、義理如何有效、有價值，才是他們的用心所在。其中，有效、有價值的終極當然還是自然本根。故知，其自然之義在於歸縮和判斷標準的依說，而非包括人在內的自然本身的義理所在。

這樣的差別不可忽視。進而言，東方文化與南方文化於自然本身的義理疏理與感覺更為接近，這由商人的《歸藏》可知。《歸藏》以坤為首，乾為後，重陰而抑陽，恰與《計然》所謂「道生陰，陰生陽」之說相合，是其證。南方文化、東方文化重視自然之道，即陰先主流的先決性，確為真理之實。比較之下的北方文化，則有反其道而用之之嫌。北方文化騷動於雄性征服慾望的基設性，開啟了中國文化和社會政治化的歷程，故有了強化政治的必然性。祇是在這樣的征服之中，需得有倫理道德的修飾，故亦附帶有了倫理化的幫襯。不過，西周以前，這樣的政治化、倫理化十分地簡陋，不足以構成體系說教，是周人的獨特張

力,才使這樣的政治化、倫理化得以改觀。何以呢?乃在於,周人本是西部集團的天生成員,衹是不巧被橫空出世的商人逼到了西北邊陲,成為了邊緣群體。一當他們有機會重新回到中國的政治舞臺中心之時,除天然地繼承炎黃集團的政治驅力之外,還必得完成一附帶任務:何以「蕞爾小邦」可以君臨天下!於是,解釋便成了不得不為之舉。周公正是在這樣特定的歷史時際創造了全新的意識形態和政治哲學體系。敬天命、重人事,一語破的。人的積極主觀能動性正是周人革命成功的關鍵所在,這當然還需要自然法則的肯認和支持。於是變商人的坤先說為乾坤說,重繫卦爻就成了當務之急。是以,《周易》出世,《歸藏》歸隱就成了必然。

周公以「人事」之重,掩「天命」之實,開出了中國文化人為強化、主觀能動的新境,由此確立了陽動乾健、陽先陰後的哲路。衹是,這一動作還相當不周延,它僅限於政治作為的主觀性,其所容納者,不過德政而已。有所不意的是後來者,沿著周公之路,竟然開出了政治化之外的新路徑。這一新路徑便是中國文化的倫理化。

此處所說的倫理化,決非周公之德政了事。所謂倫理化,係專指中國文化中的道德理想主義,它由孔子所首倡。孔子之為,形式上躡周公之踵,即依然強調人的主觀能動性,然其所成就者,卻大相徑庭。經過幾乎一生的追尋、流浪、顛沛,孔子晚年終於以《易傳》和《春秋》兩面大旗成就了自己,亦成就了中國文化。

孔子所成就者,是他成為了中國文化和社會的第三者:真理的掌管者,道德的裁判者。第三者身置統治者與被統治者之外,而又是中國社會的必備構成者。它既要監控、指導統治者的行政作為,為政以德;又要教化被統治者日進更新,成為君子;更要

自律表率，模範人類。是以便有了成己、成人的雄心大志。而此志之顯，非人的積極主動的人生覺悟，勤勉的人格追求，能動的誠善之旅，不可企望。此表明，《周易》所確立的陽動健先哲學，深得第三者之慮心。故說，天行健，君子以自強不息，地勢坤，君子以厚德載物。

以此，中國的陽健乾先或陽動哲學，經過周公、孔子兩位聖賢的建構，終於成就立世，並奠定了中國文化積極主觀能動的主流。當然，周公的家私之慾與孔子的人道大同、倫理公共的理想是有本質區別的。

現在，北方文化的政治化、倫理化終於與自然本根有了學理、義理的掛聯，自然本根的義理化獲得新的意境，即政治的自然義理論和倫理的自然義理論得以成立了。

北方文化——現在是中國的官方文化——雖然完成了演繹於自然本根的政治化、倫理化建構，可它的致命問題並非不存在。這個問題是：特出的人意掩蓋了自然本根的本義。比如在南方文化中，道是本根、本體，其下有天、地、人三才以為用。循著這一理路，與道家相關的諸學派於春秋、戰國之際，著意開發了天文學、地理學、氣候學，諸多知識體系，使知識譜系具出了多樣化發展的態勢，然而，這樣的態勢進入秦漢以後，主導、主流的北方文化卻開始了排擠、獨裁的做作，直以天道替換本體的道，虛空天文、地理之說，唯留人為天道的承載與目標，使文化的多維並列結構演為了天—人的線性結構。於是，中國文化的內涵大為簡並了，世界祗是線性、簡單的天人關係狀態，所謂「天人合一」之說，多少是這一結構的簡稱。

天何以成為天道？天道又何以能替換道呢？這於北方文化言，不是難事。早在中國政治文化開啟之前，中國的自然神論已蔚為大觀，其中心概念便是這天。所謂自然神，是一種脫胎於原

始自然神，並抽象而有的神概念，它有意志而無位格，是中國文化早期地域化的共識概念。比較而言，這一概念之於北方的影響較之南方尤甚。原因在於，北方文化信奉自然神論，但過早的政治化，使它們缺失了使之義理化的原動力，以致天的概念在北方文化是停滯發展的概念，而在南方，人們對自然本根的義理化衝動，最終使人們脫出了自然神天本身，而有了更張義理特色的道的概念。道的出現，使自然本根的義理體系的建構成為可能，天由是退出了本根的領地，祇承載自然之天、物理之天的內涵，是以有了天、地、人三才之說。

再往後，當以道為核心的自然的自然義理體系大成氣候，炫目於中國知識舞臺之時，北方的政治哲學、倫理哲學實在是不足同語了。於北方知識界（包括統治者）言，掌握文化話語權是必得為之的事業。以此衝動，北方的知識界開始尋找核心概念，試圖以此統帥全部知識現象，以之擠壓南方的自然本根義理論（即道文化）。當此之時，北方知識界最熟悉的概念莫過於天，這是傳統的自然神概念，但天實在不足與道同語，它落後了一個文化檔位（天是自然神、道是義理神）。於是，有人開始用加後綴的方式來修飾天的概念，如墨子的「天志」（後來的董仲舒亦步其後塵）。可天志仍然不是一個恰當的概念。因為所謂「天志」可理解為「有意志而無位格」的簡稱。個中，儒家學者的理性思考功不可沒，他們最終以妥協的方式融合了南北文化，用了「天道」的概念。由此，天失去了自然神的領地，步入了義理化的世界，而為了義理的需要，儒者接受道家之道為新概念的後綴。祇是，此後的天道，雖為自然本根的義理稱謂，可功能與道還是有差別的，最要者，是它的下位不再是天、地、人三才之用，而是空去了天、地後的人之用，其用之義主指政治和倫理。

　　上述概念的演化歷程，至宋明理學仍未更變。理學家明知己所為之學即道學，且他們實是融合了儒、佛、道學說而成就的，然，以儒家者自居的他們最終為了避嫌，寧願用理替換道，是以有了宋明理學。◎

98.回觀漢史，覺有一重大的變異，一直未能明確，常為之塞意。昨夜床寢，不寐良久，豁然有知。

以現象言，陳涉揭竿而起，回應者如草向風，小者嘯聚山林草莽，大者稱侯稱王，一時天下之間，盡是戰士，全力驅暴秦，恢六國，不惜死，不憂生。中國的完全暴力化，是秦末漢初幾十年中的突出政治與社會現象。尋之此前，全國性的暴力化，實已有之，如商夏之交、周商之際、戰國至秦，然比較起來，內中實有諸多異樣的質地差別，此不得不引人深思。

認真觀察一下，會發現，漢初的暴力化大不若此前的暴力化，特別是不若周以前的暴力化。周代以前，為暴力者雖有權利的得失，然其價值觀或意識形態卻有一鮮明特色，即暴力的目的是為了天下、天道，故暴力實乃承載天命的行為，如周人的「革命」說。是以，周公強調德政、禮治，以此為王道、治道之本。至於此前的禪讓說之類，大抵亦是此意。秦末以降則不然，表面看，人們揭竿而起是為了反秦王暴政，問題是，反完了秦政之後，又怎麼樣呢？還會有天下、天道、政道、王道的政治社會嗎？

答案是沒有。因為，當陳涉高歡「王侯將相甯有種乎！」之時，他所表達的決非個人意願，而是彼時中國全民的慾念：通過暴力方式去謀求私利，至於天道、王道、政道、天下諸說，見鬼去吧！事實上，從陳涉到劉邦，幾乎無有例外，無非是利益的大小之別，或為皇帝，或為王侯，或為封爵，或為官職，或為物利、名譽、地位，等等。以致從那以後，女人也不甘落後，一有機會，後黨政治亦如火如荼。

劉邦及其同盟集團祗是成功者，決非道德者，天下是佔有物，是財產，而非營造、呵護的公器，至於王道、政道、天命、天道諸文化和人倫價值，當然更是天方夜譚。故從劉邦到劉啟，所能為者，僅在於避嬴政之暴政，以免短命（其間，劉恒略有德

意），而非有什麼政道之意。劉徹之世，事態有所改觀，這便是儒者經過幾十年的努力，終於找到了影響中國政治的機會，最終，他們以公羊學為旗幟，宣揚了一種新的「王道」政治。這種政治觀認為，統治者實現和穩固其政治統治是沒有問題的，但必須要以德政為前提和行為方式，否則，便無統治可言。於是，幾經抗爭，德政終於成為了中國政治文化的主流。雖然天道、天命、天下之類隱退了，可其政治的道德化仍然獲得了恰當的安頓，並成為了中國歷史的事實。

現已知，從劉邦以來，二千多年的中國政治，其本上祇算是獨裁文化的治權政治和私權政治，是一種墮落的政治，唯近代中山先生復有「天下為公」的新政治觀念，實在不是偶然。何以如此說呢？

以近因看，秦王的暴政，直接改變了政治形態的質地，它使包含德政的宗法制家天下蛻變為了個人專制獨裁的治權政治，這不僅使政治的罪惡、負面功能暴露無遺，更使人們看到了暴力政治所帶來的爆發利益，項羽第一次在家鄉見到秦皇時的感歎是其例。它所引發的連鎖反應是，既然非道德的政治可以通過暴力成立，那麼，政治就不再是天道、天命、天下的載器，而是人們慾望的利器。是以陳涉一呼，全民揭竿而起，誰都希望通過暴力的冒險，去斬獲意想不到的好處，死而無憾（漢王朝從建立之前至其終，殺人與自殺之易、之多，令人印象深刻，實在與此相關）。

那麼，何以秦王會有非道德化的暴政呢？這便又要向前追溯。可以說，春秋戰國的社會分割、政治失統、思想混亂、文化紛紜是其緒。春秋戰國時代有許多且涉及多層面的影響和意義，毋庸置疑，在這諸多的影響中，原態政治價值觀的解體，應當是必須予以重新理解的。周人雖為家天下，但天命仍然被敬重，天道、天下仍然是政治的鵠的，所以，禮治德政暢行無阻，後來，

分封制的負面作用強化，致使周帝國的統治漸漸衰弱，終於徹底崩潰。沒有政治體制保障的天道、天下、天命價值觀，迅即遭遇了放棄、懷疑、批判的後果；而後，諸國之間的生存競爭又使功利和暴力觀念大張其意，以致法家、縱橫家、兵家者流大行其道。這樣的文化趨勢和潮流直接造就了秦國的崛起，也為秦皇暴政掃清了所有路障。當然，文化普及、思想紛紜的趨勢之下，民眾的自我意識與觀念亦得以改換，外加戰亂和秩序鬆懈，生命的屈辱感增多，生物資源稀缺，亦易致功利訴求特出。如此之類，均致使人們易於在有機可乘之時，盡力去滿足己私慾望，以暴力去行僥倖之需，至於社會責任、天道、天下之類，早已九霄之外，難為依憑。大抵上，這些可視為秦漢之際政治現象之生發的前因。

問題是，惡性化的政治和社會行為於人性言，有天然的示範作用，即使後世沒有了春秋戰國時代提供的前因鋪陳，也照樣難以改變人們的私權政治慾望，在沒有體質性更變的環境中，這樣的政治惡行終將難以改觀。從這種意義上講，正是秦漢的政治墮落決定了中國後來兩千餘年政治徑向的由路。

然則，何以春秋戰國會出現文化崩析、價值解體的結局呢？僅祇是如上所言的分封制成就的嗎？其實，還有更深層的原因。這個原因便是周人為盡革命之能事，顛倒陰陽，反轉乾坤的新文化體系的建構。

周公因何在中國歷史上名聲卓著？現在看來，非僅祇是他攝政成王、東征平叛、制禮作樂諸事之淺顯，更在他重新建構了中國的文化新體系。他的新建是以其意識形態體系的建構為動機的。

周人起於「蕞爾小邦」，最終蛤蟆吃了天鵝肉，竟然成為了中國的統治者，實在有意外之處。其中，暴力的成功是一回事，此外，造反干政之事若無有理由的說法，定然難以讓偌大的中國

信服。為此，建構意識形態，給予造反行徑以合理的說法，便成了必然之需。這一工作正是周公所承擔的。

周公將他們的行為歸結為一條基本原則：「敬天命、重人事」。當下，人們對這樣的命題並不興趣，不能產生震撼的感覺，而彼時，這都是勇開先河的聖哲之聲。周人以前，天命之於商人是頭等的生存原則和政治原則，以至商紂行將絕命之時，仍然能從容地說：我生不有命在天乎！天命的絕對性，不祗是商人的存在依託，且亦是古來的存在原則。所謂天命，即自然本根的作為方式和必然性，它們以陰陽循環為依託，其中，陰更近於本根，具有必然的先序性，陽為陰的反動。故老子說，反者，道動也。此處，反道亦即反面、另一面。即是說，道有陰陽的兩面，而其陰是其主，陽其次。自來，中國的南方文化和東方文化一直堅守著這樣的陰主陽次哲學觀和世界觀，故《歸藏》、《坤乾》諸書均以坤為先、乾為後。商人是東方文化的傳人，自然地也尊重這種陰主陽次的哲學觀，所以商代幾百年，坤前乾後的陰本哲學是其文化的主流。

這一哲學和世界觀中，人的主動和能動被置於了次要地位，自然的必然和法則主持著世界，人們需要的是順從與遵守。若以此為據，則知，「蕞爾小邦」的周人起興奪商人大位，無疑是反天命的錯行。違反天命，當然也就是道德上的過錯，更是政治缺失合法性基礎的行為。所有這些都讓周人在傳統文化面前遇到了天大的麻煩。除非能夠改變這樣的文化設定，否則難以為繼。

為此，周公將單一的天命唯大命題改寫為了「敬天命、重人事」的雙重命題，置天命於前提地位，但予人事以作為空間。不過這樣的改變並非祗寫一句話那麼簡單，它必須要有學理和設定。於是，周公便拿彼時最具影響力的命運猜測事項做文章，將商人的坤乾陰陽觀改變為乾坤陽陰觀。其實，這才應是《周易》

出世的真實原因。由史乘所交代的緣起路線可知，周公的《周易》是由文王的六十四卦而來的，而文王的六十四卦又是由伏羲的八卦而來的。其線路似乎至為清晰，可其中卻隱藏了不可告人的問題。據事理可知，文王之前，商人早就有了《歸藏》、《坤乾》之類的筮書，何以周公不宗主流的作品，而要別出心裁，依文王之意重新編寫陽主陰輔的乾坤易呢？原因不外乎，其一，文王是父親，所以得宗之；其二，文王已有改弦易轍之意，周公祇是發揚光大了；其三，最重要的是，兩種哲學價值觀、世界觀的對立，必須另起爐灶。當然，說文王、伏羲一路，還有一事實內藏其中，這便是伏羲實乃西部集團的始祖，西部集團向來重文化與社會的政治性，喜為人為之事，故後世終於有黃帝發動征服中華天下的壯舉。

如此之類，隱約可見商周之際中國文化巨變的內因。總之，周公必須為政治衝動的周人事業提供合理、合法的學理即意識形態的說明，此恰是中國文化更新另造的契機。

周公以《周易》說人事，改變了天命的設定，鋪陳了全新的天下、天道、政道義理，以致革命成了正義的天道壯舉，以致政治道德化、倫理化由之發端，以致中國政治開出了德政新河。中國政治哲學和意識形態的建構，正是經由這種改變中國文化體質的方式來實現的，後世，自然本根雖未致全失，但其價值的制限依然清晰，人的主觀能動作用日見分曉。亦正是這種「人事」的凸顯，更張出了特定的中國文化。

就人類社會言，人事之中，政治很容易成為頭等大事，尤其在單一農業社會中，這樣的價值中心說有天然的必然性。可以說，恰是人事文化的開拓，使人們既可以不在根本上違反和失去自然本根，又為自己贏得了足量的自為空間。這樣的空間亦是最終讓家天下難以止住腳步，必致個人專制獨裁方可。故知，秦皇

的治權暴政與漢以後的私權政治，正是周公「人事」哲學的必然後果。其間，春秋戰國的諸家所為，無非是擴展了「人事」的可能性而已。

　　人事的要義是人的主觀能動性或能動作用，以此而言，主觀能動作用可以是政治性的，也可以是道德性的。觀中國歷史可知，嬴政、劉邦、朱元璋、毛澤東所為，乃周公人事中的政治強權作為，特徵是暴力、獨裁；此外，周公人事中的德政，亦包有道德的成素，而此又為孔子、孟子所恢弘、發揚，成為了道德理想主義哲學的先聲。

　　認真考察一下會發現，孔子所以重周公者，遠不是周公的政治哲學和意識形態，而是周公開創的人的主觀能動作用的學理體系。這種文化形式有強大的積極能動張力，易於實現孔子的道德價值。他祗需唾棄其中的政治內質，重裝人的善性覺悟和行為準則，則「人事」就變成了道德理想主義哲學的承載。是以，孔子十分地讚賞周公的「人事」哲學，並因之尊他為聖人。不過，細細體會一下亦會發現，孔子之於周公有幾個地方其實是錯誤理解或有意忽視了的。

　　首先，政治中心的治權與私權與道德是不相類的，在很多場合中，它們是對抗關係，所以，由德政推演出來的道德其實並不具有普適性，它祗是強者的一種治術而已，真正廣普化的道德應當另有所源，孟子說「性本善」時，已對此一過恣有糾偏之意了，後來的宋明理學則更是正本清源了。正因為孔子在道德淵源上有了錯接的前導，以致他以後，儒家中分出了小康禮教派的儒學，專致政治的道德化，以王道為鵠的。

　　其次，道德的本原是陰，而非陽，所謂陰柔、寂靜為德，而陽動、促進祗能是競爭、搏擊、獵殺。此處，至少孔子沒有搞清楚道德的本意，沒有注意陰、陽的正確涵義，一味從周公之設

定，錯將道德陽化，以形式上的積極、合理的善替代了本質、本根的善。後來，這一錯誤還在擴大化，以至於公羊家要建構王道政治哲學之時，董仲舒索性更徹底地宣揚「陽德陰刑」說，實在是錯之大矣。這說明，過於注重了積極能動的合理性，極有損於對善本身的理解和把握。

綜合而論，錯誤雖然明顯（孔子本為殷人後，無奈去殷已遠，遺忘太過，又加之長期生活在西部文化主宰的魯國，周公的人事文化已浸透了他的骨髓，是以孔子祇能繼承周公說事演繹），而成果卻不同凡響。這種能動的人事文化，經周公意識形態化的首唱，已然獲得了主流的地位和價值，再經過孔子的參與和重建，於是中國的文化在兩個領域獲了絕對優勢，這便是積極主動的政治哲學、積極能動的道德理想主義哲學。此二者之合，便是陽動哲學。中國文化的最大建樹就在這兩個領地。二人之為聖人，也在於他們共同成就了中國文化。

故知，中國文化的獨特在於，它保留了自然本根的核心地位和終極性，但在將人事作出了自然化的處置之後，真正的世界已變成了積極能動的人事世界，其要務便在政治的道德化與人的完善和人對本根必然的參與，所謂成己、成人、成物、成天。非常不幸的是，真實的中國歷史中，周公、孔子雖然獲得了聖人的稱名，而其實卻非聖人所限定，不要說孔子的道德理想主義，縱是周公的德政嚮往，亦不能成為現實，現實的中國歷史、中國政治、中國社會一直盛行著的，恰是暴政化的治權和氾濫的私權，至當下少有改悟。為什麼說中山先生重提「天下為公」之難能可貴，由此可見。◎

99.自然本根、本原、本體之於世界有構成方式的同一不二，還有行為方式的同一不二。所謂構成方式的同一不二，是說，本體變相，諸相互助、互養、同構而有在、有用；所謂行為方式的同一不二則是說，在的呈顯與表達是陰陽的協合，為陰者守順、懷柔、寂靜，為陽者辟進、競爭、開新。這兩種同一不二均是體的本意，故同為即體即用的大要，另之，亦可以為體的差別析說，可分述各表。

放下體變相養用顯之一路不說，單說陰陽本體的表達和行為方式一路，可約略理會同構、互助、自足的大意。

若如老子所言，本體為道，則陰陽與道的關係可解說為三。其一，道以陰陽為承載，其靜者為陰，其動者為陽，即表達方式上的相反，而道本為陰陽的同構；其二，陰陽之合為道，可道亦有視入和表現的不同，視之為順、靜則陰，視之為健、動則陽，故老子說，反者，道動也，意即從正面看道是陰靜，從反面看道則是陽動；其三，所謂陰靜之於道，可進而理解為，道之陰乃原體、虛體、空體、无體，道之陽乃有體、形體、性體、心體、在體，所謂本體是此二層面的合稱，以此言，陰乃更純之體。如此之陰陽分說，乃人力所為，不可絕對。

陰既可說為更純之體，何復得有陽之需求呢？要之其意如下。

陰雖然是无體、空體、虛體、原體，卻祇能寂寥空无，不能鑄事成形，故得有形體、有體、性體、心體、在體為之繼。這樣，於體之中，陽健便得以此成立。以此言，老子所謂「反者，道動也」，實是說，動健辟進之道（有體、形體、在體、心體、性體）恰是陰靜翕順之道（无體、空體、虛體、原體）的繼續。以此可知，老子述語中，所謂道，其義近有體、形體、在體、心體、性體，而所謂自然，則近无體、虛體、空體、原體。

　　无體、虛體、空體、原體是更純之體，可卻毫無意義、無價值可言；在體、形體、有體、心體、性體出純而有雜，反恰是意義和價值的開始，其中，陽動辟健正是這意義與價值的承載。觀之世界，有五類陽健辟動（即陽動）的事象，可為證說。

　　一者，宇宙大爆炸。

　　宇宙乃有形之世界的稱謂，宇宙之外，世界尚有相界與體界的內涵。西人言，有形物質占世界之量約4%，暗物質約23%，其餘的則為暗能量。是說，乃物理化的表達，不足為據。所謂暗能量實乃體之汪洋的變稱，既為體，何來有限之說，更遑論72%的定量了。不過，其說，即使用物理語言和思維定義，亦見有形世界（宇宙）的微渺與有限，是以姑為佐證。假定用物理語言來稱謂體，則可知體即能量。唯得區別者，物理所常言的能量得為宇宙態能量，指謂體的能量當為能量態能量。

　　能量態能量本寂靜無居，是為空无，其陽性的辟健進動，使空无變轉出了宇宙態能量，於是虛无便可以有形的方式表現了。這樣的陽動改變了世界陰本的單一，體也因之成全了陰陽的兩面性。宇宙態的能量可進而分說為相，即有體、在體、形體、心體、性體可以不同的質素方式表示，這些不同方式的體即相，亦即在之為在的因。所謂不同方式是說，本來同一的體原，現在進而分裂為了可以具出不同價值和功能的因；進而，某在之為在，即這不同的因同構所為。同構了即為在，解散了復為相、因；相、因不能單獨為在，祇有同構、互養、互助方可為在。所謂體、相、用，即哲學常說的原、因、果。

　　西人所說的大爆炸是何意義呢？它是說虛无的世界中（即祇有原的世界）因陽動出現了因、出現了相，而同時這因、相又同構出了在。由於這陽動的激烈與快速，使得這變相、合因、成在

的事件同一出現，其爆發無與倫比，是以說為大爆炸。正因為在是諸因的同構，而因又變轉於能量態能量，故知，在其實是相的同構形式，而相又是體的分別形式，是以體、相、用或體、存、在是同一不二的。這裡，有形與無形祇是表現方式的差別，而無根本的不同，或說，因與果祇是隱與顯的差異，而非真有什麼不同，或說，相與在祇是靜與動的差別，而非本質上的不相類。所以，世界的彼此、因果、相在是可以相互轉化的，非是一成不變，更非截然對抗。正是明白了這個道理，才致使愛因斯坦發現了質能關係式：$E=mc2$。一旦理解了這種可能，世界的相對性和無限性即可立悟。

是為相動。

二者，量子世界與各自為在。

大爆炸是无而有，陰而陽，靜而動的端始。從此，世界便有了動，有了陽象，然此動祇是泛動，是意義和價值的預設，而非價值、意義本身。若得價值和意義盡顯，還得有動的固化。這樣的固化形式是動成為了在，而且是各自為在。世界陽動之後，所出現的量子現象，是這種固化和各自為在的開啟。在之為在，便在於它將本根的表面形式予以了禁錮，使之定在、固在、特在，而其實，任何在仍然是本原、諸相、諸因本身。當然，既為諸相的同構，當然便有了構成的暫且與特定，是以在就有在的特性、張力與意義。這種意義是說，從此，泛動有了界域，成為了界域化的動，是為域動。

域動是具體的動，它承由相動而來，但卻被各自禁錮著，這便易於表達出更具體的價值和意義。其意義最大者，是有形世界有了得以構成的基件、材料：量子、原子、分子……；其次，各自為在，使各自有優先自我自足和完善的主動，這亦為世界之動的各種可能性提供了機會。

　　不過無論域動和各自為在多麼特定，均應謹記，它本身祇是諸相的暫且同一，非是真實、絕對；此外，諸在之間，在相之間所動、所以動者，其實是相、因的作為，非在在作為。

　　世界的量子化、域動是物理的起源，此前，大爆炸、相動始出物理，然其理多不易解釋與敘述，祇可推論、猜斷。可見，物理是在之理、動之理、外化之理、形式之理、構成之理、功能之理、作用之理、價值之理、意義之理、因果之理、善化互助之理，而非原一因之理、陰靜之理、陰陽兩面之理、有无之理。當然，物理之中，亦有陰、陽理之分，祇是此陰為諸相同構、互養、互助之陰，非指前述陰本體。通常，秩序、固滯、完善、呵護、擔當之類，是此陰理的表達。

　　三者，有機生命的發生。

　　陽動的意義已有大略，首先是泛動，它是有之於无的健辟，以此，虛无中便有了有。世界終於動起來了，但這還不夠。因為陽動是意義和價值的展現，相動祇是有了價值與意義的預設，而非意義與價值本身。因此，如何動才能更好地表達意義與價值，便成了陽動邏輯的後續問題。依前言，域動成功地解決了陽動的特定問題，它可在動的混亂、汪洋中固定出在，從而使動有了單元、構件的意義。所謂在，無非是構件、單元的巧合，而其實，恰是諸相的互養、互助、同構。第一構件是超弦，由之有了誇克，然後以此而下，有形越來越真實，動的方式也愈來愈複雜。正是這樣的真實和複雜之中，衍繹出了特定的動和特定的意義、價值。

　　有形均由量子組成或同構，均以量子為構件，然而奇幻的是，因為構成方式的不同，形式的表達卻有天壤之別，最終，域動之中，復出現了能動的形式，這便是有機生命現象。有機生命現象是域動中的特別之動，它以自己的方式動其所動，故為能

動。由此可知，所謂動，不論是何種形式和方式，其實祇是表象，所以異者，是相的作用方式、構成方式的差異所致，動祇是諸相的外在承載。

能動使陽動的價值和意義表達有了特出的可能性，從意義和價值本為虛无之特出言，這樣的特出恰是陽動之邏輯必然的結果，它能最大限度地將價值和意義極致化。於是在此處，世界之動開始有了主動之動和被動之動的分野。能動者，主動之動也，相動和界域之動者，被動之動也。

四者，雄性的特動。

能動有主動之能，但早期的生命者於此能祇潛在，而未能陽健辟進。是以，早期的生命現象祇能以簡單方式表達，不能更加複雜化。這顯然與動之價值、意義的特化邏輯不相合了。能動之為能動，其意義應在於，所動者貌似無關他者的完全主動、自主、自為，而不應有被動支使的跡象。因為終極的意義和價值必然是在這完全自主之後才有的真實。此表明，祇具備了簡單能動屬性的早期生命者，還祇是生命的初級形式，必須要有更能表現能動的極致性的生命者出現，此能動方至完善。

我們已知，早期生命者是母系化的，它們以自繁殖的方式實現生命者之間的代傳遞。我們亦知，有形世界中的母性，主要是有形之中陰理的集成所在，陰理固有的柔愛、保守、順從，極不利於生命形式的多樣化，而多樣化又是生命形式複雜化或能動極致化不可或缺的前提。為此，陽動需要再次做出調節，使簡單、單一、安靜的早期能動世界激動起來，以突出價值和意義的特出。

這樣，我們復看見了母性世界中孽出了雄性。雄性本為母性的特出（故中文中以「特」表公牛、雄性動物），與母體本無本質差別（依現代學說言，人的46條染色體中，雄雌之別僅在一條「矮」染色體的有無上），然而，正是這一點點差別，世界便

為之改觀。從此，生命世界中便有了因性而有的衝突、搏擊、對抗、政府、戰爭、政治等等全新現象，其劇烈、淒慘、不可理喻實乃亙古未有。以此，生命世界獲得了生命多樣化、進化演化的意義和價值，我們人類的臨世亦是這強進陽動的後果。雖然，過程中，無數的個體，乃至群體、種群因之成為了犧牲品，而邏輯的結果是喚出了整體的價值和意義的特出（關於此，自來有評斷的立場問題，若以個體為基設，則不免有對此過程和行為方式的批判、反對，而若反之以過程整體為說，則會視之自然，毋庸多說。況且，在實乃无之假象，假中之假，有何可言，不論它是個體還是群體，還是具體，一應祇是陽動的承載而已）。

可見，雄性的出現，是能動的特出，是為特動——雄性幾乎就是為動而動的載體，一當動有錯致，其使命即告終結。以此言，可說雄性是過渡產品，母性是終極產品。雄性的特動是為了刺激母性生命現象的激動、複雜化，若經由此激動之後，陽動的真實價值和意義能完全凸顯出來，則此特動即可告終（矮染色體正在日趨損化，據認為總有一天它會消亡，是其證）。

五者，人類的臨世。

動之為動，是為了動最終能夠主動、自主，這樣的價值和意義必得通過能動的特出方可實現，是以，能動祇能成為基設，為更加主動者提供作用的平臺。這樣的邏輯現在可以作如下描述：能動世界的簡單、單一，不能自為出示更加主動者，所以必得由特動的雄性生命者予以刺激，刺激過程中，優化、優選是競爭的必然後果，這便又孽出端緒，通過強化能動中的能動能力本身，去實現優化、優勢生存。不巧的是，這一原本功利的動機和行為方式，卻最終成就了能動的智慧化，於是，一種特殊的能動，智動——主要依賴神經功能的專門化而呈顯——出現了，人類便是這種智動的載體。

　　大腦——智動的直接承載者——之出現，原意是俗的：有利於生存，不意之中卻最終成就了陽動的一大隱秘：陽動之意義和價值的完善。其實，解釋起來，決非一個低俗的原意所能包指。

　　世界有它的全義。原體出有體，有體相化，諸相同構為在，諸相互助、互養，陰靜而陽動，動的迭出別致……如此之類，無非是這全義的表達、互顯和過程化。常說，即體即用、大用顯全體、體用不二，而於具體的在言，卻有主動、被動、顯現、隱顯之別。每個在之為大用的組成時，它是顯體的，而為各自為在的暫且時，它是局限的、隱體的、被動的。若以在在的比較言，這樣的局限、隱顯、被動，恰恰是差別表達的。陽動之所以為陽動，便是要使這樣的差別成為過程的邏輯，過程的極致便是局限終止，全義的展現。所謂世界的意義和價值便是這全義本身，包括它的差別、隱顯、局限化的過程。其中有所特別的是，過程的終極亦會由在來顯現，而那個終極全義的在，從各自為在的角度看，它是所有在的完善者；若換位從過程和抽象之在的角度看，則它反是全義本身，無所謂自在了。

　　不以在為自在，反以自我為全義的終極，由自我而終於體用的完整、同一不二，這是自我、自在，甚至是在的化除與解脫。放眼觀在，誰與之此！當然祗能是智動者了。這樣的智動，已非一般之主動、自主，它已然是自覺，是在之於本原、本根的貫通與同一。

　　可見，依全義觀察世界，大腦並非你我為在的私產，而是世界陰陽互動、互為，世界之陽動過程邏輯的公產品，不當為己私佔有、使用。祗是，過往以來，由於發端的低俗，其功利價值一直使我們誤以為它是我的、我們的，故可以盡情享用，極端無已，其中隱藏的他意義和價值一直未得呈現。試想，大腦不能憑空出世，而實乃大千世界陽動陰靜之過程的傑作，其中的辛勞、

艱難、困頓、偶然，何其可歎，哪裡是你我一簡單的肉身和微渺的生命時空所能得解！所以，自覺大腦、智動乃世界的公產，是人類之為人類價值、意義顯現的初步。如此，方能理解、把握智動的本意。

智動之智，由三個層次構成：感覺智、理智、性智。至目前為止，我們所能為者主要是感覺智和理智，性智，亦稱性智覺少有顯現。少有或未曾並非說它不具有，祇是未曾而已。它是一種解脫、化除、同一不二的智慧，其結果是理解世界的全義，實現陽動的終極價值和意義，所謂同體不二。

在感覺智、理智的前提下，人類所能為者，是以自我為中心，以生存實現為價值動機的存在。其間，若有他者的考量，亦還是功利動機的後果。當然，在自我、人類不曾完善的條件下，這樣的動機和慾求，亦是在之為在、各自為在、攝養以為在的必然之舉，不必過於厚非。問題在於，智動之為智動，是說它有通過自我完善而至自我超越的能動，有將自我、將形式還原為本原、本根、本體的能力。這種能力正是世界的本然性之所在。人之所以為人，智動所以為智動，正在於它是這本然性的表現者，亦且是唯一的表現者。以此言，智慧、大腦、人等等不僅是一般意義上的形式，如他在那樣的形式，更是終極的價值和意義的承載者。

人類的智動，不論它的已然態，還是當下態，均不能用完善來形容它，它們幾乎還在感覺智、理智的籠罩之下，然，當下的不完善，並非說未來態不可期待。不必說本然性的還原勢不可擋，就依世界的物理性所必由，人類亦難逃自我解脫，以相養在的邏輯必然，個中機理，不容匿惑。

於人類言，智動的結果已然彙聚為文化現象。文化者，大腦反映於世界現象之記錄的彙聚。大腦與世界的聯結點之最外在

者，是生存，最內在者，是同體不二。依據地域人群之於世界的
感受狀態，其反映所得的文化可以是赤裸的生存解釋，也可以是
神我大梵的體悟，也可以是居其中的道德倫理的發揮。無論結果
為何，它們都會反作用於世界，並定義人的意義。這說明，人類
的智動至目前還不是整齊劃一的。大要分列，已有的文化主要有
三個類型：西方的激烈進動式、印度的順從還原式、中國的動靜
協調式。

　　智動作為最近才有的動，它是若干前動的必然結果，是以
是陽動中的成熟態。然而，反觀而言，前列諸動的負面特性亦融
並其中，以致這樣的成熟態有巨大的包袱需要解除，否則，由成
熟至完美便無可成就。比如，域動所致的界域化制限，各自為在
的制限，比如量子化或在化所致的以相養在的真實，為以在養在
的假象所蔽，以致要受攝在養在的束縛，比如生命者的能動以生
存為主導，又必得以他生命者為養源，從而導致了生命世界的衝
突，比如，雄性天然的競爭性、衝突性、對抗性對生命屬性的扭
曲，等等，一一都落入了人性和文化之中，成為了我們的文化內
涵和生存法則，我們為之所困、所限。這些困、限、內涵、法則
恰恰又是必得解除的負擔，祇有完全的解除，智動才能呈現世界
的全義，呈顯性智的真覺。

　　那麼，如何去解除這些負擔和困限呢？回觀人類的行為方
式，除印度文化、中國道家文化有先天的覺悟外，他者似乎未能
為此等使命作出貢獻，甚或相反，諸多作為是反其道而為之的。
這樣的結論初看實不難認可，然認真體量之後，實在不然，貌似
的反動，亦恰是應為之動，迂迴之動，值得我們去深思和明辨。
現以二例為說。

　　其一，西方文化。

　　西方文化於當今世成就了四種主要結果，一為道德理性主義

哲學,二為物理化的自然哲學,三為主體構成性的制度體系,四為現代宗教。觀察西方文化的成就和其演繹、起源、發展過程,不難看到陽動之於智動之下的奇特與歪曲,然而,正是這樣的特定和歪曲復使我們從中得以窺視物理性之於本然性的輔助,以及智慧返還於本原的必然趨勢。

西方文化極致反映於世界的印象是生存的絕對化,以至於文化最終圍繞生存所展開的核心價值祇有兩點:自我與功利。居多時候,自我與功利在其文化中是絕對的,餘此之外的世界全部被放棄。導致此極端的原因極為複雜,且以邏輯環節相環相套,不過,簡約描述亦有可能性。

大抵言,西方文化之最大特色是其起源期斷裂了自然本根,以致後來的文化是在失去了自然本根綴繫的前提下人力自為演繹建構的。既是幾乎完全人力自為所建構的文化體系,就不難理解其強勁激動的內在特質了,即它幾乎完全拋棄了陰靜之於該文化的修飾與沉澱。

那麼,為何會斷裂自然本根呢?這便要涉及到西方文化所以生成的原初條件,它們包括:地理環境、經濟方式、人種及種族構成、主觀感覺與判斷。要之,文明帶西段地域其實整體上並非優選的農業文明所在地,地理上乾旱、開放、不適合大規模草本作物的生長、外援依賴性強等要素,使農業的生成與發育一開始就有畸形之勢。此外,本地域人種和種族構成極為複雜,群體之間的天然疏離狀態十分明顯,而承狩獵習俗而來的人類,很容易將群體間的生存搏擊、競爭、獵殺諸習性帶入農業社會,特別在生存環境極為惡劣的前提下,這樣的競爭與搏殺會成為壓倒性的生存法則。復次,草本農業的被限制,致使穀物在農業社會中嚴重供給不足,這又極大地降解和破壞了農業產業之於文明形態的主導作用,使之不能主導文化的演化方向,並淪為了輔助地位。

　　所有這些與人類文明，首先是農業文明的基設相矛盾，結果是，雖然局部地區完全有能力形成農業文明的文化體系和社會結構，如早期的兩河和埃及社會，然，以整個文明帶西段說事，則農業文明與農業文化卻無力正常發育與發展，而其實，農業文化恰是人類初級條件下，可以守陰順從的智動載體。

　　一方面是農業的承載不足，另一方面是無情的生存壓力，結果祇能是原生態的破壞與放棄，生存變成了壓倒一切的中心事件，為著生存競爭，為著生存搏殺、戰爭、政治，積久而後，當難以計及的種群全體都捲入生存的搏擊、較量之中之時，人性中的責任倫理也祇有壓縮至自我的底線，人們被迫將自我（包括早期的血親群）之外的他者（他人、他群、自然物）均視為與己無倫理和道德關聯的他者、外在，其中可佔有、使用者為有用之物，不可佔有、使用者為無用之物。這樣的想法、觀念和心理最終成為了文化元素和內涵，其結果是，自我與他者、外在斷裂，直至與自然本根的斷裂。現在，文化的建構與自然本根無關，完全聽命於自我與功利的需求而為。在搏殺廣普化的環境中，這裡最後祇能形成強盜社會。故知，以自我和功利為核心的西方文化，其實是以強盜的邏輯來生成與演繹的，故其激動之至，實在罕見。

　　西方文化除了自我和功利的本質之外，還有物理化、外在化、他因化和理性化的表徵。經過幾千年的發展、演繹，這個以自我和功利為核心價值的文化現象，卻在不意之中有了一種隱約的蛻化的可能性，其所蛻化的結果，很可能恰是其核心價值的解構。

　　自我的強化，讓西方人有了主體的觀念和制度設計，而主體的異化則是，人的同質化、同型化，個性的消解，人的公共化；上帝的信仰，使世界外在化，世界他因化，人反致成了異鄉的被

拋棄者，進而有了存在主義的恐懼和失落，人祇能成為物，祇能經由物理來理解和解釋，人最終成了存在與物，沒有了人的特定；世界的物理化解析，終於論證了有生於无、在的有限、在的虛假，祇能預示有无的循環，佔有、所有、自我、養資源的簡陋與幼稚，祇能證成人不是自己，而是必然要自然化。如此之類，一個強勢博起的自我與功利的文化體系，卻最終要以這樣的方式歸於世界的全義之中，實在大出意外。不過，此恰是陽動的詭異：給予你充分的表達，然後自我化解。

其二，中國的政治與道德文化。

中國文化與西方文化大為不同，它一直固守著本原、本根，不曾輟墜。然而，某些詭譎之處仍然可圈可點。中國文化有北方、南方，甚至東方之分，而以北方為主導。東方文化較早併入北方文化中，以致失傳，而南方文化則憑居輔助地位，平衡著北方文化的強勢。

北方文化起始於政治征服的衝動和慾望，所以依動機和方式言，它帶有雄性特動的內質，祇是這樣的特質生成於陰主的農業文化之中，外加南方文化的平衡作用，以及諸初始條件不若文明帶西段那樣多維多樣化，結果使它亦不能成長為西方文化，而是走了協調陰陽、動靜互衡的文化建構之路。其中，必得要予申述的是，東亞的初始條件非常有利於農業文明的生成與發育，其中的突出成就是政治征服具有強勢的單向單一性。從某種意義上講，正是這種政治的強勢與單向單一性，肇起和驅使了本地區的文化建構。

北方征服的成功，意味著它有了建構意識形態的需求（北方文化恰是以意識形態來生成和演繹的），祇是其前期，這樣的需求尚無能變成事實，它必須等待特定的建構者。這樣的等待約持續了一千多年，直至中國文明的中期商周之際，才得以成就。

　　中國原有文化的主流雖受政治強勢主導，可其根由的邏輯鏈並未更改，即由體而相而用，由陰而陽，陰靜為本，陽動為標，若《坤乾》，若《歸藏》的先陰後陽說是其證。延至商周之際，周人以「蕞爾小邦」起意統治偌大中華帝國，其動之至，確有空前僅無之感，而此，便有了更強烈的事理說明的需求。周公乘機而動，變轉古來之靜動本末之理，顛倒陰陽，出示先陽後陰、先乾後坤的《周易》學說，為周人的造反、革命造勢說法，為周人的統治定規設制。從此，中國文化中便出現了反例，陽動——本為標末的在、用行為之理——因為政治的需求，被置諸了主導地位，而更本質的支配之理陰靜則處於了輔助地位。

　　這一重大的道理變位——本是錯誤的歪理，無非便於政治慾求而已，不過，周公之智在於，他擅於假借依託——從一開始，它並不以周人的政治慾望示人，而是拿人說事，以人事與天命的搭配、承載作為論說的骨架。於是，人的主觀能動性這一更盡人性的主張，便從其說中獲到了合適的安頓。在周公那裡，這種主觀能動性被理解為了德政：政治道德化。它特別地符合國情人性，是安撫被治者的精神慰劑。後來，作為中國第三者宗師的孔子，所以繼續高舉乾坤哲學的大旗，正在於這其中的主觀能動性對他有特殊的啟發和引誘，他把德政的德改變成道德的德，並以此作為平衡政治單向性、單一性的砝碼，認為人性之至者，即道德的完善，故社會、人類均應以善為真理的標準和裁判準則，由是可至人類的大同之境。而主觀能動性即人的完善能動和嚮往，所謂成聖成仁的積極覺悟和意識。

　　孔子對周公的改變其實是根本性的，然而他仍然要尊寵周公，正說明他對周公思想形式的認同，即使他所為決非周公所能思量，卻不影響他對其軀殼的繼承。結果，本以道德為核心價值的孔子思想和體系，依然要以陽動、陽先、陽主的方式來表現

之，實在有不合理喻之處。因為，道德之意非陽辟健動，而是陰翕靜順。可見，孔子的錯位也是不言自明的。此處，參之老子學說，便明瞭所以。更後來，董仲舒索性大錯特錯，逕直胡說「陽德陰刑」，也就不去多說了。

　　不過，話說回來，周公的錯解，孔子的錯跟，除卻其學理錯誤之外，於事實言，也算是一種特定的陽動之舉。而且，周公也是人類歷史上第一位將陽動哲學意識形態化，作出文化建構的人，且不論他所支持的政治現象如何如何，單就他所發現的人的主觀能動性或人的主觀能動作用言，實在是天機的再現，孔子之所以將錯就錯亦在於此（後來，佛家所為，其機巧亦在此）。人的主觀能動性是陽動之最後形式，不論它的前期會有怎樣的錯動、亂動、盲動、胡作非為，而其成熟態、完成態定然是性智覺，是世界全義的昭彰。所當為者，恰是孔子、孟子、理學家、佛家之大意：引導人性、智慧由感覺而理智而性智，成己、成人、成物、成天。此即陽動的真意義、真價值。

　　至此，我們可以約略理解老子所謂「反者，道動也」的真義。

　　陰本之反面為陽動，或陰陽相合即為道、為體。依學理言，道或體的陽義可作如下理解：

　　全陰的變相，始出陽動，即大爆炸，是為相動；

　　陽動是世界的價值與意義的始發，而意義又有全與殊之分，陽動的終極是世界全義的呈顯，無論世界的全義還是殊義，均得由動和在來呈顯、來承載，是以，動與在是必得衍繹的形式與方式，於是因動而有了在，此為域動，即世界的量子化（準確的表述是陰无中出現了量子世界）；

　　域動使世界開始有了承載、擔當，但也顯出了先天的局限性，這便是a.各自為在，如若僅此，則不過是另一種形式的陰靜，無關意義和價值的張揚，為此，在下去必得要有驅力，動才能繼

續，由是有了b.攝養以為在的需求（相養本為陰德，卻得以在、動的形式去表現），攝養以為在的本義是攝相以為在，而在在的環境和條件下，攝相被扭曲為了攝在，結果是攝在以為在、攝在養在，有了攝與被攝的驅力，動因得肯定，可相動和域動都不足以讓意義和價值順利前行，因為動的方向性不足，難以償動所願，於是，域動之後，便出現了能動，這便是生命現象的發生。

能動有了明確和具體的方向，可早期的生命現象受制於單一母系的傳遞，雖有攝生命養生命的驅動，卻難以讓生命形式多樣化、複雜化，意義與價值的呈現始終不明朗，這樣，能動中又孳出了特動，是為雄性生命現象出現。

雄性的特動具有強勢的搏擊、衝突、競爭特徵，其表現是性的驅力，而其實不過是能動的特化，最終它導致了人類的臨世，這便是智動——以智力去動作，而不以機能、體能、本能去動作，智動源之於前導的域動、能動、特動，所以難免其負面影響，尤其是前期，攝生命以為在、各自為在諸先天痼袋樣樣迫人，使人的智動很容易被自我、生存、功利、慾望諸假象迷惑，不得其解，所幸，智動會成為文化現象，它是記憶、反映、本然、能動的彙聚，積久之下，它最終會清理出意義和價值的頭緒。

大要言，文化可因環境原因分列別致，有直覺其本然、本體者，它會直截了當地超越自我、功利、慾望諸假象，還原世界的意義；有衹理會和感覺自我及生存本身者，其始，它不會以他者為意，一意營造自我與功利事業，盡慾而為、而功，不過，過程的邏輯最終會凸顯自我與物理的虛托，漸顯本然的大意；有陽動陰靜相衡者，以陽動為政治慾求之託付，而其中，隱約所在，是人之能動性和道德覺悟的開發、呈現。於是，智動所向，依然是性智覺，是世界全義的呈顯，人類由之漸入角色，承載天命。可見，智動之後，是陰陽合道、動靜同一、體用不二。◎

100.前言陰本陽動、陰陽互補而有大千世界，陽動乃世界之為世界的不二法門，唯陽動可成就世界。然則，陽動祇是程式與方式，而非本真。此意可約之於唯識宗的阿賴耶識的變現說。唯識認為，世界諸象均由第八識「阿賴耶識」變現而有，因而現象是緣虛執取，以為實在。阿賴耶識所以能夠變現，乃因為它蘊藏著變現的種子，此種子有淨與染的兩種性質，即所謂有漏、無漏二類。有漏種子為世間諸法之因，無漏種子為出世間諸法之因。這裡的有漏種子約略即陽動之意，無漏種子即陰靜之意。故知，世界之現象是由陽動或有漏種子成就的，而其智動乃有漏種子因的最大之果。◎

101.日前從電視上看廣西土著民的法器銅鼓，說是源先民的避邪、譴神之具。此類法器於遠古，想來居多，祗是文明社會漸行已遠，遺存稀少，土著社會則多有保留罷了。進而思慮，所謂法器、法行，無論精美的銅鼓，還是貝殼、牛骨，其實祗是工具、載體，它們所承載的是人類的嚮往和追求。嚮往和追求什麼呢？簡約說，人之於物、域的解脫和為人的無限自由。

大抵言，這也許正是人出格於動物的所在處。動物也有自由的嚮往，祗是，它們除憑藉力能和本能而外，這樣的嚮往實在無有他法承接，而人類則不然，它在力能和本能之外，多出了智慧能動，而正是這樣的能動幫助人類有了他途去追求、去滿足自由的嚮往。

聯想起來，圖騰、巫術、法器（禮器、儀式是其變態）、科學、技術、哲學、宗教，其內質並無二致，均是人類希求經由此等方式從而獲得人的最大自由和放任。所不同的是方法、方式、路徑、層次、境界的差別。

一是以圖騰為代表的神靈方式。

此類方式優先承認有超能的實體，它無所不能、無所不為，這樣的超能和實體首先具有主宰的意義；其次也是人類的楷模，可以仿效、乞求，以便獲得超越其自身的能動，從而有出入有限的回報；此外，這樣的實體和超能亦是可以駕馭的，祗要方法得當——後世，這種方法經由巫術、巫師而專業化，已成為特技，非常人可以掌握、理喻——通過適當的方式和儀式，或借助法器，可令超限的實體和超能為人提供服務和說明；最後，一種特定的猜占方式亦能窺知此超限實體的本意，如占卜、相面、風水、算命之類，這種方式雖不能制超能而用，卻可以趨吉避凶、減降損害，獲取成利。此類方式中，人的自在與超限實體的外在是固有的二元前提。大體上，原始自然神、自然神、原神、宗教

神均是此前提的延伸觀念。

由於二元前提，加上自在者人類又為形物所制限，當然就不免對超限（無有限制的）實體的崇拜、乞求、虔敬，以及猜占、駕馭的諸般方式，而其實，這樣的崇拜、乞求、虔敬與猜占、馭役均有動機的無奈和自利的功利——惟宗教神論中的某些學說方有所突破——所以拯救、好處之類成為了日常用語。問題是，祗要有兩在的前提，祗要有形物的界域，任何自由、放任終將是不可能的，更重要的是，將自由、放任寄望於他者而非自己，不論這個他者是誰，顯然是無望之望。故知，此種自由的嚮往無有正果。

二是以科學理性為代表的理性方式。

此類方式首先是從第一種方式中脫穎出來的，其次，它祗刻意形物的功利探究，試圖以滿足人類物利慾望的方法去達到自由與放任。此種方式的功利意義自不待言，在大功利科技、商業、工業的場景中，其功利效果往往出人意外，然而，以物養物、以在養在的方式終將會為物、在所制，難以突破有限的框限，而且，隨著物利的極大化，人的慾望更會以幾何方式膨脹，以致物利終不濟慾求，於是，所謂自由、放任之說依然為界域所困，不能輕易解脫。

此種方式所以有限，問題不出在方式本身，而出在該方式生成的前提偏差，即它僅以物理的方式去行解脫之行徑，不能放棄界域、有形的虛妄，反被世界的物理性困厄，無法超越。而所以祗有物理的探求，又因為源發此種方式的人們、人群，在其觀念和方式形成之始，不幸墮入了為生存重壓計祗求生存功利、無復他念的異常環境中。在拼搏尚無保障的生憂身患場景中，責任倫理意識會急劇收縮，以致必須斷裂他者方可憑倚為之，最終所凸

顯出來的祇有自我、功利，以及探求功利的方式、手段。為了自利必須收縮責任倫理，而收縮的結果恰恰是，或者成為敵人、他者、競爭者，或者虛無、斷裂，以此，最終失去了自然本根的綴繫，自我、世界成為了漂浮的自在物，無根無由，唯餘獲利的最佳方式和手段，唯有不得已必得與競爭者共繫的理性及其制度。這些僅存之物經過無數人的智慧能動建構，最終呈顯為了道德理性主義哲學、物理獨斷的科學技術體系、主體構成性的法律體系。

故知，斷裂自然本根的任何自為方式，不論它對世界的物理本身解析得多麼透徹、完整，終將無法實現真實的自由與放任，所能者，祇是相對的強勢而已。此種強勢是物對物的強勢，是域對域的強勢，乃虛假的人力構築，非世界本然的真正把握。或說，它不導致自由和放任，而是固化不自由。自由是自為、自主的，以人的能動去實現自由、放任的確是必由之路。科學理性的方式滿足了自為、自主的形式要求，然而，祇有物理性的為和主，永遠為標而非為本，亦當不得其真。

三是以性智覺為代表的本然方式。

此種方式首先不視世界有內外兩在之分，世界就是內，就是本身，沒有外在，沒有他者，無需他者的恩賜與救贖、解脫。其次，世界有其本根與形式表現的關聯，本根是原，形式是果，其中間的過渡者是因，全部形式均是原的異化與諸因的同構。形式是外在，卻是本原的呈現，其間，雖有呈現與構成、作用方式的差異，然其本然性卻同一不二，正是本然性維繫了世界的完整與合理，而非物理性。這表明，所謂物理性即因與果及果與果之間的關係狀態。因為是形式，所以諸因與諸果是變化、變易的，也正因為它們必得變易，所以也是暫且和形式化的，這樣的變易與形式化恰正是世界的物理性之所在，而不變和本原者才是世界的本然性。

　　既為形式和變易、暫且,就不免被動或使動,就意味著不自由、不可放任。故知,就果和在言,就物和形言,其本身是沒有自由和放任的。如若其中有某者認為有自由與放任的嚮往,那麼,除卻相對的自由與放任而外(這並非真正的自由與放任),真正的自由與放任恰正是自我、形物、界域的解脫與放棄。

　　在是各自的,也是界域的,這便同時意味著有限和限制。邏輯上言,所謂自由與放任便是有限和限制的解除,然而,直接的解除同時即是在或物的無有。它是歸真了,卻真得沒有意義和價值。因之,這樣的直線邏輯並不真實存在。對世界言,邏輯的展呈是曲線或非線性的。

　　所謂非線性是說,體變相養用顯,同構互助自足。或即說,體變為了相,諸相同構而成在,在的界域化和形式化、表象化,使在既為各自,也由之有了互助、互養關係,包括競爭、衝突關係,由之世界便複雜化(詳上闕有關陽動的討論)。在這樣的複雜化過程中,相的煉化和聚斂,在便有了智慧化的實現。其意義是,它不祗是承載、呈顯本根、本原、本體,亦可反映、感覺、觀察、理解、把握世界自身。依據各自為在、攝養以為在的原邏輯前件,這樣的反映、感覺、觀察、理解、把握,亦是由有利於自在、自我的方式開啟是,所以是自我中心和功利先導的。然而,其價值與意義的無限前景是可以預期的,即最終解除的非線性邏輯鏈是由此延伸的。

　　既然邏輯是在原邏輯的前設上開始的,就不免以下缺陷:有限與界域的缺陷,能力禁錮的缺陷,自我優先的缺陷,物化供給的缺陷,有形及短視境界的缺陷,物理捆綁的缺陷,等等。各自為在,使在者首先、優先看到的是自我,而能力的缺陷又使它對養源的理解出現缺失,從而引發了物理養源的有限和稀缺,這二者相加,便是在下去的激烈競爭與衝突,而競爭與衝突很容易

失去在之所以為在的真實意義與價值，扭曲邏輯路徑。前言兩類希冀自由與放任的方式由此而來。第一種自視能力不足，便將希望外求，想像有超限的他者能予自我幫助和提昇，結果是自我在界域化之外又有了奴化的事實；第二種則視理解和把握貫通世界的方式——所謂科學技術、理性理智的方式——為功利的手段，認為祇要索取了就滿足了，就自由了，結果是不僅同類成了競爭者、衝突者，世界亦成了他者、外在。

此表明，前兩類方式都有之於世界理解和把握的缺失，更有對自我定位的錯覺。其實，當某者作為在有了嚮往自由和放任的意向時，即已表明，這是在的一種特定覺悟，緣此而覺當是突破形物在域的制限，直接本原。或說祇要解除了形式與界域，便是自由與放任的真實。故知，真正的自由與放任是還原。

不過依前言，直線的還原非是世界的本意，非線性的還原才是路徑所在。那麼，如何去曲線還原呢？這首先需要理解，世界是物理性與本然性的同構，物理可解決構成和行為方式的問題，但不一定真實、完整，要想有真實、完整的理解，還得理會世界的本然性。

其次，世界是內部化的，沒有外在和他者，所有的複雜化狀態和情形均是體變相、相互養、相同構，即體即用、大用顯全體的自足。有所差別者僅在於，由於某者的呈顯，使這樣的自足和複雜化方式過程有了自覺和能動的可能，從而改變了單一被動的驅使。因之，自覺地還原和自覺地能動便有了特殊的意義和價值。或說，人之所以為人，即在於它有了自覺地還原的嚮往和能力。

復次，自足與複雜化是過程的滿足，也是在之為在的完善。所以說還原不是線性的，即在於，線性的還原失落了過程和在之為在的完滿的內涵。因為，還原不祇是有了這種自覺的嚮往，更

還有還原的可能，而還原的可能則是指自覺者之於世界完整性、構成、行為方式的理解和把握。即，世界的物理性是自覺者必得要去理會的，沒有這一前提，所謂還原便是空談。其中，在的原邏輯說各自為在，還要攝養以為在，而攝養在非自足的前提下，祇能是初級化的：以在養在，及其變態以生命養生命、以惡養惡、以利益養利益。而其實，作為養之客體的在、生命、利益、惡之類均祇是形式，養的本質是相。即，以相養在才是完善和真實。然而，由以惡養惡、以利益養利益、以生命養生命還原到以在養在、再至以相養在，恰是世界之複雜化自足的必經過程，自覺者如若不能突破界域、形在的局限而為以相養在的真實、完善，則它就不是真實的自覺者。在這一過程中，某者的慾望、驅力恰好就成為了非自覺前提下能動的業因，正是這樣的業因驅使著人們去探究世界，瞭解它的構成、行為方式、功能價值。祇是，自覺者之為自覺者，縱使它在本能驅動下去行為，最終也會超越慾望本身，漸慢地將慾望、物利動機更衍、創化，使自覺意識顯現出來。

現在已知，前言的兩類追求自由和放任的方式並非不必要。對不可理會的東西予以敬重，恰恰是對不自覺者、不充分能動者的防制，它可有效地減少能動者之於環境的破壞，哪怕人們憑錯覺將其不理解者視為神，亦無妨。故知，粗野的能動者是需要本能和崇敬來制約的。激烈的生存競爭、衝突致使世界斷裂，出現了外在、他者，亦致在的敵對化，可它亦因之求索到了之於世界的物理研究和發現，有利於能動者之於世界的構成和作用方式的理解，有利於實現以惡養惡、以利益養利益、以生命養生命、以在養在的昇級，終會由此邏輯鏈條達於以相養在的真實。當真實漸顯之時，人們會漸漸覺悟，所謂斷裂、他者、外在祇是一廂情願的假象，世界本根不可能斷裂，也無有所謂外在、他者。所斷

裂者，其實是觀念的錯覺。故知，物理的功利化、世界的外在化、他化和分裂亦有刪繁就簡、還原成就之功。

至此，所謂第三類方式，其實便是前兩種方式的融合。當然，若以一種方式論，也不妨視為東方的性智覺方式。東方文化中的性智覺是在自然神論的基礎上，極致恢弘人的本然性內質，使之義理化而成就的一種超越智慧，其意在解除或化除自我、形式，還原本原、本根。其中，如何還原，即還原的方式探究導致了東方各家的差異。有所謂直接還原者，有所謂唯識去智還原者，有所謂道德善化還原者，有所謂思辨助成還原者。東方的諸還原方式中，的確缺失了西方的物理理性方式，以致各種還原總是無法越過人的肉體慾望這一關隘——老子說，欲取之，必先予之，用之於此，當知東方哲人未能探察本原之於在、用的予取之法，故可深思——以致成就不顯。現在已知，某者既得之於物理構成，乃為諸相的同構，其初級解除之法還當由之物理，通過物理去滿足慾求，才能放棄慾求，通過構成和作用方式去完善嚮往，方可超越嚮往。

然而，物理的還原方式不能成為唯一方式。說它衹是初級方式乃在於，首先需要將物理作為人們的物利手段引導歸置於還原的方式之中，否則，一味的物利訴求，衹能是衝突、競爭的失控；其次，東方的以智去智的方式、道德化善的方式、成天助成的方式需得與物理的方式融並貫通，共同承載還原的使命和意義。因為，衹有以善和化除自我為取向的還原，才是真正的還原，才有真實的自由和放任。

現在，我們把這樣的融並貫通的還原命之為還原證成。所謂世界的真實即：世界是內部化的，世界亦是必得還原證成的。唯有理知了此真實的在者，才是自覺的在者，亦是真正的自由者。◎

102.人之於天（或說為神，或說為體，或說為自然，如自然神之天、天神之天、天地之天），本為同一不二，奈何人具有意識能力，乃妄斷為二。智能的初步多憑己而為，多以直接滿足承載者的物利、功利需求為主導，想也是理之當然。祗是，這當然是場景下的當然，並非邏輯過程的應然。在的原邏輯是各自為在，且得攝養以為在，而攝養又是扭曲之為，不能攝相養在，祗能攝在養在，甚至於攝生命養生命、攝利益養利益，極端於攝惡養惡。這樣的扭曲和變態當然會強化在的自在、自為、自我本能，以至於人，當它有智慧能動能力之時，首先會將這種能動、能力用之於自我的強化和保障。本來在的各自是因，智慧能動是果，不巧的是，智慧能動的經驗卻反其因果而為：因觀念、經驗而理解、認知世界。錯誤的果會予世界錯誤的定位，結果是，天人二在便成了人類早期智慧的共識，無論東方、西方，兩在的前提並無不同，所不同的是後來的對待方式的差別。

要言之，人類對天的態度有三類：助天、求天、役天。

役天，亦說為勝天。它是特定生態環境中，人們繼續延伸天人兩在的思路，並最終斷裂自然本根的結果。役天的早期表現是文明帶西段強者的強盜群體因英雄而有的反神祛魅行為，後來，隨著理智和理性的興盛，天被外在化、客觀化，成為了真正的有學理設定的外在世界。在主觀者眼中，外在世界或者有功利價值，或者有滿足智慧求索的價值，故而是可以駕馭，甚或是奴役的。因為是外在、客觀、他者，所以其攝取、研究完全是理性、理智之為，其中不帶任何情感、道德、善的因素，結果便可想而知。

善、道德的本質不來之於理性，雖然理性也會導出某種善，如公平、正義，善的本質源之於自然本根的本然性，即全部在均乃本原的表現形式，故各自為在祗是形式而非本原，真實的世界

恰是同一不二、即體即用的，所謂善，即是智慧的能動之於這種本然的感悟、覺悟，是這樣的覺悟彙聚而有的文化現象，若無有這樣的本然性覺悟、自覺，就不會有善，有道德。反之或可說，你對在之間關聯狀態的把握、認知界域，實決定著你的善的效域。所以，在強盜社會的場景中，當人們完全斷裂外在、他者，最後祇剩下自我之時，同時亦意味著所有的善的斷裂，善的覺悟的缺失。後來，為生存計，人們不得已而有了妥協、理性，設定了對等、公平之類的原則，並因而產生了社會秩序、社會關係，而其實，這種善並非真正的本然之善，而祇是理性而有的正義之善。

求天，即乞求於天。通常情形下，它是人類中弱者人群容易生發的一種智慧能動現象，東西方均有表現。不過比較而言，西方更成規模，這是因為它演成為了宗教現象。如前所言，文明帶西段演為強盜社會，在原神的意識和觀念之下，強盜社會實是由強者群體與弱者群體共同組成的。後來，強盜、英雄們反神祛魅，原神體系崩潰了，強者群體繼續沿著主體化、自我之路發展，最終建構了包括殘留原神觀念在內的理性文化體系，如道德理性主義哲學、主體構成性法律體系、理物化的自然哲學之類。這種文化極盡功利、自我、世俗、理性的特徵，成為了後世西方文化的主流。強盜社會中的弱者群體則不然，他們無法在強者的強盜面前舒展生存的慾求，被迫流浪、欺壓、奴役，在生存困厄和死亡的巨壓之下，他們祇有乞求外力，特別是超限的外在者的拯救、幫助，最終聚斂出了宗教神論體系。這一體系盡顯人類的虔敬、謙卑、屈從之能，其目的卻不出功利之外，希望獲得家園、土地、人格，希望可以生存下去。所以拯救、救贖、崇拜、懺悔成了宗教文化的主旋律和主內涵。

　　經觀察得知，求天者與役天者相較，有同異駁雜處。其異者，首先是天的定位有別，求天者視天為神，為絕對、為統治者、締造者、支配者，而役天者，卻予天以客觀、外在、他者的設定，可攝利、可研究，其相對性、被支配性鮮明可照；其次，求天者之天（神）是完滿、絕對，故無需人的能動作用，人祇是實現神的意志即可，至於這意志是什麼，其內部差異甚大，後來有一派使之與善、愛相關聯，而其他的學說則可能相反，竟成了人域衝突、戰爭的路由，而役天者則對天、自然無有任何情感關聯，一味祇是索取的對象，以致工業革命開始，人與自然的衝突、矛盾全面極化，鑄成了無以延續的困局。

　　其同者，是二者共視天為外在、他者，與自己無有本原關聯，屈從與掠奪實乃二元世界觀的兩極而已。

　　助天者，即幫助天、成就天。其觀念之源起，確有二元之意，不過，後來，經聖哲們的覺悟和思辨，這樣的分斷反致成了智慧主觀能動的內動力，是以可忽去。大要言，助天觀是東方文化的主流觀念，它可分別表述為體天、知天、助天、成天、同天等概念。這一觀念的大前提是，世界是由本原、本根和它的形式同構而成的，無論其形式是什麼，也無論它們之間有多大的差別，均是本原、本體的顯現，所以，同根同源是其基設觀念。由於世界祇是形式差別，而本根同一，所以，這個世界祇有內部，沒有外部、外在、他者，此其一。

　　其二，形式化是由複雜的因導出的，而因又是原的分致別相，故所有形式（即在）的差別，其實就是諸因的同構和作用方式的差別所致。因的複雜的同構與作用方式不僅導致果、在的千差萬別，亦會導出過程的自足，即每一個在，無論它由什麼量維的因構成，以及如何不同的作用方式，它其實祇是暫且，而所謂過程，恰是這無數的暫且的串聯、並聯。這種漸衍漸成的複雜化

過程，會有諸在間的質量差異，即好與不好，成熟與不成熟、完整與不完整、高級與低級的差異，以致人們可以輕易認出進化、發展的特徵。一般言，這樣的理解是以在本身為參照系來理解和認知的，它不是體變相養用顯之過程本身的描述。然而，這樣的所謂進化、發展特徵的確有在的真實性，其最大意義在於，在的被動顯現與暫且會因複雜化而改變，使之出現了自覺的在者。所謂自覺的在者，是它可以反哺觀察、理解、還原這複雜化過程本身即本根、本原。

　　自覺的在者改變了複雜化衍繹過程的單向性和被動性，它不僅可以自在、自為，更可以在自在之外去覺悟本原、本根、本體的本然性和在的形式化、物理性，可以去理解所謂意義、價值之真正者、最大者，是諸在、諸用之於本根、本原、本體的還原，而且是一種自覺的還原。這樣的還原同樣是一個過程，它由物理的、道德的、去智的方式共同承載。故知，世界的全部意義即，諸在之於本原的還原證成。助天、成天說，便是這還原證成的覺悟。

　　所謂還原證成，不是物理的返回，而是即體即用、體用不二的覺悟及還原能力，多數情形下，這種能力會由物理方式去展現。現代物理之於物的解析和理解，結論出結構意義上的在可能及於超弦，以及有關質、能、時、空相對性的把握，恰好符合物理還原的進路，它最終會解除人們相關能源、資源之類的困厄，同時更會改變人對自我和世界的定位、軌持，使自我成為可失去的虛假。當然，這樣的接觸、失去、改變，更要依賴人對善的理解和覺悟，沒有本然善的覺悟，任何物理行為祇會平添困擾。

　　助天、成天的要害即在於，它是本然善之覺悟的外顯。在東方，這樣的觀念和覺悟一直也是有層次差別的，如最早期的占天、猜天的法象觀，後來的助天、承天的同天觀，最後才有了體

天、知天的成天觀。導致這種差異的原因主要在於，人們對善的理解和覺悟有別。善是血親關係的善待，還是環境的和諧，還是政治實體的同一，還是同類意識的認知，還是本根、本原的覺悟，如此之類，恰恰是人們待天之態度和觀念的前提。最終，東方的聖哲們把握和覺悟到的本然的善，真正的成天說才得以成立，如宋明理學。此前，無論孔子的同類意識、人道大同的善，還是佛家的以智去智的善，還是道家直接還原之善，均有其不足。或是不足完整，或是趨空偏頗，或是過於簡單。宋明理學的成天說，恰是綜合諸家之長，揚棄諸家之短所為的學說體系。

不過，依今日之覺悟觀，理家之成天仍有不足處，這便是它之於世界的物理性理解不夠。世界既然物化了，人既是此物化的極致者，就不能避開物的前提去還原、成天。人作為物化中的自覺者，其自覺首先當是以物化物、以物解構的自覺，此種覺悟的鋪陳，才能解除物的負擔和包袱，而後方能真正成就成天、還原的志業，否則，受物所累的自覺者，終於還是自覺不得。故知，今日之所為成天、還原證成，是物理還原與本然還原的融合、貫通。◎

103.反道謂之動，即道為陰，動為陽。故說陰陽，即道與反道。

所謂自然，即陰陽互補、動靜同構、翕辟成變，或說道與反道相合。道為陰本，或說自然之本，而若無有反道、陽動為之成就，決無自然之全然，世界之完整。所謂世界全義之說，即陰本與陽動、道與反道會合。

老子得陰本之義，故多說道，以至有偏道於自然之意。然則，道殊於自然，實非自然之全，故老子不得不說：道法自然。自然者，道與反道、靜與動、陰與陽混元之謂也。

陽動或反道之義正如前述，為五種類型：相動、域動、能動、特動、智動。諸動之中，唯智動可成全自然之全義、世界之全義，不過，其所動，既為反道之為，就不免亂動、反動、盲動之舉，且其成人之歷程中，這樣的亂動、反動、盲動當習以為常。動之本意，或反道之真實者，無非還原證成而已。人之所以為人，全在這還原證成的覺悟與作為。故知，智動之義，不在成為人的過去與當下，那祇是準備而已，而在未來之歷程。

既為準備和過程之需，任何盲動、反動、亂動之作為，就不能視為可有可無之為，必須正視之、理解之、化解之。若西方之斷根文化與歷史、中國之專制政治統治的歷史之類，斷不可一筆抹去了之，值得我們去思考與理解。很多時候，真理的顯現與理解，必得通過這樣的盲動、亂動，甚至反動才能獲得，如周公為了周人統治之需求而顛倒陰陽，成《周易》之說，釋者為說以智去智之事而為以俗去俗之為，均有成就事功、弘揚陽動、反道之意義。

《周易大傳》說《易》有象、數之據，可謂得陽動或反道之本意。陰本乃至相存本無有象、數之義、之需，實乃形、域之動發，才有了物象和數列之意味和指稱的必然、必需。故知，所謂

象、數之說，乃在、有之所屬。

相之同構、之為物、之為在、之有形、之為域，即有各自之象，是為象之所出。然則，象非僅祗各自之象，復有關聯體、相之象，是為淵源之象；亦有各自間的變動衍化之象，各自間的互動、互為之象。是以故知，象之義實有三說。

在之有象，即在之意義的指向，指向有三，是謂象之三義：體、相、在關聯、貫通之象，各自為在之象，變動衍化之象。所謂關聯、貫通之象，亦即還原證成之象，其義即陽動、反道之本意，所謂各自之象、變動衍化之象實則是還原證成之象的分殊和方式、形式。說智動為陽動之要，即在於智者有還原證成的覺悟能力和能動，這樣的自覺為他動、他者所不具有。

在不僅有象，還當有數。所謂數，是說，在既為各自，就不免滋更、增溢，此各自及其滋更、增溢就不免有分殊和綱領的必需，而所能分殊、綱領者，即數。此表明，數乃在之構成的指意。是以，知數，即知世界的構成。

以此，《易》之象、數，即在界的還原證成之象、變動衍化之象、各自之象與構成之數的綜述。故說陽動，即說象、數，說在，亦說象、數。

象有象義、數有數理，義理之要，乃《周易》之道：反道之陽動。故知，《周易》哲學即象、數之道的哲學，即象、數義理，亦即在之義理，健動之理。

二〇一一年一月八日◎

104.西方哲學的流變，開啟於初始態的相論哲學，中經神學的過渡，最終收拾於存在哲學。即，由相而在，哲學以此終結了，智慧到頭了。把相和在當做哲學來解釋並不奇怪，奇怪的是，它們成為了哲學之本。即，所謂相的哲學、在的哲學，亦是相本哲學、在本哲學。

這類相本哲學、在本哲學何以有問題呢？問題在於它們不達本原、本體，而祇是本原、本體的表現形式或延展，且將其延展和表現形式當做哲學，進而還以此為最本質化的哲學來理解、解釋，故難免大謬不然。

西方哲學先是柏拉圖建構了相化的本體論，至黑格爾，這樣的建構一直延展不輟，頗具規模。概要而論，這樣的論說雖不及本體、本原，卻也是本體、本原最近處的討論，多少會沾些「原味」。拿相作體，使因原化，用假的掩蓋真的，用表象頂替本原，是西方哲學緣起時的先天缺陷，它的體系化和理性的明快、邏輯的自足，更是強化了這種缺陷，為它的繼續下行和具體化、果化、在化，準備好了內在依據和必然性。所以，當黑格爾最後一次努力之後，相化本體論本身的邏輯建構也就山窮水盡了——因被迫退出歷史舞臺，果徑直走上前臺。此後，大行天下的是實在論、存在論、人本主義、邏輯實證哲學，甚至於語言哲學，等等。

果或在的絕對化，並成為哲學的唯一對象，這是西方哲學的絕妙所在。問題是，成為絕妙不難，難的是這樣的哲學可否長此以往。上個世紀後葉美國人羅蒂宣佈哲學死亡，不論他所依據的理由是什麼，這個結論確有真實性。這個死亡了的哲學當然是西方哲學——那個從開頭始就歪曲了哲學的哲學。

出現這樣結局的原因其實不難理解。祇要搞清楚哲學本為何物，大抵可理路清晰。

　　哲學不是具體的學問，它屬於性智的範疇，與屬於理智範疇、感覺範疇的諸經驗知識體系不同，它不對具體的對象作出分析、推理和判斷，也作不出這樣的判斷。既屬於性智範疇，便是性智覺的知識化，而性智覺恰是一種化除自我、業因、在、果的智慧，是一種貫穿、同一不二的智慧，是一種還原證成、自我（內部）自足的智慧。因為還原證成、自我自足、同一不二、貫穿無礙，所以，它是以體本身為依歸的，亦以貫透體、相、用、或原、因、果為出脫的。出此而外，非為哲學所意。故知，將表象化的在、相本身視為哲學之對象，斷無法成就哲學，祇會殺死哲學。此亦足見，斷裂自然本根後的文化若試圖成就一套哲學思維，實在比登天還難。此意亦可說，西方一開始搞的就不是哲學，不過是冒哲學之名而為了經驗之實。死了的祇是個假哲學，真哲學尚未出生過。

　　故說，哲學就是哲學，無所謂你、我、他。

二〇一一年二月三日◎

105.以智去智,乃人類還原證成必由之路。

約略言,其途有二。

一者為性智覺之法,若印度吠陀奧義及佛家(唯識)諸說;二者為理智之法,若西方的物理、理性諸學說。

比較言,理智之法與性智之法大不一樣。性智者,首先是超越、化除,故以放棄自我、放棄感覺、感覺智、理智為務,或說,跨過去便了;其次,此法的重心在智的化除方式、手段本身,多排除成就、造化、開演的去法,是以不問物理、功利、道德的漸進價值,及其複雜化的演繹,直奔智何以去智的形式意象與邏輯所以。不過,這恰是一自覺、主動、真如的裸顯,還原證成的真知所在。個中,以智去智的前智與後智是有差別的。被去之智乃感覺智、理智,或說為巧智、機智、事智,多為自我之動機與目的所發動之智慧,具有功利性、物利性;主去之智則為性智,或說為性智覺、靈明智,恰與被去之智反動,是化除自我、還原證成之智,具有超越性、本然性。

與之相左,理智或物理的去法,卻是不自覺、盲動、被動的,以致人們至今尚不能知覺,所幸,其邏輯照樣不誤。物理之去法非但是不自覺,抑且是階位遞進的,通常以試錯之法(亦稱證偽之法)為之。

常識有知,理智、物理之起,在於感覺,感覺的好壞是其端。由好的感覺漸集漸累,終致有了感覺智。感覺智的核心是自我,其價值是功利。故知所謂感覺智,正是自我所為的好的經驗積累與知識體系。不過,這種好十分地狹隘與低級,祗適用於狹小的空間和環境中,很難與他界域的相當智慧具有通約性。當然,其好處也十分突出,由於與自我最直接、短程,故其對自我的保護、反哺亦最為具體、最快速。問題是,異域間的不可或難通約性,限制了感覺智的價值,它必然要被高級次的智慧替代、擠兌。

　　理智正是這樣的後來者。理智的動機亦是自我，其與感覺智所不同者，在於自我可通約於界域之間。即，為了自我的更好、更有利，人們有了更好的選擇與判斷，其中亦包括給予相關聯者以利益與好處。可見，在理智的前提下，共利很容易成為事實，由之，自我的價值和意義獲得了新開展。從單一的自利走向相關者的共利，是理智對感覺智的超越；而且，經由不停歇的理智思考，理智之間也會顯現出高對低、複雜對簡單、本質對現象的超越情態，終致會形成自我被假象化的境地。至此之境，它的結局也與性智覺相去不遠了。

　　以下事例足證其意。

　　家父是感覺智的現象，由家父而為生存共同體或城邦的主體，則是理智思考的結果。

　　食物，特別是肉食的美味，進而引出的食品加工，是感覺和感覺智的選擇，進而，對肉食、食品和人體的成分、構成的分析、研究，結論說，過量地攝取高脂肪、高蛋白食物，反而對身體有害，從而主張合理進食、均衡搭配，則是理智的結論。

　　血親倫理、熟人倫理是感覺智的善，漸進而有的契約倫理、公共倫理、人域倫理、生態倫理則是理智對感覺智的超越，其善不可同語。

　　草木燃燒可提供熱量、能量，是感覺智的成就，而後所獲得的有機礦燃料的利用、機械能的利用，顯然是理智的佳作，其意自不待言。

　　不過，有機礦燃料的直接燃燒較之核能的利用，如核裂變，則又是小巫見大巫，其中的理智對理智的勝出，自是顯見。

　　然而，理智的深層思考認為，以分為手段的核裂變，其負面影響太過，非是人力所能絕對控制，若處置不當，結果會得不償失，這意味著核裂變其實也是一種低級次的技術，它不但不能共

利，連自利都做不到，於是一種更合理的核能技術成為了選擇之途，這便是核聚變。這種能級更高且沒有核輻射的技術，將會更有利於人類的需求滿足和對自然環境的善待。

主體是理智的選擇，它成就了人類某種合理社會體系建構的單元設計，未曾經意的是，若干時空之後，主體所要求的質素要件，卻漸次成就了另一事業：人的同質化、同型化。在功利理性和正義之善的共同作用下，人的工具化、同質化、同型化成了理智的必然追求，而結果卻是，人不得不對本能自我、感覺自我、甚或某些理性自我的放棄，反而得去成就同類質素的自我。

物質結構、功能、作用方式的探索是理智之為，問題在於，沒有止境的解析、研究，終究會出有入无，虛在還相，於是，世界之所原、所本之類的想像，便以物理的方式還原證成了……

故知，理智（更不用說前此的感覺智了）雖以自我為動機，以功利為目的，以物理為方式，以在或物為托載，亦曾為斷裂自然本根之為，而其結果卻不得不是：不停的試、不停的證偽、不停地放棄、不停地超越，一切均無法逃離另類的以智去智、還原證成之必然。◎

106.竊以為，大腦乃世界的公共產品。據常識可知，公產當作公用。此意不免有性智靈動和推論之嫌。近日閱讀《科學世界》所載《人腦——自然搭建的智慧網路》一文，方知此意的物理預設已然有之，祇需將此二者聯絡起來，上述推論便確切無疑了。

依據布洛德曼的分類，大腦皮質層可分為52個腦區，其中有4個腦區[9]是大腦（即人的大腦）特別發達的區域（所謂特別發達是指，成為人腦獨有，或為他動物如紅毛猩猩、黑猩猩之類所具有，但卻極為小且低能之意）。它們是左腦的頂下小葉（39、40區）、韋尼克區（22區）和布諾卡氏區（44、45區）、額葉前端（10區）、右腦的帶狀前回（32區）。此外，人腦頗有差別的地方還有，巨型紡錘神經元（此神經元祇有人和類人猿腦中才有，人約90個，倭黑猩猩70個，黑猩猩40個，大猩猩20個），獨特的基因，它們是MYH16（使下頜肌肉變小的基因）、FOXP2（獲得語言能力的基因）、MCPH1（導致腦變大的基因）。不過，更為特別的應是另外兩項指標：過大的大腦（皮質層面積大、腦體比重大）和神經網路化。

人腦頗為特別的4個腦區，其各自的主要功能在於：左腦的頂下小葉區是人類的抽象思維能力的功能區，它能處理由之於聽覺、視覺、觸覺而來的對象元素，從而形成抽象概念和判斷；

布諾卡氏區和韋尼克區是人類的語言能力區，它們負責交流和閱讀，從而形成知識和經驗，以此建立起文化與文明。

額葉前端區是大腦的司令部，負責注意力、情緒或自我控制、記憶、資訊處理和推理，即解決問題的能力。

右腦的帶狀前回區，是與人類的社會性密切相關的區域，可以顯示「站在別人的立場上進行思考」的能力，這種能力被學者

9　這裡的4腦區與布洛德曼的分類有所差別，見《科學世界》2011,5期，34至35頁。

稱作「心理理論」（Theory of Mind），這個區域中有鏡像神經元和巨型紡錘神經元，是人腦之物理特殊的重要區域。

總觀這4個特別的區域，不難觀察到，它們的功能趨向主要是：

a.使人成為人。如額葉前端區和頂下小葉區，它們偏重於思維能力本身的潛能承載，亦可說為人腦的本職工作和職責所在。當然不限於此，如額葉前端的自我控制和推理能力，亦有融洽社會的意義。

b.使人成為社會化的人。如布諾卡氏區域韋尼克區，以及帶狀前回區，特別是帶狀前回區，其「站在他人、他物的立場上思考」，或說「心理理論」的能力為人類所獨有，這種能力可能有負面意義，如學壞，然其正面的意義更為重要，它其實是道德、倫理、善之類價值的物理承載，人正是由此而有了向善的可能性。

c.通過學習、摹仿使人成為文化意義上的人。人的物理進化祇是人的條件預設，真正的人，甚或超越的人，非得有文化和本然性的演繹不可，而此，它對善的理解、覺悟及交流、學習、摹仿之類，便不可或缺。

d.當然，最重要的功能是大腦神經元的網路化構成，網路化才是人類所以超越他物，甚至於亦將自我超越的根本承載之所在。因為網路化可以導致幾何級次的增殖和增質，會帶來連鎖反應。

基於上述描述，我們不難解讀出以下論意。

人腦的衍繹乃自然世界百鍊錘成的結果，是世界之過程與歷劫方式的公共產品，故不可以私有視之；大腦的真實價值和功能不在孤立狀態和靜止狀況中顯現，它祇能在過程中實現，在複雜的互助、互養、交互及綜合創化中實現，依據公共的意義，其所謂顯現、實現定然是超越、超越、再超越，而非故步自封、停滯

不前；大腦作為公共產品，其根本價值是還原證成，可說大腦的
特殊正是還原證成的物理前件，既然是物理條件，當然就有其承
載者自足的先決過程，可知，大腦所特殊的學習、摹仿功能，抽
象能力及自我調節、控制、適應能力諸功能，恰正是這種自足的
必備和組成。自足之人的精要者在大腦，大腦之所來者在世界的
互助、互養、自足過程，自足的去往是超越與還原，故知，大腦
本非私有私用也。

　　大腦功能方式的網路化，使其功能效用具出了爆發式展現的
勢態。此正好說明，世界之互助、互養、同構的價值所在。以此
求來，則知，單細胞生命至大腦特化衍化的非常之限，是分工、
合作、互助、互養的傑作；以此求往，則知，類的智慧同樣對世
界意味著什麼，現下的個體的智慧差不多就如單細胞生命者的行
為方式，若得以衍化為類的智慧，才是真正的智慧現實。類的智
慧是世界還原證成的重要節點。

　　說公產公用，其所謂公用，是說類之所用、在之所用，就如
同神經元的網路化，其功能將幾何級次地爆發。◎

107.西方社會與文化在混亂過渡期斷裂了自然本根之後，人為營造了孤立的、封閉的、自我中心的人域文化體系。這個體系以自我為中心，以功利為價值，以理性為手段，極力摸索前行，時有豐厚的功利、物利收穫，以致解放、自由、堪比神祇的快樂與感覺，時而又災難頻仍，滅頂危厄如濤如熔；此外，極度彰顯的自我觀念與意志，又必得遭受功利、物利慾求的重負，以致無窮的功利、公平、正義慾望，必得要以人的工具化、角色化、同型化為代價，方有可能，結果，又使人本失落，有著無盡的被拋棄和異鄉的壓迫感，難以回歸。

為了滿足物利（所謂權利、公平、正義之類）慾求，無盡的摸索已是不知所以，無有歸路；或者將錯就錯，試錯證偽。無奈，無論經過理性修飾的試錯之法，還是經過物理科學包裝的技術方式，無不讓人類對試錯之錯和技術之術有難以敵對的危機與重壓。且不說社會構成領域中的強盜行徑與強盜邏輯的惡作，且不說戰爭與政治較量中的界域對抗與英雄心性，僅就工具理性和技術程式的不可控後果言，人類及其環境的整體危機大有變本加厲之勢。這裡，人類及其價值、功能的被異化、扭曲，實在是必然之果，亦無以復加。金融危機是工具理性與貪占慾望交互作的結果，它讓絕多的有關無關者深受其害；核威脅則是功利主義與物利慾念，外加不成熟的物理認知諸因共同所造，更讓人類倍感滅頂之難。如此之類，不勝其數。

問題在於，我們被這樣的科學、技術、理性、功利、自我所包圍，並深受其害，卻無動於衷，沒有懷疑，更不會去追尋其過錯的因為所以。如此之情狀還將持續下去，我們還將承受更大的災難，直至滅絕的境地。

另一面，在極盡張揚的理性精神、功利主義、自我神聖——它們更具影響力的代名詞是科學、民主、自由、人權、法治、憲

政、現代化、富足、快樂、幸福——諸現代觀念和西方文化標準的高壓下，我們已極盡全力批判了東方社會與文化的方方面面，它的內質、它的形式、它的外延、它的品格，無一倖免。那些曾經的道德倫理，那些曾經的天下大同，那些曾經的天人合一，都被碰撞得灰飛煙滅、坍塌不振。果真如此嗎？非也。

西方文化何以有如此險惡的困厄（現在大多數人的心態是：a.無可奈何，邏輯不可回逆，祗能將就前行，b.慾望無盡，總希望逃過些劫後便是天堂勝境，僥倖期待，c.狀況有錯，原因不可知，無法批判）呢？其實並不難尋找原因。這個原因的終極是，西方文化在混亂過渡期斷裂自然本根之後，它已然成了漂浮之特域，全部人域事務、文化均乃這特域場景中自作自為自受之劇目，無關域外、無關本原、本根，當然就是瞎摸、瞎撞、胡作非為，至於錯誤，撞上再說求解之法（所謂試錯證偽之說即此）。這樣的情態非一日之象，數千年來不綴不墜，長盛不衰。其內因便在於，即便是瞎摸瞎撞，它也確有其中心與價值及依憑，這個中心便是自我，這個價值便是功利，這個依憑便是理性與科學。是這樣的中心、價值與依憑的強勁衝動支持了此文化與過程的持續，然結果卻不外乎，它始終不出原地轉圈之為。其圈可能憑就科學、物理有擴大趨勢，可中心的自我恰似一根繩索，早已牢牢地繫住了其文化的要害，無法脫韁而去。

反觀近代以來飽受批判的東方文化，它一直死死死咬住自然本根不放不棄，自視為本根、本原的形式與還原自然本根的參與者，虔心致力於還原證成的必然之旅，無有自我與功利的顧絆，一切是那麼清晰、明確，不會停滯，不會界域化，當然也就不會為著功利的目的去為膚淺之技術，為理性之修造去為危害之惡業。由此及彼，反轉再為參照系，不難明瞭其中機樞。

　　此理至明，無需多言。故知，西方文化與社會之前途實不在牢地圈轉，而在於解脫自我，還原證成自然本根的必然。當然，其已成就的功利、理性、科學、技術、同質、同型諸般功業，若得轉換為還原證成的承載，則知，其功德志氣可謂大矣。◎

108.八卦帝國，道德中華

日前授課，忽來靈感：何以伏羲要出「八卦」呢？何以後來的主流文化要尊寵伏羲呢？答案其實很簡單，中華帝國之肇啟，全在這「八卦」所設定的世界觀上。

「八卦」者，八個文字符號也。此說祗是表面，而其實，它更是八個基本範疇，八個預設的概念；進而亦可說為八條基本原則——理解世界、解釋世界、把握世界的基本原則。這一說法非常重要，無論這八條原則或範疇本身準確否，它的意義恰在於：世界是可以把握和理解的，世界是可以高度簡並的，世界是內部化和內部性的，世界是有公共價值和普適原則的，世界是可以人力參贊化育和還原證成的。

這樣的預設奠定了中國文化和社會演化的理論基礎：大而化之、籠而統之、天人合一、主觀能動、贊化成天。

長期以來，我傾向於認為，黃帝之所以肇啟中華帝國，乃主觀慾望——征服他人、他域的政治統治慾望——所致，乃人的雄性本能所致，且有多處說及此意。現在看來，此說得有所修改。主觀慾望的確不假，但這卻非僅是一個本能慾望所能了了的，或可說，它其實更是一個受世界觀支使的主觀慾望。這個世界觀便是上言的伏羲「八卦」學說。大意是，既然世界因幾條簡單的原則即可把握和解釋，那麼，人力參與至世界的事態、狀態和過程之中，使這些基本原則更好顯現出價值意義，則是人類智慧最好的價值實現。對人類言，它首先有特定的才質，所謂萬物之靈秀（後世謂為人腦、智慧），所以得有特殊的使命和價值；其次它是同類的，所以這樣的使命和價值非是個體的，而當為整體的選擇和實現。然而，這樣的體認卻遭遇了早期人類野蠻、落後、分散割據、血親為政的現實，為此，需要通過一非常手段破除這樣的低俗體狀，將人類組織起來，去實踐參贊化成、天人合一、能

動還原的價值壯舉。這樣的組織或實體首先是政治性的，因為祇有政治的強制才足以破除人類動物性的頑劣與陋習；進而，它會漸入倫理性之境，實現人類完善還原的終極價值。於是，黃帝以其對伏羲「八卦」思想的理解和把握，他推去了他的領導者神農氏，取而代之，開始了中華帝國事業的建構與演繹，是以有了炎黃帝國的事實。可以說黃帝之帝國即「八卦」帝國，或即說用帝國的方式將原狀性人類組織起來，去實現內部健進陽辟和還原證成的八卦之道，去顯現世界的共同價值。故知，它是伏羲學說的第一個實踐成果，所依憑的是政治暴力。

何以說黃帝之為是「八卦帝國」呢？直接的證據無可攝取，不過間接的材料還是有一些的。

a.《鶡子》說，黃帝十歲之時批評他的領導人炎帝，說他這樣搞是不行的（《數始》：「昔者，黃帝年十歲知神農之非，而改其政，使四面，從五聖。」）。炎帝如何「非」呢？史書沒有說明。原來我以為黃帝所為純為政治統治的慾望所致，故將此之「非」解釋為炎帝的非政治征服的志向不足。現在看來，這個解釋過於簡單，不當如此簡單地解釋黃帝，應說，這個「非」是指炎帝的政治覺悟不夠，不能體認伏羲「八卦」的真諦，行政治組織民人參贊化育之事功，所以黃帝祇好自己起來取而代之了。

b.一直以來，中華帝國幾乎不以國家為自身之概念定說，所說者唯「天下」，如「炎黃天下」、「家天下」、「天下人之天下」等。何以如此呢？其間實在是隱藏了這樣一個文化內涵：帝國不是目的，它祇是實現人道大同參贊化成的工具、手段；政治也不是目的，它祇是實現道德成善的前導（打個比方說，「中國」原本並不是一個國家概念，它祇是「天下」目標實現過程中的試驗田，經由中國的道德政治的實驗，期求將人類參與世界之善的事功廣布於全人類，以此終結人類的價值。故知，中國祇是

一個組成天下的局域概念，它與「炎黃天下」等義，而非固定、絕對的政治、法律事實，一當天下為善，中國則無。當然，這種實驗會是一個長程的過程，所以，中國也得持續一段時期。有所不料的是，西方國家概念的輸入，中國的意義被迫更張，放棄了原本的道德載體之意，轉而淪為國際社會的主權組成者，於是，中國之根也就隨之遠去了）。為此，黃帝退位之時，他刻意將帝位傳給了孫子顓頊，而不讓與共工。何也？共工未得帝位而觸怒不周山，說明其人暴力傾向明顯，未得黃帝政治理念真傳；顓頊則不然，他稱帝后，除繼續承接黃帝清除原始人類的血親家政和自然單元的固陋（絕地天通）之外，還成功地將帝國政治引入了倫理政治的軌道。後世的政治主流即是政治的倫理化，如堯、舜、禹的禪讓制，周公的陽德政治之類是其續。

c.孔子是儒家的創始人，為中華帝國所特出的第三者：真理的掌管者，道德的裁判者。按其意，他不當過於尊寵伏羲、黃帝，這由他對大禹的態度可見反證，然而事實卻是，他一生之中幾乎都在尊寵伏羲、黃帝、堯、舜、周公，視他們為聖人，可見其中隱約之大意，非是一般政治家、統治者所能承擔。這個大意當是，即便是真理掌握者、道德裁判者之孔子，亦深刻認知到了伏羲八卦之義理預設、黃帝肇啟中華帝國的價值取向：以人道之創化去參贊天道之必然。

八卦帝國之成立，開啟了東方文化以政治方式去配合天道、參贊化成之事功，確為人類性智覺悟之靈顯，然而，如何才能真正參贊化成？人道如何才是天道，還需要在成就的過程中去調整、補充、完善。以下的兩人所為即是這種調整、補充、完善的功德。

政治的道德化、理論化非祇是指統治手段的寬容與仁慈，更有蛻去政治統治的過錯、惡作，凸顯天道之善意，踐行還原證成

之本意的價值與意義。此種意義與價值在中國文化中得到彰顯的時代是商周之際，周公是這個時代、這個事功最重要承擔者。

政治的倫理化，非是周公之首創，早在顓頊時代，這個例已有開創。如顓頊制近親不得為婚之制，即此。往後，堯舜禹的禪讓制、湯的「網開一面」說、伊尹的「懿德」政治，均是其例。周公所造不同於往者，在一種意識形態的體系，而非僅是一種政治觀念。

這個體系有其哲學基礎，它叫「陽動哲學」，由《周易》張其本。《周易》顛倒陰陽，鋪張健辟剛動之意，主張以健進強動之勢去配合天道、天命的生生不息之理，主觀能動，奮發作為，成就事功。根據這種哲學，周公巧妙地解釋了「蕞爾小邦」的周人何以可以承天命，一舉奪取商人的統治權力，解釋了謀反、革命何以有理之類的意識形態問題。這個解釋的要害在於，革命、造反具有道德的品質。其意是，祇要當權者已經不道德了，不行天道以治理百姓，則任何有志者當受天命之托，去推翻不道德的統治者，以還國家、天下德政之清明。其中，有志行天道者是「家天下」，還是別的天下，已不是主要問題，主要問題是是否行天道。這樣的一種職責和使命便是「天命」之所在。

淺表觀察，周公的解釋解決了兩個意識形態問題，一是周人何以受天命？二是「家天下」何以合理？其實，稍加辨析，還應有兩個非主觀的後果，值得指明。這兩個後果是：一，它為後世近三千年的中國換朝政治提供了合法性的依據，所謂輪迴更替王朝，翻燒餅的政治遊戲，恰正是周公的「天道」政治學說所支持的；二，在現實和墮落的政治環境中，政治道德化該如何施行？為此，周公提出了「陽德」的學說，主張以德配天，在膠著的政治狀態中，以主觀能動的賜予之德去填充天道的善意，勉強維繫天人合一的還原之綱。

　　周公雖然做得勉強，但他的確墊下了道德政治的根基，亦出示了道德政治哲學的體系，是以成非常功德。不過，這種道德於人類言，它是外在的，亦是政治化的，並未觸及道德品格的本質，故得另有期待。孔子恰是這樣的被期待者。

　　「八卦」之道被黃帝率先引入了政治事業和政治價值之中，這實已奠定了中華帝國之文化的套路：政治文化具有強勢和優勢地位。這樣的強勢和優勢有兩面性，一是易於成就事業，故中華帝國有近5000年的格局，至今影響宏闊；二是它也易於被強權者負面利用，以致政治變成了自利的工具，後進的家天下、個人專制獨裁諸為均是其例。而且，一當這樣的政治事業不幸墜入負面之途，則必然會導致「治權」政治和「私權」政治盛熾，天道、人道說會淪為理想空說，現實政治生活會出現膠著踏步之景狀。事實恰恰如此，大禹、夏啟為己私岔出的「家天下」，不僅使「天下人的天下」成為空想，亦使「炎黃天下」失去可能性。後來，周公勉為其難，盡力在「家天下」的基礎上做「德政」文章，且竟然有顛倒陰陽、創陽動哲學的壯舉，無奈，單一的政治路線，充其量祇能完成政治意識形態體系的建構，於中華文化整體言，仍屬跛腿的事功。如何才能完整成建呢？這既是問題的節點，也是時代的重任。

　　說為問題的節點，乃在於，既然「八卦」以論道、說道出題，那麼，道是什麼？就必須有答案。道的問題其實就是本體問題，也是世界本然性解釋的核心所在。周公有陽動哲學，卻並不涉及道的哲學，陽動祇是用的事端，尚無力關及道之為說。《易傳》說一陰一陽謂之道，老子說萬物負陰而抱陽，動者，道之反也，恰說明至春秋世孔子、老子時，才有關於道的哲學思考和體悟（當然，孔子尊寵陽道論道，老子尊寵陰道論道，說明體道、論道有路徑差別，那是另外的話題，此處不觸及）。道的出現，

才真正解決了伏羲「八卦」之道的學理問題：世界之所以有幾條簡單的原則，並依此原則就足以解釋世界、把握世界，全在於原則的背後有道本體的原本；正是這原、這本決定了世界的內部性、自身性、自足性和還原證成。

道的出現，即原的成立。由此，因的並立或對峙狀態得以改觀。在原的籠統之下，諸因不再對立、自為，而成了原的不同角色的代理和執行者。這樣，原、因、果的完整鏈條終於構成了。

不過，以陰本為主導的老子哲學和以陽本為主導的孔子哲學，的確有價值取向的不同。同為還原證成的終極價值，陰本的老子哲學是自然而然的還原，個中，人力的作用被降低至最少；而陽本的孔子哲學則極盡人性、人能之能事，主觀發奮，成善成人，以人事、人性的善去彰顯本原、本根的終善。由於道的善意有人能的承載，由於世界諸果乃諸因互養、互助的化合所成，由於人能的體悟恰正是本原的必然所向，所以，世界的內部化便與還原證成同一不二：所有的個性及其行為必然是參贊這還原證成之終極的合理與恰當。鑒於人的能動是世界諸果中的靈秀所在，而能動之要又在人的道德完善，所以，還原證成的實現恰在這道德的發現和完善之中。依孔子之意，人的完善有二義，一是個體的完善，以仁為目標；二是人類整體的完善，它是個性之善的集合與共同，是為人道大同，或大同社會。人類的大同正是人之還原證成的主要成果。由此，道的倫理之意便與政治相連不二了，是為「天下人的天下」。這樣的內部化、還原證成、體相用或原因果的同一不二，或說世界的道德化，便是世界之本然性所意。

這裡，孔子的理路得陽動之本意，亦為體變相養用顯之本意，故更能表達中華文化之品格，亦使孔子在由伏羲而啟的文化鏈條中佔有了特別突出的地位。可說，他完成了陽動還原中人的道德本性的完善論證。

　　人的道德完善固然非常重要，然若人的完善與他者的完善連綴不上，則，很容易造作出人的完善成為孤善、獨善的結果，而此，便實不是還原證成。故知，至孔子（含思孟學）止，中華文化所開創的內部化和還原證成之宏大體系尚未達至終極，其真理的揭示、把握未能完整。

　　如何才能將人的完善與他者的完善連綴起來呢？如何才能解出真正的真理呢？這首先需要回頭再做道或本原、本根、本體的解釋工作，這種解釋是思辨的、體用不二的。

　　宋明理學乘機而動，終成事功。

　　觀孔子、老子所學，雖有道的討論與綱舉，然其道，多為描述所得，從學理言，未盡思辨之鋪成，故不得其義理；而其所謂還原證成，亦祇是道德的指向，或返還的直述，均未有路徑的深探。理學之前，這樣的思辨和路徑探究，其實已有成例，祇惜它們不由儒家之立場，祇能引為遺憾。

　　以史料為鑒可知，戰國時代的郭店楚簡及王弼等人的玄學，均予道有深刻體認，不但建構出了體、存、用三界說，且予體又有有體與空體（亦可說為在體、心體、性體、形體與无體、虛體、原體）的分疏。這樣的體認確為至真之理。此外，這兩例學問，尤其是王弼的玄學更有通融儒、道兩家學說的壯舉，可說為奪理學之先聲。

　　玄學之外，印度佛學的進入，亦從另一面開了端緒，這便是佛家所秉承印度哲學中「以智去智」、「以俗去俗」的新還原證成說。可說實是拿捏住了人類何以能參贊化成的要害：智慧的特殊。正是這種特殊，才使還原證成有實踐的可能性：唯其成於本原，養於本原，且能覺悟本原，故成其本原。這意味著，智慧本身成為自身研究的對象，就猶於本體本身成為自身的證成一樣，世界的內部性與還原證成在此處終見真章。

理學的學術資源至此已非常清晰。當然,他們不祇是做一個1+1+1=3的工作,概念與範疇的重新釐定,命題的重新解說,題材的重新剪裁,價值與實踐取向的重新設置或新生,儒家之主觀能動、健辟覺悟的重新啟動,道統邏輯鏈條的完型建構,等等,恰正是理之為學的重大文化與學理貢獻。

理學以理為核心概念,並變反觀而有氣,以此形成概念陣營,上達理氣一體而有太極,以至无極;下行因理而有心性,從心性而有覺悟與道德。因之,人既有體認本原及世界之能力,亦有還原證成之可能性。故是還原證成的自覺者與責任者,它有自成的使命,亦有他成的責任。故知,所謂還原證成實即成己、成人、成物、成天之過程的實現。其中,道德是這成就過程和功業的本質所在,人的道德化、天下的道德化、政治法律的道德化均是其內涵與構成。

至此,由「八卦」而來的道的統貫與道德成就之學說,終於告成。

略之大要,已知中華文化的生成、發展、演繹有五個重要的節點及兩個重要的旁系資源。這五個節點是:伏羲的「八卦」道、黃帝的天下帝國、周公的陽動哲學、孔子老子的真理觀(孔子為道德本質論,老子為自然本質論)、理學的心性成天說,兩個旁系資源是:玄學的三界說、佛家的以智去智說。清理得當,即可通解中華文化之因為所以,同時亦可明晰過程中諸般小節與曲折。

不過,以今天的立場論,這個文化體系的本質在於它的本然性和道德內涵,其博厚廣大無可說,然其不足或不充分也是相當明顯的。撮其要,當是世界的物理性理解與解釋的缺失。因為這一缺失,使相關世界的構成之解幾近空白,從而無能開出世界的「以物解物」、「以物化物」之還原證成的路徑,實為遺憾。◎

109.諸在乃體或原的形式化，故都有回復為體的必然與衝動。然諸在之中，唯人因其所承載的大腦斂得了這種回復與還原的自覺與能動，所以，它的還原便與諸在殊異。其所謂靈秀，即謂它具有了還原的主動、自覺。

不過，縱令人有這種還原——通過對原的記憶顯現——的衝動，然其所能還原之法與境卻多有差異。其表現主要者，是將原、體進行了經驗化、感覺化的處理與比擬。這便是神之為說的由來。它是說，原的絕對性於許多人（尤其是先民們）變成了神秘與主宰的代稱；而在不充分的經驗和神經感覺的作用下，進而被位格化，成為了物化、位格化的自然神、原神、宗教神。其實，所謂神，不過是義理之本原的不恰當稱謂。

稱謂或經驗把握的錯誤祇是人類心路歷程之一端，另一端，我們仍能注意到，還原或證成式的還原的必然性恰是堅定不移的。即便在錯誤的神話體系中，以不完善、不完整（如原罪說、救贖說之類），均可視為其（還原的）初級方式。

當然，真正的還原是證成式的還原，它包括道德的自覺成善和以相養在的物理證成。二者的終極合一，即是還原證成的完善。

這兩種還原方式中，又可各自分述為二：

就道德自覺言，其二是指，漸進式的成己、成人、成物、成天之路，它由孔子開創，由最近的善漸向終極；超越式的「以智去智」、「自然而然」之路，它由印度教和道家開創，其意是放棄當下和自我，直奔本原，是一種放棄和空去式的還原之路。

就以相養在言，其二是指，從養源論，認知、理解、貫通物的功能、結構、性狀，明瞭「以物解物」、「以物化物」的真諦，從而實現養源的無限之意：以相養在，以求解除物、在之於養的限制，實現養的自由；從求養者言，改變其構成與結構功

能，使之與他在無有界域的對峙，方能實現以相養在，亦是必得為之之法。

　　所謂論證，即是此還原證成的成立、自足：乘物而來，化物而去。◎

110.解釋哲學是人類進階的平臺，這個進階是世界之還原證成的重要組成部份。解釋哲學的平臺是建立在猜測哲學基礎之上的，故它有著比猜測哲學更好的還原證成的能動及價值。解釋的終極是還原證成，故解釋的同一性是必然之理（同一性是說，人類終將會以同一的觀念和學理去解釋世界），不過，反觀解釋的由來卻非如此。受制於猜測的個性化、地域化、群域化（原因是初始的感覺、經驗的源發所致）前提，解釋的過去和現狀千差萬別，且其進位亦大相徑庭。

諸解釋之中，是否義理化可視為一個進位的標杆，而且進位的徑向又當以是否還原為質要。據此，方可分判諸有史以來的若干文化體的品質樣態。

大要言，原始自然神、自然神、原神諸系均屬猜測哲學階段的精神現象；相應地，諸宗教神、義理神則屬於解釋哲學的體系。

依情態言，非洲大陸、澳洲、美洲諸土著及亞洲諸薩滿群體均留於原始自然神的狀態（薩滿教中有一些學說受先進文化影響，先後融入了自然神，甚至義理神的某些內容，當別為解說）中；兩河地域的蘇美爾人、古埃及人的精神現象當屬自然神向原神轉型的狀態，故二者的特徵兼而有之；希臘、羅馬的神話屬原神狀態；猶太教、基督教、伊斯蘭教屬宗教神狀態；伊朗瑣羅亞斯德的火教、印度吠陀教（哲學）屬自然神開始義理化的狀態；而印度奧義書或印度教諸派（包括佛教等）、中國伏羲的八卦道統及其後續（如《周易》哲學、道家哲學、儒家哲學）、諸宗教神論、希臘哲學均屬義理化的解釋哲學。有所差別的是，中國及印度的義理當屬自然神的義理化；而希臘哲學（包括自然哲學）及後來的西方哲學則屬理性義理學；同理別析，諸宗教神論的解釋應為神學的義理論體系。

　　依還原質量言，印度教、佛學、道家諸說、宋明理學最為先進，義理最為深奧；依通俗性、可行性言，儒學最入道；依物理有效性言，西方物理學最得力（含社會學、政治學、法學、人類學）。不過，無論哲學還是物理，西方之學均無還原之價值內質，乃斷根的自我中心文化，故有待重塑。

　　依還原的路徑言，猜測哲學基本上過錯明顯，一是對象錯誤，如以神說體、說原；二是還原的能動不明，多以自我、物利為說，比較而論，唯自然神論表現突出，方向正確。解釋哲學之中，其情形如上言之質量，尤其是西方文化，完全不以還原為意，故其有效性會抵擋不住其過錯，得有轉型之變。

　　還原即大腦記憶的完整與完善。就此而論，猜測哲學祇能算作還原的開啟，它並不真實，甚或完全錯誤；參列比較，解釋哲學則有還原的張布之意。至少，它在證明以下意義：所謂記憶的還原，不是直接地回憶出本原來，而是大腦及其承載經過自足的實踐，讓自我與本原同一不二；祇有當此同一不二之時，才可說記憶的完整與完善，才是還原的實現。

　　因此，還原是一在與自我的自足實現及過程實踐。其中，解釋的義理化成為判斷標準。義理是什麼？義理是有關本原的理解和體悟。所以，一個文化是否有義理，以及義理是否指向本原的覺悟與把握，是其被判斷的標準。

　　本原的覺悟與自我的自足是還原證成的完整，或說，本然性的覺悟與自我的物理自足是還原證成的完成，二者缺一不可。覺悟是記憶的完整，自足是證成自身。

　　自我的物理自足是同一不二的必由之路，不過它得有兩種形式或兩個過程（階段）。其先，它祇能是自我的滿足實現，以致被慾望所主宰，所謂皮肉之需是也；其後，一當明瞭在、形的虛假和原、因的真實，則可脫虛假而歸真實，是以在的物利滿足

將被放棄。以此言，說還原即是對自我和形在的化除、破除、滅除，是對的，而本意恰是原、因、果，自我與本原的同一不二。

義理之為義理，即人以自為的方式去思考、解釋、建構還原證成的學理體系。不過，以其所為之體系是直接為還原證成本身，還是間接解釋此還原的局部、具體而論，可將義理學分殊為道理學和物理學。

所謂道理學，是指直奔還原證成主題的知識現象，它以道為核心概念和知識主線，討論還原證成的必然性、可能性，及其方法、程式。如中國的「政道」體系、「人道」體系、「自然道」體系、「天道」（亦稱理學）體系，印度的奧義體系、佛道體系之類。此類道理學體系於還原證成言，其方向正確，然其方法、方式、路徑卻多有不周延處。

所謂物理學體系，是指它不以還原證成為目標或目的（多是因為未能體悟到此目標和目的），而以還原證成的載體（自我、在、物、形）為學問的對象，去建構具體的物理知識體系。此種學問多祗關及具體與效用、實用，故易為人們認同、理解，然則，其中的盲目性居多，以致它必得不停歇地進行自我批判和自我否定，否則難以為繼，故有很強勢的批判性。經過無數的自我批判、否定之後，它亦會慢慢地接近道理學之境，並與道理學合二為一。

這兩種學問的合一，其要害在自我與形、物的化解。道理學直接以此化解為目的，自不待言；而物理學，其動機和目的似乎是為了成就自我，不幸的是，依物理邏輯本身言，成就自我之時，恰是自我的化解之時。故知，物理不是一種自主的學問，它祗是道理學的預設和前件。

為義理者有道理、有物理。道者，還原證成之必然和必由之謂也；道理，即此必然和必由之理。它是物、形、自我的化除以

至與原同一不二之理。物者，諸相同構、暫且同一之形也，或諸本原、本因的形式化，故必有隔閡、對抗、衝突。就此言，這個世界是自己衝突自己，而世界原本無有衝突、對抗。正是自身的不周延，才致使有了有至於无的還原：無有衝突、對抗、隔閡的完善。然而，此之還原並非退回去就了了，它得先行物、在、形的自足，然後經由自足的超越而至與原、因的同一不二。所以，於人類言，這一成物、定形、成己、自足、超越的過程，充滿了物理與物義，明瞭之則可成己、成人、成物、成天，實現還原證成的終極。是以，人類的義理之維不得失卻物理。以此故知，道理與物理，道理學與物理學實是義理或解釋的構成、同構，而非知識的對立。

　　道理與物理看似兩種不同的理，或學理論證，其實不然。可說，它們是還原證成的兩種方式，且是互補、同構的兩種方式。祇是，過去的所見頗為不當，有偏頗所好，各執一辭之嫌。

　　道理者，直奔主題，以直求本原的直接還原為能事，故對世俗言，多空靈、超越，難以把持。其中，本原為何？又當如何還原證成，實在為俗智所不能。此種情形，就難免它有變態的表達。歷史表明，在人類早期或原初時境中，這樣的變態幾乎是常見之態，如各種以神的名稱表達本原的猜測哲學，以及後續繼承的宗教神論，其歪曲、變態之意昭然不遺。其要者，非祇是將本原別稱為神，更在於將還原的同一不二之真義歪曲為了對神的奉承、崇拜、討好、虔敬。這無異於割裂世界為二，還原變成了一個世界對另一個世界的乞討、奉承，謬之大也。義理化的道理學竭慮精思，終於走出迷途，首先還原了本原的真義，其次說明，所謂還原，即體用不二。實在是無量之理。

　　物理者，間接論證也。它的直接動機是為了論證自我：合理性、有效性。以成果觀瞻，眼見已然成立了的自我中心主義，以

及功利主義、存在主義、理性主義、物理主義（物質主義、唯物主義）之類的義理學，正大行當世，席捲八荒之際，卻不料，其中的物理論證（分屬自然的物理和社會的物理兩領域）反將形、物、自我虛化，奔向了在之所以為在、形之所以為形的本然之域。於是，直接的自我論證不知不覺中異變成了還原證成的準備論證。實在出乎意料。

　　物理之中，我們受著物理邏輯的扼制，你無法不服從。這便是，在簡單的物利需求的條件下，你與物會有著簡單的和諧關係，而一當你有複雜的物理需求，且通過物理方式從物中獲得太多的物利之時，你會發現，你與物是對立、對抗、衝突的。因為你已觸及了攝在養在的底線。這一狀態和過程於物理把握不全的自我言，是痛苦的，除非你繼續理解物理，突破物、形的制限，使物利變成無限之養源。

　　依物理言，這樣的目標其實不難實現。因為物理之中本來就有這樣的理，它叫做「以相養在」，或「以物化物」、「以物解物」，問題是，自我不能天真地以為，所解、所化之物可以排除自己。在自我也是物的前提下，化與解的結果一定連同著自我自身，如此方有物理的完整。以此理推論，沒有衝突、對抗和無限養源的狀態是「以相養在」，而彼之在或彼之自我亦非此之在、此之自我，它們恰是與本原同一不二之在、之自我，即自我即本原。故知，物理所求的自我論證，其終局仍然是還原論證。◎

111.各自為在、攝養以為在，具有強大的驅力和必然性，至人類臨世，憑藉大腦的聰明睿智，這樣的「各自」和「攝而為在」便演變成了一種特定思維方式和行為方式，這便是分割（包括佔有、所有）與攝取。問題是，這樣的思維及其所形成的觀念有嚴重的缺陷：受行為能力制限，人類祗能利用可直接利用的物為養資源，並盡其所能去佔有、攝取，由此而演出了種族、政治、戰爭、國家、法律、經濟、科技、宗教諸文化現象。在自然法則的控制之下，對任何生命者言，可直接利用的養資源永遠是有限的，亦即是稀缺的。於此種背景和環境中，任何個體或群體的過量或超常的佔有、攝取，其實即是別的個體、群的被剝奪。所以這種思維方式、觀念和行為結果，恰正是人類近幾萬年歷史所呈現的同類分化、階級鬥爭、種族壓迫、國家對抗、環境破壞、資源稀缺。亦即說，這種思維方式、觀念和行為方式所帶來的後果，雖然部份地滿足了一些人的慾望，可它帶來的負面不幸卻使人類不堪負重：一是內部的分化與衝突，二是養資源的稀缺和環境的破壞。

我們已知，人類的分割與攝取思維及其觀念與行為方式，其實是動物性的延伸，祗不過，其中附加了大腦智慧的幫助與提高。僅以此而論，就知此種思維與方式是低級、簡陋、過錯的。今天，人類在此種思維與方式所致錯誤的重壓下，正好也獲得了思考與反省的機會，並且，我們會因這種反省而衝出重圍，改換天地。

無庸置疑，就世界所以構成和其內質言，並沒有什麼養資源稀缺的問題。世界之原、因的無限，正是這種不稀缺的前提。那麼，為什麼又有現實生存中的稀缺呢？此疑問的真實答案要從我們的自身尋找。這個答案可從兩層面說及。第一，如前述，我們的思維及觀念其實並不是大腦所當為之真實，而祗是動物性的延

伸——附加了聰明幫助的延伸，因此，祇知世界上可直接利用之養資源，而直接養資源之利用的最快捷方式莫過於分割之、佔有之、攝取之，以致我們最終形成分割思維與攝取思維；第二，我們的確有一先天不足，即行為能力低下，我們除了像動物一樣直接攝取、佔有可直接利用的養資源之外，祇有稍稍多出一點的生產、養殖能力與行為，而於間接養資源基本上無能為力。

這種先天的不足的確妨礙了我們的行為，不過，這並不是定局，大腦的潛能在於，它可以無限其所用，條件是返歸其真實之用。這意味著，能力問題其實不可怕，更要害的是觀念和思維的真實所在。在不真實觀念和思維的指揮下，我們的行為和有限的能力祇能是亂動、盲動、反動，結果是得不償失，不堪其負。那麼，何種思維和觀念才是正確的呢？

我們知道，我們的思維與觀念並非祇分割與攝取一種，與它相對應，還有一種思維叫還原思維。它的基本意義是，化解在、形、物的制限，理解在、物、形的所以、所以然，結果便會明瞭世界的所當然、所應然。可說，一當我們化解了在、形、物的制限，便是突破了有限的樊籬，而步入了無限之境。

何以如此呢？此乃因為，任何在、形、物均是由諸因、存、相同構、互助而成立的，有限的原因便是這構成時、構成中的割裂、分殊，即，任何在即意味著它阻斷了相的無所不在與無限性，這致使有限在分割、分殊狀態中成為了事實。養資源的有限便是，我們祇能認某些特定的在、形、物為養源，而這些特定的物、形、在恰正是割裂、分斷的結果，或即有限的承載，且是有限中的有限承載（特殊的在），一當這些有限中的有限被過份利用，便會出現稀缺問題，以及附帶的環境平衡問題。故知，解困方法即在於，破除在、形、物的界域限制，直奔因、相、存之中，以相、因、存為養源供給，這樣，無限養源便會成為事實。

這裡，還有一前提是，我們一直以來所攝用的物質養源，其實並不是物本身對我們有養的價值，而是成物的因才有養的價值。由此，我們不難知曉，所謂直接養資源，即是我們對特定的物的直接利用，而事實是，物的直接利用祇是一個假象，真實的是，我們在利用構成特定物的那些因；這些因是任何物都具備的，某些物所以成為了直接養源，乃在於這些物方便我們的利用而別的不方便我們利用（這與我們的特殊構成有關）。因此，如果我們將物還原為因、相，這便由有限進入了無限，結果是，養源亦同理變成了無限。

此理所昭示的路徑和方式正是一種還原的方式和思維。它會導誘我們由直接利用假養源的物而至直接利用真養源的因，一當我們可以利用真養源的因，我們的有限制限便被化解，無限之境即成真實。

上面的意思換言之即是，我們的現狀是以在養在、以生命養生命、以利益養利益，甚至於以惡養惡，所以它祇能是分割和攝取；我們的前景是以相養在，即以構成者去養被構成者，而非以被構成者去養被構成者。這樣的轉換是通過對構成的還原來實現的，祇有還原到了因，我們才能利用因為養。而還原恰正是世界所由之必然之所在。

然而，還原的觀念與思維不能理解為手段和方式，而應當理解為目的，相反，求養不能理解為目的，而應當理解為方式。理由是，人類的還原觀念與思維並非孤立現象，它不過是一個更根本的邏輯必然的表達方式。這個必然是：還原證成——經由諸在、形、物的自足和過程的充分，實現世界的終極完滿與完善。在這一自足的過程中，包括人類在內的所有在均是參與者，具體的在的自足永遠是此參與過程中的福利，而非可視為目的的好處。並且，人作為萬物之靈秀，其大腦所獨具的回憶潛能，恰正

是這還原證成的特殊所在——最大的責任者、領導者。

　　因此，還原的思維便不是個體的思維，而是類的思維，它以自然化、公共化為質地。通過智慧的自然化、公共化，我們便能化解形、在、物的制限，而為無限之為。當然，這樣的化解之中，我們自身的形物內核：自我，亦得同步化解。以此，還原證成的真實性便顯現出來。

　　其實，愛因斯坦的質能關係公式、物質的起源、大爆炸學說諸物理學研究，已然在說明還原思維的必然性，祗是，我們慣於視此諸說為物理學知識，而不予思維類型的轉型之說。所幸，因分割與攝取思維所造成的巨大養源需求與環境給予的衝突，及同類內部競爭的衝突，已成不堪重壓，並迫使我們至少要從技術上尋找困境的出路，而壓力亦正是物理學（廣義）被迫調整的內源動因。這樣的希望之光已然曦見。當然，這些還不是解決問題的根本，根本的是我們要調整觀念與思維，走出分割與攝取之困，成就還原思維與觀念的轉型。◎

112.人類之於世界有三重需求與使命。

一是求養，滿足其為在的物理需求，實現以在養在的自足邏輯。在無法突破觀念局限、能力所能的前提下，求養之為多延伸於動物性本能，故可說有天然之意。其強勢路徑與機巧要害在於分割、攝取，而且在人類智慧的幫助下，這樣的動物本能與思維模式最終演繹為了文明與文化，成就了人類的歷史、解釋哲學。其中，西方文化成為了最有效的文化形態。

依理已知，分割與攝取之為不過是動物性經智慧強化後的一種延伸思維或智慧現象，而此，恰正是人之所以為人的困處。分割與攝取思維直扣自我（分割的終極）與功利（攝取的極致）而作為，可謂直奔主題（動物性主題），它最大限度地滿足了分割與攝取之需求，卻也製造了嚴重的後果，於人類自身、於存在環境均有苦痛。究其原因，乃在於它一開始就斷裂了自然本根，以致自我中心；而無有本然綴繫的結果，必然是目光短淺、行為暴戾，多有近於動物的衝動與作派。其後，雖經理性的救濟與塑造，還是捉襟見肘，無力改換大局。這正是當下西方文化之痛：過錯嚴重、前途未卜、亟需轉型，卻無所據。

人之所以為人的質要是擺脫動物性而具成神性，神性之向正好與自我、功利（分割、攝取）反其道而為之，它得還原證成。其中，還原的思維與觀念是還原證成的初步，它可優先解決養的稀缺問題。故

二是求真，滿足其為智慧的理解需求。人是智慧的載體，它承受著智慧必得要去理解世界、求其真實的負載。這是一種不得不為、不可不為、不能不為的負載，逃無可逃。理由在於，智慧源之於世界的歷煉化成、千艱萬劫的過程與驅動，實為世界的公產。公產是一定要公用的。求真便是這公用的必由之路和真義。所以，在啟步之初，人作為智慧的承載者，僥倖竊智慧（大腦）

為己所用，無可厚非，然後，竊用之後，它必然要返還本真，實現公產公用之價值，於是，求真之為便自然而然。

要言，求真之法有兩途，一為物理之法，一為本然之法。物理者如西方之物理學有關宇宙起源、物質起源、生命起源之類的研究，走的是形、物還原之路；本然者，最典型有如老子學說，返還自然、自然而然、道法自然，走的是果、因、原的逆返還原之路，亦得真實之精要。

在分割與攝取的思維籠罩中，我們的攝養之為完全是物化的，以致為了物質利益，我們可以斷裂自然本根，可以人為分割設限，可以戰爭、政治，可以人為造神，可以自我義理，可以將物化的福利當做全部人生的目的，而其實，無論福利或自我，它們都不是目的，它們祇是人在參與世界的大化流行過程中的附加值。可說，求養之法所生發的負面景狀，均可約略在求真之歷程中化解。因為，求養之為崇尚以在養在，故在在衝突、競爭無可倖免，而求真之中，世界之真會附加出以相養在的價值，一當可以以相養在，則，諸在之間的因養而起的衝突、紛爭、動物性諸低級行為方式均將自行遠去。

說以相養在為附加之價值，乃在於，求真之本意是智慧之於世界的理解、把握、會通，而非求養。機巧正在於，會通之後，便可輕易發現，原來所謂養，並非以在養在，而應是以相養在。養源的轉換，會導致全部精神體系、觀念形態、行為方式、存在方式的改換。故說它是附加的。亦知，諸在（包括人）的福利並非為在的目的，而是諸在參與還原證成過程中因參與而必然發生的福利。這便是人之所以為人之觀念轉型的質要：得此者得道，失此者失道。

東方文化變神為本原，從而有了自然神的義理及其文化體系，可說找到了正確的還原之路，雖不完整，卻無關真理（如）

的價值與意義;西方文化斷裂自然本根,或一意人為造神運動,或為自我義理(理性化),以致進路、出路的歧途與存在的危機。還原之說正是為了救濟這種斷裂與歧途的不二法門。

三是求同或求善,滿足世界的同一不二、還原證成之必然。世界同原而起,同因而造。祇是這同因之造,因其量維方式之別,便有了果的分殊,於是有了在、形、物的差別與不同,也有了諸在之間為了在下去而有的攝養的競爭、衝突、對抗。由此理路可知,在其實祇是原、因的外在、形式,或說是假象。既然理知了在為假象,那就更不難理知諸在的衝突、競爭、對抗之為更是假中之假了。

世界之所以要假,或有果、在、形、物,實乃本原之陽動過程使之然。通過陽動及其過程,世界得以煉化、衍繹。諸在便是這陽動及其過程的參與者、承載者,而人更是這參與者、承載者中的自覺者。大腦之意即在於,唯它有能力去覺悟這陽動過程和覺悟其參與、承載的特定。陽動過程本質上是一還原證成的過程,或說是諸在與本原同一不二的過程。這種還原證成或同一不二,即是一種覺悟,也是一種世界的存在或表達方式。作為覺悟,它是放棄,是化除,而作為存在方式,它也是物理性的還原回歸。所以,它會解除在、形、物之於在、形、物自身的限制、掣肘,故有「以物解物」、「以物化物」之作為。因此,求同、求善之需,既是人之所以為人的第三重境界,亦是前兩種需求的終極。它會終極性地成就求養、求真的嚮往。

以此固知,人類的必由之路,首先通過福利所需的還原(動機是為了解決養源稀缺的困境),而至存在之真實及價值的還原,終至還原證成。還原證成的要義可見之於印度教、佛學、宋明理學諸義。◎

113.西方文化讓我們獲得了具體場景和相對關係中的確定性（如民主、法治、憲政），獲得了器物的便利和可慾之想（如科學、技術、經濟、商業），卻讓我們失去了人生的確定性、世界的確定性、人類的確定性、生態及自然環境的確定性。我們用人域的權利和慾望換來了生命的憂傷、生存的恐懼、生活的重壓、人生的無奈、世界的混亂、前景的迷茫。所有這些，均是當初我們無法抑制的那個好的感覺所賜，漸行漸遠，不可遏止。

這樣的劇變的確辛苦了當下的中國人，其誣錯、無據、失衡難以言表。然而，我們卻無法退回傳統社會。我們已步入了不歸路，我們祇有兩件事可做：一是繼續進入過程，承受痛苦和煎熬；二是想辦法在過程中超越局面和狀態，使我們的後人得以解脫。

唯持還原思維和觀念，方能漸行以物解物、以物化物，方能求真、求善，還原證成。◎

114.近來全中華都在慶祝辛亥革命100周年，忽然間有了一點關於革命的想法。

縱觀清代以來，中國發生了5次較大的革命或革政運動：太平天國運動、戊戌變法、辛亥革命、（共產黨）社會主義革命、改革運動。革命、革政本身先不多說，其中有一現象倒是令人思考：這幾次革命、革政運動的發起及其領袖人物幾乎都是南方人，且除鄧小平外，又全部集中在兩湖兩廣地區：洪秀全廣西、康有為、梁啟超廣東、孫中山廣東、毛澤東及其主要的精英湖南、湖北。兩湖兩廣地區何以會如此激進呢？

碰巧若干年前，我曾注意另一現象，那就是中國各省的城市中，其主要街道的稱謂有明顯的差異，其中有謂道的省份主要在兩湖、兩廣，此外江、浙、閩、川和安徽、江西亦有道的稱謂。

道的稱謂似乎與革命沒有關係，其實不然。

道，首先是哲學範疇，它的本意源之於老子哲學。我們知道，老子哲學代表了中國南方文化的精華。這個哲學認為，陰所代表的那個本原便是道，所謂陰道是也。然而，常識告訴我們，早在老子之前幾百年，更具正統地位的西周（至少從西周始）就有了「道」的概念，如「王道」說。若如此，說道的本意源之於老子哲學，豈不與事實衝突？問題的答案在範疇的真理解說和概念的誤用實踐的分判中。

當周人（甚至更早的北方人）說「道」的時候，他們祇是用了這個範疇的外在功能，即最高原則的範疇，而不曾從質地上判斷這個範疇的真意義。直到老子出世，他首先從質地上，也即是從真理的角度論說了「道」的本義。這個本義是：有物混成，先天地生，寂兮寥兮，獨立而不改，周行而不殆，可以為天下母。這便是道，它是陰本的。道並非事、物、勢，而是決定事、物、勢的東西。在老子看來，事、物、勢其實是道的反逆，故他說，

反者道之動。由此觀之，周人所說的「王道」之類，本不是的道本身，祇是道的一種用，屬反道之為。

正因為道的本義為南方文化所重，所以南方人對道多有偏頗，也是情理之中。

不過，道德意義經北方統治者的假借和意識形態的傳播，早已成為中國文化的組成部份，有著不可替代的社會和政治價值。這中間，《周易》所宣傳的「革命」道德說，所謂「替天行道」、「革故鼎新」、「革命無罪、造反有理」諸說是也。革命是對道的堅守和追隨，就此成為了中國政治文化的鮮明旗幟。

唐宋以前，北方人主宰了中國政治的道的輪迴樞機，南方人雖有道的理念，卻缺少道的政治覺悟，宋朝南遷，這樣的政治文化終於在南方傳播開來，以致明朝成為了首個南方人主宰的王朝。很不幸的是，朱棣北遷宮廷，又使王朝質地北方化，最終不得不斷送在了滿清人的手中。清人入主中原，讓南方人——已覺醒了的南方人——飽嘗了精神壓力和屈辱，故多有伺機反叛之心。這一點與北方社會已有明顯的差異。

隨著清王朝的墮落，這樣的機會終於漸漸顯露出來。洪秀全先發制人，試圖一舉成功。僥倖的大望已然成實，不料卻栽了，而這個令他栽倒的人恰是另一個南方人：曾國藩。

曾國藩，一個看似的衛道士，其實不能簡單視看，他的反逆是以「中興」來成就的。曾國藩的「中興」壯舉，其最大機巧是為漢人不能參政解了套，一個曾國藩不王而清必亡的遊戲就此開始了。他還成了「湖南之父」，成了後來革命者黃興、毛澤東等人的楷模。

曾國藩開的是一個順從式反逆的頭，這樣的套路後來被一個廣東人康有為發揚光大，祇是他更激進、更西化。康有為的前面

有常州學派的學術和思想鋪墊，其後又有西洋政治思想的引誘，最終便以革政的方式反叛了清王朝。

很不幸，這樣的溫和反叛，最終卻不被王朝的寄生者、既得利益者所容許，他們為了保衛既得利益，扼殺了溫和的革政事業。這裡，北方社群幾千年間所演繹出來的利益至尚的傳統已然不遮不掩了，他們已把秦漢以來鑄成的「治權」政治、「私權」政治合成一體，變成了盡失「王道」政理的赤裸政治暴政，為了私利和暴政，無有政治道義和社會良知、責任，社會就此腐朽著、墮落著。

南方人終於不能再容允了，孫中山們以十分的意氣放棄了革政之舉，而乾脆幹起了革命的勾當：驅除韃虜、恢復中華。為了一勞永逸，他們索性一舉廢除了皇帝體制，行全新的民主共和政體，並成立了代表南方意願的政治團體——國民黨。為了鮮明立場，割清關係，他們把都城建立在了南方重鎮：南京（如朱元璋那樣）。

眼看著這場革命果真實現了一種具有現代色彩的道，實在是可喜可賀。殊未知，問題的實質並沒有解決。突然間失去皇帝的北方社會一下子沒有了政治依靠，心中的失落感難於言表。於是，一些有特殊條件和機會的投機人乘勢而起，皇帝當不起，軍閥還是可以做的。於是，山頭並起，各自割據，一時間天下大亂。

其實，這恰是北方社會的政治慣性和社會品性及私權政治對南方現代政治的全面反抗、抵抗。袁世凱之流絕非個例，是普遍性的代表，是雄厚社會基礎的必然滋生。私權政治和治權政治必須依賴共同的政治基礎，這便是專制政治體制。孫中山之後，國民黨面對強硬的北方反抗，祇能依賴暴力而對之。這是無奈，更是不幸。因為，其間出現了新的現代政治的元素：政黨政治的興起。

共產黨正是在這種背景下出世的。它源於西方的某種極端政治理念和理想，但被中華的政治文化和生境加入了新的成分。作為現代政黨，它有政黨政治的表達；而作為極端的政治集團，它有信奉暴力的政治訴求。正是這種二重性，致使早期的共產黨搖擺於兩種選擇之間：或是和評議會，或是政治暴動、暴力謀變。

經過艱難的對抗，國民黨終於收拾了北方人為領袖的各路軍閥，完成了國家的統一，眼看著一統而又現代的中華民國就要成功了，於此關鍵之際，事態的進展不意而改。

共產黨內部經過若干番內訌、打鬥，前途變得十分不明朗，一個邊緣人被排擠出了權力核心。祗是，他碰巧是一個南方人，有著南方人道的理想和現代性的激情，他決心拋開左右兩種共產黨的糾纏，自立一套，另闢蹊徑。這便是毛澤東。他認為，共產黨是必須借助的載體，共產主義的理想（一個現代的道）也是必需的旗幟，但除此之外，政治暴力當是最重要的手段：槍桿子裡面出政權；而且，這樣的暴力行為者應當是由中國國情決定的農民，而不是西方的工人階級。政治就是暴力，現在演繹為了階級鬥爭的新命題。它與農村包圍城市、槍桿子裡出政權、政治是統帥、政治是靈魂聯合起來，構築了共產黨新生力量的意識形態。

國民黨成功地收拾了北方的政治割據，卻不敵南方新政治領袖的政治智慧，當然，其間日本人客觀上為共產黨幫了大忙。南方人、南方政治領袖之間的現代較量，最終以南方意願更濃的國民黨的失敗而告終。共產黨終以勢不可擋的傳統政治暴力贏得了中國，農民革命洪流的巨大威力再一次被證明。

毛作為現時代的政治領袖，其革命動機的意氣成分不難尋找，不過，更重要的是，他所運用的手段和方式的傳統化、古典化。南方立足的艱難，迫使他不得不去北方尋找根據地，於是，他的慾求便很自然地與北方的政治傳統、社會基礎合拍。慢慢

地，共產黨更多地具有了北方政治集團的質地，權力政治（即治權政治與私權政治）成為了中心價值。此外，毛的個人雄心大志也許是自有中國以來史無前例的，他不僅希望成為政治領袖，還希望成為精神領袖，替代孔子、老子的地位。這個慾望加重了他的暴政力度，結果是，他以幾乎全部鄉村精英的毀滅和城市知識精英的崩潰為代價，換來了偉大導師的頭銜。的確，他在生前獲得了巨大的成功，可是共產黨也為他付出了巨大的代價：除了內部的殘酷鬥爭、無情打擊而自傷元氣之外，更要命的是讓共黨徹底地墮入了政治利益集團的行列，丟失了「政道」的訴求。國家和共產黨都難以為繼。毛的巨大權威保障了他生前釐定的一切有效性，祇有他的死才能有改觀。

果然，鄧小平在他死後獲得了機會，又一個南方來的政治領袖。他認識到必須改革、開放，否則共產黨祇有死路一條。於是，一場新的改政運動開始了。

改革獲得了巨大的成功，從某種意義上改觀了北方政治的墮性，刺激了社會活力，豐富了物質財富，提昇了國力。然而，這個南方人所掀起的改政運動卻有著巨大的包袱：共產黨的統治地位。這是一個無法卸去的包袱。因為自從毛澤東另立共產黨以來，它已不再具有現代政黨的性質：民主憲政的參與力量，而是傳統家天下的現代翻版：黨天下。在這種政治體制中，權力是最高價值，社會福祉、公民利益是次要價值。所以，它的本質是治權政治。並且，其中，十分自然地融並了私權政治，於是，它與傳統的中國政治形態沒有質的差別。更不幸的是，隨著經濟改革的成功，物質和非物質利益的極大豐厚，更是有效地滋養了私權政治，以致良多的政治參與者紛紛固化為了私權政治的保衛者、維護人。與南方人比較，北方人更擅長、更適應在這樣的體制中生存和發展，相反，南方人的劣勢十分明顯。這便是現下中央機

構中北方人居多的根本原因。無奈之下,南方人又衹得另闢蹊徑,幹起變通、假託、曲線的勾當。近幾十年中冒出的高利貸、小產權房、走私、包產到戶諸般另類招式,無不自發於南方,正是這種對局的初級表現,未來有何發展,不好預期。

依現象言,毛以來的中共領導人大多具有南方背景,如何他們都不能解困呢?這是因為這個黨作為權力政治集團已經具有了強大的同化力量,任何個別性的人,包括政治領袖,如果希望生存下去,就得首先服從權利規則:保障體制的絕對性、優先性。所以,即使有如鄧小平者,亦無力突破底線,衹能搞半截子的改政之事。

南方社會和文化底蘊中的道的嚮往與理想之願,的確在近代以來一再獲得了展現的機會,可是,它卻背負不起權力政治的包袱,一再失落墜地,無法展翅飛翔。天下為公,其途何其曲折也。

二〇一一年十月十八日凌晨◎

115.實則：

1、在人自己沒有虛化（擬）之前，世界是不可能被虛化（擬）的；

2、人是自然的組成者，而非自然的統治者，任何統治的心態都將得不償失；

3、世界是還原的，人類所有的困境祇能在還原過程中解決，而非抵抗、佔有解決；

4、人是一個類，其智慧是類的智慧，祇有類的合理性，而無有種群、個體的合理性（依階位比較言），故人類的問題是類的解決，而非個體或群體的解決；

5、人是過渡者，而非存在的終極，它必有過渡者的艱辛，故過分的享樂、快樂追求會付出更大的代價；

6、經過類的公共化，最終走向人的自然化，是人之所以為人的必由之路；

7、宙斯不能統治或領導這個世界，它代表力能主義、慾望主義、對抗主義，世界必由孔子來引導。◎

116.人是由蟲變來的，這是生物考古學較近期研究的結論。這個蟲現在已命名為「雲南蟲」。此前已有「海口蟲」、「海口魚」之說。時間上，「雲南蟲」最早，約5.3億年前，「海口蟲」稍晚，約5.1億年前。學者們研究後認為，「雲南蟲」進化出了「海口蟲」，爾後又進化出了「海口魚」，由此便有了脊索類動物、爬行類動物、哺乳類動物、靈長類動物、人類。

這根鏈條的形成與清理，是動物學家、考古學家們非常熱衷的事，它的意義自不待言。祇是，我從這個材料中獲得了另外的資訊：學者們還告知說，在「雲南蟲」生活的年代，它們是海洋中的弱者，受著肉食動物（節肢動物、棘皮動物）的攻擊，無奈之下，它們祇得聚居成球狀，以求生存。非常意外的是，這些弱小的蟲們，最後居然勝出了，它們戰勝了強勢的棘皮類動物、節肢類動物，成為了所有脊椎類動物、爬行類動物、哺乳類動物的共同祖先。

回顧生物的演化史，這樣的以弱勝強事例似乎並非孤立，再往後，我們還看到了靈長類（的祖先）勝出的故事。靈長類的祖先樹鼩（鼩鼱）是恐龍時代的弱者，它們害怕巨大且霸道的恐龍，常常躲在森林深處，以求苟活。後來，恐龍滅絕了，樹鼩中的一些試著走出森林，由素食者成為了食蟲者、雜食者，最後演出了靈長類的大家族，包括人類。

其實，人類之中，男人是相對女人的強者，為了種類的繁衍，女人做出了兩樣選擇。其一是從自身分化出了男人（這裡用廣義之人說，兩性分化的故事其實比「雲南蟲」還要早），亦即製造了自己的對應者；其二是女性要屈服於男性的暴力與權威。作為弱者的女性，到目前為止，看似處於劣勢，其實不然。根據已有知識和發展邏輯推斷，若干時代之後，男人這個強者將會歸於消亡，世界仍然由母性來控制。這個以弱勝強的故事，可能對

我們男人更有衝擊性。無論我們是否能看到結果，我們的推理不難讓我們理解這種大勢所趨。

如果我們放開視野，進而會發現，這樣的以弱勝強故事不祇是生物世界的特產，宇宙之中，打自它起源之時起，其衍繹就未曾停息過。若无中生有、因虛而實、暗物質的無影之功、暗能量的絕對性、黑洞的吞噬之為、引力的超距作用、質子中子的碰撞逃離（核裂變、聚變）、水滴石穿……這樣的現象充斥了宇宙和我們的視界。一般說，凡屬以弱勝強的事件，大都具有特別重大的開啟意義。老子深得其要，所以他極力鼓吹了一套柔順哲學，以此說明世界容易為人們所忽視的另一面的重要性（典見「商容學舌」）。

問題是，老子的陰柔或陰本學說到位了嗎？

自有世間以來，在界充滿了以弱勝強的故事，另外，還應當包括西方人所發現的「人的宇宙學原理」或「人擇原理」的現象，然，我們精思冥悟之後，更會覺得，其本意既非為了弱，也非為了人，而是世界之於在的調整。調整什麼呢？調整在對原的還原之由路與承擔。這樣的調整是由一次又一次的選擇與放棄實現的。其必然所在，是要從中找出顯現世界全義的承載者，以使在對原的還原證成。於此，人類的覺悟必得有願：還原證成的過程和必然是不以個體、種類，甚至於在的意志為轉移的，除非你理解並認同這樣的必然，否則，沒有前景可言。即，除非我們去承載世界的全義，去實現還原證成，否則，我們也祇會被放棄和消亡。而全義和還原證成即是自我的化除。這便是道之所謂也。

可見，老子的陰本哲學並不到位，有現象觀察之嫌；而西方人的人本哲學則有歪曲之意，偏了方向。故知，得還原見底和調整取向。◎

117.世界有善與惡之別，卻未知世界的還原證成恰是由善與惡的兩路來完成的。

以惡言，在界之顯現、陽動之為均為惡之先機或基設，故說世界有兩大先天的局限性或缺陷：各自為在、攝養以為在。於是，世界的惡化，即所謂陽動便成了事實，沒有惡化就沒有在的世界。惡化之化，頗得玩味，陽動之說，便是這化的全部意義。

在的各自性，必然致使在有自我、自私之秉賦，否則，無能為在。而其實，在本身的暫且和果的角色，又意味著，自我、自私的虛假、不正當，必得去之而後已。正是虛假的秉賦讓在承受了痛苦和艱難，並且，在的感受能力和感受程度的高低，更是這痛苦與艱難的前提。在一定標界之內，這種能力與程度越高的在，越會有痛苦和艱難的感覺。祇有突破了標界之後，這樣的感覺才會降低。不過彼時，這樣的在已經是非己之在了。

非但有在的虛假與暫且，更有在之為在的第二個先天缺陷對這虛假和暫且的強化，當然更強化了在的痛苦與艱難，這便是攝養以為在。

攝養的本意實不在在本身，其本意應該是攝相，無奈諸在尚未煉化出直接攝相的能力，祇能變通為攝在。即，通過攝在而攝相。這便導致了在對在的攝取、毀滅、剝奪、競爭之勢。於是，痛苦的由來不僅在於在的各自，在於被賦予的那個自我、自私，更在於在與在之間的在與不在的搏鬥。這樣的搏鬥對在言，是繼續為在與失去為在的較量：繼續為在，就得毀滅他在；若被他在毀滅，就不得為在。

問題是，在界的這種相害、相奪、相爭，又恰恰與在的構成狀態成正比例增長。即，構成狀態越充分、行為能力越強的在，其相害、相爭、相奪一定會更加激烈、複雜，因而更痛苦。以此言，在的衍化過程和方式，或陽動方式呈出了惡化下行的趨勢。

　　這種趨勢若以攝養言，可要略如下圖：

　　↓以相養在
　　　↓以在養在
　　　　↓以生命養生命
　　　　　↓以利益養利益
　　　　　　↓以惡養惡

　　這幅圖顯足了在界陽動過程的大手筆。從表現形式看，它實在可以說是一個「墮落」的過程，而人類正好處在了這個「墮落」的谷底。我們這個在，不祇是以在養在，也不祇是以生命養生命，普遍而言，是以利益養利益，而其極端者，以惡養惡亦不在少。如若以在為惡，則知，所惡之極，非人類莫屬。祇是，依陽動之趨勢言，惡，無論它極致於何，均不可視為人的終極和絕對。

　　陽動本身具有手段和方式的價值，故知，惡作為陽動的附贅，它也祇能從手段和方式的意義上去認知、理解。既然惡是陽動的谷底，那麼，物極必反的邏輯當然就不會閒置。人既然是極惡的承載者、作為者，它當然就會解除這一陽動的惡作，以還原陽動的本意。

　　這個本意是什麼呢？大而言之，是還原證成；具體言之，是在對這還原證成的自覺。誰可以自覺呢？回答是，人類。何以有此說？

　　陽動以惡向為作，其實是設定過程和作出選擇，這樣的設定和選擇是煉化，是歷劫，祇有痛苦、充分的煉化和歷劫，在才能有還原的自覺，才能承擔還原之責。是以，攝養方式的不斷惡化，便可理解為煉化的選擇方式。在諸多痛苦、艱難中，它才能淘汰多餘、無用之在，它才能讓自覺的秉賦聚斂到位，才能錘出自覺的在。以此故知，人之為在，便是這陽動過程的一項成果，

它是惡化、煉化、歷劫、錘制的結果。亦知，人的特殊不是為了固化自我、自私，而是過程的公產和自覺的承擔者。

所謂自覺的承擔者，是說，它得自覺地承擔起還原證成的責任和使命，它要反逆惡而使之還原證成。

這便是世界之還原證成由惡之路所含之意味。那麼，依善之路，又當如何理解呢？

依善言，還原的終極便是完善。所謂完善，是沒有界域或圈圈的善，它是無所不善，無條件的善。然而，依據各自為在、攝養以為在的預設，我們的善幾乎都是界域之善，而且這界域之善的源發，都是由在的感受所致。

親其所親、恐其所恐，是在之善惡的發端，而在，又多有複合構成的表徵。此表明，善的發起，是由在之自我需求和構成狀態所決定的。即，善是由善己始發的。然而，隨著構成質地、狀況、環境的變異，善亦由善己擴演開來，一方面繼續在界域中演繹善的價值與意義，另一方面，也會超越界域所限，使善更大化。對人類言，它正在實踐者這一必由之路。

人類最早的善，是群自我倫理（也稱血親倫理），爾後，相繼有了熟人倫理、地域倫理、群域倫理、人域倫理、人際倫理諸演繹或轉化的善形態。如果人類最終能夠演繹出存在倫理，則知，它距善不遠了。從中，我們不難知曉，善不但是由己及他、由近及遠的破除界域的利器，也是由施善者的質地、狀態所操持的現象。當我們對善有更多的自覺和體悟時，我們的界域就會越拓展。

善由具體而抽象，具有邏輯的必然性。其中，初級的善祇事關直接的攝養需求，如群自我倫理，它主要是關於吃的善，故說，法律起源於吃。再往後，善的內涵便有演繹與複雜化的傾向，它會關乎間接的攝養事項和更多的相關者。隨著交流、交

往、知識、經驗的開發與積累，同時也受著生存關係的複雜化，生存品質的提昇，攝養之善也會擴大邊界，於是，善的破界之旅也就開始了。

善的破界演繹方式，是善的還原證成之路徑的主導方式，也是其積極方式。它的一種意義是，承載者或行善者的主觀能動性得以彰顯。雖然，依來路言，善的施出是由生物本能，乃至在的本能使然（前述之親其所親是也），但，演繹的過程中，人的特殊性最終得以呈顯出來。這個特殊性是，人的大腦的覺悟能力和還原的衝動。一當善接續了人的這種性智覺的承載，則知，善的終極是明確無誤的。

大腦之於善的還原，不但有其覺悟，亦有其能力潛能，它會通過以物化物、以物解物的還原之法，實踐善的還原，化解自我的虛妄與暫且。還原也就是對世界全義的真實解。所謂完善，不祇是破解了所有的善域，也在於它實現了世界的全義。而人，恰是有這種覺悟和能力的在者。

以此可說，世界之還原證成，是由踐惡之路與成善之路同構而成的。所謂陽動，即是這踐惡與成善的同構與實踐，或說，是惡作與善成的同構。◎

國家圖書館出版品預行編目(CIP)資料

思想劄記 / 江山著. -- 初版. -- 新北市：
世界宗教博物館基金會附設出版社, 2013.08
　　冊；　公分. --（江山著作集；11-12）
ISBN 978-986-89839-0-8(第1冊：精裝)
ISBN 978-986-89839-1-5(第2冊：精裝)
　1. 言論集
078　　　　　　　　　　102015709

思想劄記(二)

作　　　者　江　山
責　　　編　吳若昕、李慧琳
美　　　編　宋明展
出版發行　財團法人世界宗教博物館發展基金會附設出版社
地　　　址　23444新北市永和區保生路2號21樓
電　　　話　(02)2232-1008
傳　　　真　(02)2232-1010
網　　　址　www.093books.com.tw
讀者信箱　books@ljm.org.tw
總 經 銷　飛鴻國際行銷股份有限公司
電　　　話　(02)8218-6688
法律顧問　永然聯合法律事務所
印　　　刷　東豪印刷事業有限公司
初版一刷　2013年8月
定　　　價　新臺幣300元
Ｉ Ｓ Ｂ Ｎ　978-986-89839-1-5